A CONSCIÊNCIA
DAS PALAVRAS

ELIAS CANETTI

A CONSCIÊNCIA
DAS PALAVRAS

Ensaios

Tradução
Márcio Suzuki
Herbert Caro ("O outro processo")

Copyright © 1976 by Carl Hanser Verlag München Wien

Grafia atualizada segundo o Acordo Ortográfico da Língua Portuguesa de 1990, que entrou em vigor no Brasil em 2009.

Título original
Das Gewissen der Worte: Essays

Capa
Jeff Fisher

Imagem da capa
© Isolde Ohlbaum

Revisão da tradução
Sérgio Tellaroli (exceto "O outro processo")

Preparação
Mário Vilela

Revisão
Juliane Kaori
Renato Potenza Rodrigues

Dados Internacionais de Catalogação na Publicação (CIP)
(Câmara Brasileira do Livro, SP, Brasil)

Canetti, Elias, 1905-1994.
   A consciência das palavras : ensaios / Elias Canetti ; tradução
Márcio Suzuki, Herbert Caro ("O outro processo"). São Paulo :
Companhia das Letras, 2011.

   Título original: Das Gewissen der Worte : Essays.
   ISBN 978-85-359-1985-1

   1. Ensaios alemães I. Título.

11-11687   CDD -834.91

Índices para catálogo sistemático:
1. Ensaios : Século 20 : Literatura alemã 834.91
2. Século 20 : Ensaios : Literatura alemã 834.91

2011

Todos os direitos desta edição reservados à
EDITORA SCHWARCZ LTDA.
Rua Bandeira Paulista, 702, cj. 32
04532-002 — São Paulo — SP
Telefone: (11) 3707-3500
Fax: (11) 3707-3501
www.companhiadasletras.com.br
www.blogdacompanhia.com.br

Para Veza Canetti

SUMÁRIO

Preâmbulo *9*
Hermann Broch *12*
Poder e sobrevivência *28*
Karl Kraus, escola da resistência *46*
Diálogo com o interlocutor cruel *59*
Realismo e nova realidade *78*
O outro processo. Cartas de Kafka a Felice *84*
Acessos de palavras *190*
Hitler, por Speer *196*
Confúcio em seus diálogos 228
Tolstói, o último antepassado *236*
O diário do Dr. Hachiya, de Hiroxima *245*
Georg Büchner *254*
O primeiro livro: *Auto de fé* *268*
O novo Karl Kraus *282*
O ofício do poeta *310*

Sobre o autor *323*

PREÂMBULO

Neste volume serão apresentados, na ordem em que foram escritos, os ensaios dos anos de 1962 a 1974. À primeira vista, pode parecer estranho encontrar lado a lado figuras como Kafka e Confúcio, Büchner, Tolstói, Karl Kraus e Hitler; catástrofes de terríveis proporções, como a de Hiroxima, e considerações literárias acerca da escrita de diários ou do surgimento de um romance. Mas o que importava para mim era exatamente essa justaposição de assuntos, cuja incompatibilidade é apenas aparente. O público e o privado não mais admitem distinção: interpenetraram-se hoje de uma forma jamais vista no passado. Os inimigos da humanidade conquistaram poder rapidamente, aproximando-se muito de uma meta final que é a destruição da terra, tornando impossível que deles abstraiamos para nos recolhermos unicamente à contemplação de modelos espirituais que possuam ainda algum significado para nós. Esses modelos tornaram-se mais escassos. Muitos daqueles que podem ter bastado a épocas passadas não contêm em si o suficiente, compreendem muito pouco, para que ainda nos possam ser de alguma valia — o que torna ainda mais importante falar daqueles que resistiram também ao nosso século monstruoso.

Porém, ainda que nos fosse possível abarcar modelos e seus antípodas, não teríamos feito o bastante. Creio não ser supérfluo falarmos por nós mesmos — enquanto testemunhas, dentre inúmeras outras, de nosso tempo — descrevendo o esforço que fazemos para dele nos defender. Talvez não pertença meramente à esfera do privado mostrar como alguém, nos dias de hoje, chegou a um romance, se nesse seu ato esteve presente a intenção de realmente confrontar-se com o seu tempo; ou como se propõe a manter um diário, para não ser espiritualmente triturado por sua época. Espero que seja entendida a razão pela qual incluí aqui também o pequeno trabalho "Acessos de palavras". Embora se refira a um aspecto de emigração, não pretendi ali, de forma alguma, queixar-me daquele que foi o destino de milhões de banidos, enquanto outros, em número ainda maior, sucumbiram como prisioneiros ou como soldados. Nesse ensaio, quis descrever o que acontece com uma língua decidida a não capitular: seu verdadeiro objeto é, portanto, a língua, e não aquele que fala.

O ensaio "Poder e sobrevivência" resume, com uma orientação um pouco diferente e enfatizando-a com maior agudeza, uma das ideias centrais de *Massa e poder*. Nessa sua forma concentrada, ele se tem mostrado uma introdução apropriada para aquela obra mais extensa. "Hitler, por Speer" é a aplicação dos conhecimentos de *Massa e poder* a uma figura determinada, que ainda está suficientemente próxima de nós para possibilitar, a qualquer um, uma prova da aplicabilidade daqueles conhecimentos.

O discurso sobre Hermann Broch, que inseri no início deste volume, afasta-se nitidamente do restante dos trabalhos já referidos. Ele foi proferido em Viena, em 1936, por ocasião do quinquagésimo aniversário de Broch. Entre ele e o ensaio seguinte, "Poder e sobrevivência", há um intervalo de 26 anos. O leitor poderá perguntar-se o que me levou a incluir esse solitário discurso de uma fase antiga, e ficarei devendo uma explicação. Naquela época, só parte da obra de Hermann Broch encontrava-se publicada, a mais importante sendo a trilogia *Os sonâmbulos* e alguns pequenos trabalhos em prosa, como *O regresso*. Sempre com o pensamento em Broch, e a partir também do conhecimento de sua pessoa, procurei determinar o que seria necessário exigir de um poeta para que ele tivesse significado em nossa época. As três características que acabei por apresentar então são de tal natureza que mesmo hoje não conseguiria modificá-las em nada. Alguns anos mais tarde, constatei, para meu espanto, que desde então me esforçava — ainda que de maneira bastante insuficiente — por satisfazer eu mesmo aquelas exigências. Refletindo sobre Hermann Broch, che-

10

guei àquelas que deveriam tornar-se as exigências que imporia à minha própria vida. A partir dali, havia algo pelo qual podia medir o fracasso, ameaça constante. Nos períodos de desânimo, não raros durante os longos anos de trabalho em *Massa e poder*, impunha-me os "três mandamentos" — como os chamava com certa petulância —, apoiando-me na esperança que depositava neles, sem dúvida arrebatadora e desmedida, mas ainda assim imprescindível. Assim, não considero despropositado iniciar o volume com esse discurso.

O abismo temporal que separa esse primeiro trabalho dos ensaios posteriores é, de resto, apenas aparente, uma vez que estes tratam, frequentemente, de experiências e temas do passado, e, lendo-os na sequência e no inter-relacionamento que agora assumem, parecem-me uma prestação de contas das estações espirituais de toda a minha vida adulta.

(1974)

À SEGUNDA EDIÇÃO

Desde a publicação deste volume, cuja justificativa reside para mim unicamente em sua pluralidade, não mais me abandonou o sentimento de que lhe faltava alguma coisa: uma conclusão que, partindo de seu interior, o condensasse. O que nos é dado esperar de um poeta hoje, quando sabemos quão pouco nós mesmos realizamos? Seria possível, para aquele que está começando, recuperar o sentido dessa palavra aparentemente destruída? Tentei falar um pouco sobre essa questão no discurso "O ofício do poeta", proferido em janeiro de 1976, em Munique. Ao escrevê-lo, pareceu-me em si algo autônomo; quando estava terminado, percebi que se tratava da conclusão deste volume. Empenhei-me por vê-lo incluído nesta segunda edição, como expressão da esperança naqueles aos quais será possível satisfazer melhor suas próprias exigências.

(1976)

HERMANN BROCH
Discurso pela passagem do seu
quinquagésimo aniversário
Viena, novembro de 1936

Há um belo sentido em se aproveitar o quinquagésimo aniversário de um homem para, em público, dirigir-lhe a palavra, arrancá-lo quase que violentamente da densa trama de sua vida, postando-o no alto, à vista de todos, como se ele, em completo isolamento, tivesse sido condenado a uma solidão petrificada e imutável — embora, é certo, a verdadeira e secreta solidão, terna e humilde, de sua vida já lhe tenha, seguramente, causado suficiente pesar. É como se, através dessas palavras, fosse-lhe dito: não se aflija, você já se afligiu o bastante por nós. Todos nós devemos morrer, mas ainda não é de todo certo que também você tenha de morrer. Talvez justamente as suas palavras tenham de nos defender perante os pósteros. Você nos serviu fiel e honrosamente. O tempo não o deixará.

Como em uma magia, imprime-se sobre essas palavras o selo dos cinquenta anos, de modo a conferir-lhes total eficácia, uma vez que, em nosso pensamento, o passado é dividido em séculos, à margem dos quais nada tem lugar. Sempre que a humanidade se vê às voltas com grande trama de sua memória, deposita tudo o que lhe parece importante e singular no saco dos séculos. A própria palavra que designa esse corte temporal foi revestida de uma certa venerabilidade. Fala-se do *secular* como numa misteriosa língua de sacerdotes. A força mágica que antes, entre povos primitivos, cabia a cifras mais modestas — o três, o quatro, o cinco, o sete — transferiu-se para o século. Até mesmo os muitos que remexem no passado com o único intuito de ali reencontrar sua insatisfação com o presente — aqueles prenhes da amargura, de todos os séculos conhecidos — preferem projetar o futuro de seus sonhos para séculos melhores.

Sem dúvida o século é extensão de tempo dilatada o suficiente para o anseio do homem: se tiver muita sorte, atingirá tal idade, o que por vezes ocorre. Contudo, é improvável. Envolvem-se de espanto e muitas histórias os poucos que realmente chegaram tão longe. Nas crônicas antigas, enumeram-se-lhes diligentemente nome e situação. Trata-se deles ainda mais do que dos ricos. É possível que seja precisamente o desejo intenso de poder desfrutar de tanta vida que, após a introdução do sistema decimal, tenha alçado o século à sua posição elevada.

O tempo, porém, homenageando o quinquagenário, colhe-o na metade do caminho. Estende-o aos pósteros como digno de ser preservado; torna-o, talvez contra a vontade dele, claramente visível em meio ao parco grupo daqueles poucos que viveram mais em função dele, tempo, do que de si mesmos; alegra-se das alturas às quais o alçou, associando a isso uma tênue esperança: talvez ele, que não pode mentir, tenha visto uma terra prometida, talvez ainda fale dela — o tempo lhe daria crédito.

Nessas alturas encontra-se hoje Hermann Broch, e, para falar sem rodeios, ousemos pois afirmar que nele devemos reverenciar um dos pouquíssimos poetas* representativos de nosso tempo — uma afirmação que só teria seu devido peso se pudesse aqui enumerar os muitos poetas que, ainda que considerados como tais, não o são. No entanto, mais importante que o exercício dessa arrogante função de carrasco parece-me ser encontrar as qualidades que, lado a lado, têm de juntar-se em um poeta para que ele possa ser considerado representativo de sua época. De uma tal investigação, se a ela nos lançarmos conscienciosamente, não resultará nenhum quadro confortável e, menos ainda, harmonioso.

A tensão forte e assustadora sob a qual vivemos, e da qual não nos poderia salvar nenhuma das tempestades que desejamos se abatam sobre nós, apoderou-se de todas as esferas, mesmo

---

* Sobre o uso da palavra "poeta" (*Dichter*) em lugar de "escritor" (*Schriftsteller*), veja-se a nota ao ensaio "O ofício do poeta", neste volume. (N. T.)

daquela, mais pura e livre, do espanto. Se se pudesse apreendê-la de forma sucinta, nossa época poderia mesmo ser caracterizada como aquela na qual o *espanto* se aplica simultaneamente a coisas as mais opostas: espantamo-nos, por exemplo, com a ação milenar de um livro no tempo e, ao mesmo tempo, com o fato de que nem todos os livros tenham uma ação mais duradoura; com a crença nos deuses e, ao mesmo tempo, com o fato de que não caiamos a toda hora de joelhos ante novos deuses; com a sexualidade que nos abala e, ao mesmo tempo, com o fato de que esse abalo não seja ainda mais profundo; com a morte que jamais desejamos e, ao mesmo tempo, com o fato de que ainda no ventre materno não morramos de desgosto diante do que está por vir. O espanto certamente *foi*, no passado, aquele espelho, de que tanto nos agrada falar, que trazia os fenômenos para uma superfície mais lisa e tranquila. Hoje, esse espelho está despedaçado, e os estilhaços do espanto tornaram-se pequenos. Porém, mesmo no mais minúsculo estilhaço, já não se reflete apenas um fenômeno isolado: impiedosamente, este arrasta consigo o seu reverso — o que quer que você veja, e por menos que veja, transcende a si próprio a partir do momento em que é visto.

Assim, não esperemos, ao procurar capturar o poeta no espelho, que ele esteja em situação diferente daqueles que estão às voltas com as pedras do cotidiano. Já de início, opomo-nos ao erro bastante difundido de pensar que o grande poeta está acima de seu tempo. Ninguém, em si, eleva-se acima de seu tempo. Os sublimes não estão, absolutamente, entre nós — podem estar na Grécia antiga ou entre alguns bárbaros. Muita cegueira advém de se estar tão distante, mas o direito de fechar-se aos próprios sentidos não pode ser negado a ninguém. Seja-lhes concedido isso. Não obstante, alguém assim não se eleva acima de nós, mas da soma de recordações — acerca da Grécia antiga, por exemplo — que carregamos em nós, tal qual um historiador empírico da cultura, por assim dizer, que, com engenho, experimenta em si mesmo o que, segundo lhe diz sua observação precisa, deverá necessariamente se confirmar. O sublime é ainda mais impotente do que um físico, ao qual, mesmo que remexendo apenas num domínio particular de sua ciência, resta sempre a possibilidade de exercer sobre ele um controle. Com pretensão mais do que científica, cultual mesmo, o sublime apresenta-se — em geral, nem mesmo um fundador de seitas: sacerdote de si mesmo, celebra apenas para si próprio, o único crente.

Entretanto, o verdadeiro poeta, tal como o entendemos, está à mercê de seu tempo — sujeito a ele, servil, é dele o mais humilde criado. Está atado a seu tempo por uma corrente que, curta e indestrutível, o prende com a máxima firmeza. Sua falta de liberdade seria, assim, tão grande que ele não poderia transportar-se a nenhum outro lugar. Se esta expressão não tivesse um ressaibo de ridículo, eu diria pura e simplesmente: o poeta é o cão de seu tempo. Como um cão, corre-lhe os domínios, detendo-se aqui e acolá; arbitrário em aparência e, no entanto, incansável; sensível aos assobios do superior, mas nem sempre; pronto para ser instigado, mais difícil de ser contido, é impelido por uma depravação inexplicável: em tudo mete o focinho úmido, nada deixando de lado; volta atrás, recomeça: é insaciável; de resto, come e dorme, mas não é isso que o distingue dos demais, e sim a inquietante obstinação em seu vício — esse gozo interior e minucioso, interrompido apenas pelas corridas; assim como nunca se sacia com o que tem, também nunca o obtém rápido o bastante. Dir-se-ia mesmo que aprendeu a correr apenas para satisfazer o vício de seu focinho.

Peço desculpas pela imagem, que deverá lhes parecer extremamente desmerecedora do objeto tratado aqui. Mas, para mim, a questão é colocar no ápice dos três atributos que cabem ao poeta representativo de nosso tempo justamente aquele do qual jamais se fala, e de onde os outros derivam, ou seja, o *vício* bem concreto e peculiar que dele exijo, e sem o qual ele, como em um triste parto prematuro, será nutrido com muitos cuidados e a duras penas unicamente para chegar a ser o que, na verdade, não é.

Esse vício liga o poeta ao seu ambiente de uma forma tão imediata quanto o focinho liga o cão aos seus domínios. A cada um cabe um vício diferente, único e novo, a cada nova situação do tempo. Tal vício, no entanto, não deve ser confundido com o trabalho conjunto dos sentidos, comum a todas as pessoas. Ao contrário, o distúrbio no equilíbrio desse trabalho em conjunto — a ausência de um dos sentidos, por exemplo, ou o desenvolvimento excessivo de outro — pode dar ensejo ao desenvolvimento do vício necessário. Este é sempre inconfundível, impetuoso e primitivo. Manifesta-se nitidamente nos planos somático e fisionômico. O poeta que se deixa possuir por semelhante vício deve a ele o cerne de suas experiências.

Com isso, no entanto, o próprio problema da originalidade, sobre o qual há mais disputas do que asserções, recebe uma outra luz. É sabido que não se pode exigir originalidade. Quem pretende possuí-la jamais a possui, e as tolices fúteis e cuidadosamente planejadas com as quais alguns esperavam impor-se como originais estão certamente presentes em nossas mais penosas recordações. Porém entre a recusa da mania de originalidade e a afirmação simplória de que um poeta não tem absolutamente de ser original, há uma distância enorme. Um poeta é original, ou não é poeta. Ele o é, de modo simples e profundo, através daquilo que há pouco chamamos seu vício. E o é em tal medida que nem mesmo sabe que é. Seu vício o impele a criar ele próprio o mundo, o que ninguém mais em seu lugar conseguiria. Imediaticidade e inexauribilidade, essas duas características que desde sempre se soube exigir do gênio, e que este sempre possui, são as filhas desse vício. Teremos ainda oportunidade de demonstrá-lo através de exemplos e de identificar de que espécie é o "vício" de Broch.

A segunda qualidade que se deve exigir de um poeta representativo, hoje, é a vontade séria de compreender o seu tempo, um ímpeto de universalidade que não se deixa intimidar ante nenhuma tarefa isolada e que não abstrai de nada, nada esquece, nada omite e nada simplifica.

O próprio Broch ocupou-se, minuciosa e repetidamente, dessa universalidade. Mais ainda: pode-se dizer que sua vontade poética, na realidade, inflamou-se a partir dessa exigência de universalidade. A princípio, e durante muitos anos, um homem afeito ao rigor filosófico, não se permitia levar especialmente a sério aquilo que é produzido pelo poeta. Para ele, parecia ocultar-se ali algo por demais concreto e particularizado, um trabalho feito de ângulos e fragmentos, jamais um todo. A filosofia, à época em que iniciava seus exercícios filosóficos, ainda se comprazia por vezes com sua velha exigência de universalidade — timidamente, sem dúvida, pois essa exigência estava já de havia muito ultrapassada. Entretanto, com seu espírito generoso e voltado para as coisas do infinito, Broch com prazer deixou-se iludir por ela. Ao encontro disso, veio também a profunda impressão que a coerência espiritual, universal, da Idade Média causava sobre ele, impressão que jamais superou completamente. Broch era da opinião de que existira nessa época um sistema fechado de valores espirituais, e ocupou-se, por um longo período de tempo, de uma investigação sobre a "decadência dos valores", que para ele iniciara-se com o Renascimento e só alcançara seu fim catastrófico com a Guerra Mundial.

Durante esse trabalho, o poético nele foi aos poucos se impondo. Vista com cuidado, sua primeira obra de fôlego, a trilogia *Os sonâmbulos*, expõe a realização poética de sua filosofia da história, embora cronologicamente limitada ao seu próprio tempo, os anos de 1888 a 1918. A investigação sobre a "decadência dos valores" encontra-se ali configurada, de forma nítida e poética. É difícil livrar-se da sensação de que o que há de definitivo, ainda que por vezes ambíguo, nesses romances foi trazido à luz contra a vontade, ou mesmo apesar da resistência pudica do autor. Neles, será sempre interessante observar como alguém busca ocultar o que lhe é mais próprio por trás de um emaranhado de recordações.

Através de *Os sonâmbulos*, Broch encontrou a possibilidade de universalidade ali onde menos a suporia, no trabalho de ângulos e fragmentos do romance, manifestando-se a respeito nas mais diversas passagens: "O romance tem de ser o espelho de todas as demais visões de mundo", diz em uma delas. "Em sua

17

unidade, a obra poética tem de abarcar a totalidade do mundo." Ou: "O romance tornou-se poli-histórico". Ou: "Poetar é sempre uma impaciência do conhecimento".

Mas sua nova perspectiva está provavelmente formulada de forma mais clara no discurso "James Joyce e o presente":

A filosofia pôs um fim à época de sua universalidade, à época dos grandes compêndios; ela tinha de afastar de seu espaço lógico as questões mais inflamadas ou, como diz Wittgenstein, relegá-las ao plano místico.

É neste ponto que se insere a missão do poético, missão de um conhecimento que abarca a totalidade, que está acima de todo condicionamento empírico ou social, e para a qual é indiferente se o homem vive numa época feudal, burguesa ou proletária — o dever da poesia para com o absoluto do conhecimento, pura e simplesmente.

A terceira exigência que se deveria fazer ao poeta seria a de estar contra o seu tempo. Contra a totalidade de seu tempo, não apenas contra isto ou aquilo, mas contra a imagem abrangente e unitária que só ele possui do tempo; contra seu odor específico, contra seu semblante, contra sua lei. A oposição do poeta deve soar alto e tomar forma — ele não pode, por exemplo, entorpecer-se ou resignar-se ao silêncio. Tem de espernear e gritar como uma criancinha, mas nenhum leite do mundo, nem mesmo o do seio mais bondoso, deve aplacar-lhe a oposição, embalando-o até que adormeça. Deve desejar o sono, mas jamais se permitir alcançá-lo. Se esquece sua oposição, é porque se tornou um renegado, tal como em épocas passadas, de maior fé, povos inteiros renegavam seu deus.

Esta é, sem dúvida, uma exigência radical e cruel; cruel, pois está em profunda contradição com aquela anterior, porquanto o poeta não é de forma alguma um herói que devesse dominar e submeter a sua época. Ao contrário, como vimos, ele está à mercê dela, é seu criado mais humilde, seu cão. E esse mesmo cão, que durante toda a sua vida corre atrás dos desejos de seu focinho, esse fruidor e vítima involuntária, ao mesmo tempo caçador e presa do prazer, essa mesma criatura, deve, num átimo, estar contra tudo, pôr-se contra si mesmo e contra seu vício, sem, contudo, poder jamais libertar-se dele, tendo de seguir em frente, revoltado, com plena consciência de seu próprio dilema! Trata-se, efetivamente, de uma exigência cruel e radical — tão cruel e radical quanto a própria morte.

É, aliás, da morte que deriva essa exigência. A morte é o fato primordial, o mais antigo e, estar-se-ia mesmo tentado a dizer, o único. Tem uma idade monstruosa, mas se renova a cada hora que passa. Tem o grau de dureza dez, e corta como o diamante; sua temperatura é o zero absoluto: 273 graus negativos; tem a velocidade máxima dos ventos, como um furacão. A morte é o superlativo real de tudo, só não é infinita, pois, qualquer que seja o caminho, será alcançada. Enquanto houver morte, todo dito ser-lhe-á um desdito. Enquanto houver morte, toda luz será fogo-fátuo, pois conduz a ela. Enquanto houver morte, nada de belo será belo, nem nada de bom será bom.

As tentativas de se lidar com a morte (e que outra coisa são as religiões?) fracassaram. Saber que não há nada depois da morte, algo terrível e que jamais poderá ser inteiramente compreendido, lançou sobre a vida um novo e desesperado caráter sagrado. O poeta, a quem é possível partilhar de muitas vidas, por força daquilo que denominamos um pouco sumariamente seu vício, partilha também de todas as mortes que ameaçam essas vidas. Seu medo particular da morte (e quem não teria medo dela?) torna-se, necessariamente, o medo de todos. Seu ódio particular (e quem não a odeia?) torna-se o ódio de todos. Nisso, e em nada mais reside sua oposição ao tempo, repleto de miríades e miríades de mortes.

Com isso, o poeta herdou uma parte do legado religioso, e certamente a melhor parte dele. Suas heranças não são poucas: a filosofia, como vimos, legou-lhe a exigência de universalidade do conhecimento; a religião, a problemática depurada da morte. A própria vida, por sua vez, a vida tal como existia antes de toda religião e de toda filosofia, a vida animal, não consciente de si

19

mesma e de seu fim, deu-lhe, sob a forma de paixão concentrada e canalizada com êxito, sua avidez insaciável.

Nossa tarefa será agora investigar como se apresenta o encadeamento dessas heranças num único homem, precisamente em Hermann Broch. É só em sua concatenação que tais heranças são significativas. É sua unidade que o torna representativo. A paixão totalmente concreta que o obceca deve fornecer a matéria que ele condensa na imagem universal e necessária de sua época. No entanto, essa sua paixão totalmente concreta deve também revelar — em cada uma de suas oscilações, e de uma maneira natural e unívoca — a morte. É assim que a paixão alimenta a oposição incessante e implacável ao tempo, que afaga a morte.

Permitam agora um salto para aquele elemento que nos ocupará quase exclusivamente daqui por diante: o *ar*. Talvez os senhores se espantem de que se fale aqui sobre algo tão corriqueiro. Os senhores esperavam ouvir algo sobre a singularidade de nosso poeta, sobre o vício ao qual se entregou, sobre sua terrível paixão. Pressentiam por trás de tudo isso algo penoso ou, se são dotados de maior confiança, pelo menos algo profundamente misterioso. Terei, porém, de decepcioná-los. O vício de Broch é de um tipo totalmente corriqueiro, mais do que o fumo, o álcool e o jogo de cartas, pois mais antigo: o vício de Broch é respirar. Ele respira prazerosa e apaixonadamente. E, contudo, jamais o bastante. Ele tem um jeito inconfundível de sentar-se onde quer que seja, aparentemente ausente, porque só raras vezes, e a contragosto, reage com os instrumentos correntes da linguagem: mas na verdade está presente como ninguém, pois o que sempre importa para ele é a totalidade do espaço em que se encontra — uma espécie de unidade da atmosfera.

Com isso, não basta saber que aqui há um calefator, acolá um armário; nem ouvir o que alguém diz e o que um outro responde sensatamente, como se os dois estivessem de acordo, já de antemão; nem registrar o transcurso e a massa do tempo — quando um chega, o outro levanta, um terceiro sai —, pois o relógio cuida disso para nós. Trata-se, antes, de sentir, onde quer que pessoas estejam juntas e respirem. Esse espaço pode estar cheio de um ar saudável, as janelas abertas. Pode ter chovido. O calefator pode difundir ar quente, e o calor pode alcançar os presentes de forma desigual. O armário pode ter ficado trancado por um bom tempo; o ar que de repente dele sai, ao ser aberto, talvez altere o relacionamento dos presentes. Eles falam, é certo; eles também têm algo a dizer, mas formam suas palavras do ar e, à medida que as proferem, enchem subitamente o aposento com vibrações novas e singulares, alterações catastróficas do estado inicial. E, então, o tempo, o tempo verdadeiramente físico, não se orienta pelo relógio; ele é antes, e no mais das vezes, uma função da atmosfera na qual transcorre. É, portanto, extraordinariamente difícil determinar, mesmo aproximadamente, quando um se juntou de fato à companhia dos outros, quando o outro se levantou e quando o terceiro realmente partiu.

Por certo, isso tudo se apresenta de maneira simples, e um mestre experimentado como Broch poderia sorrir diante desses exemplos. Mas com eles quer-se apenas indicar quão essencial se tornou para Broch justamente tudo aquilo que faz parte da economia respiratória: como se apropria totalmente das relações da atmosfera, de forma que estas são para ele, muitas vezes, diretamente representativas do próprio relacionamento entre os homens; e como ele ouve enquanto respira, e tateia ao respirar, subordinando todos os seus sentidos à respiração, dando por vezes a impressão de um pássaro grande e belo, ao qual podaram as asas, permitindo, contudo, a liberdade. Ao invés de encerrá-lo cruelmente numa única gaiola, os algozes abriram-lhe todas as gaiolas do mundo. Impulsiona-o ainda a insaciável avidez de ar do passado nobre e fugaz. Para saciá-la, o pássaro voa de gaiola em gaiola, em cada uma delas provando o ar, que o preenche e que carrega adiante consigo. Antes, ele era um salteador perigoso; em sua avidez, atacava tudo o que fosse vivo. Agora, o ar é a única presa que lhe apetece. Não se detém por muito tempo em lugar algum: parte tão rápido quanto chegou. Foge dos verdadeiros senhores e habitantes das gaiolas. Sabe que jamais voltará a respirar de todas as gaiolas do mundo, como outrora. Sua melancolia em relação àquele todo, àquela liberdade sobre todas as gaiolas, guarda sempre consigo. Assim, permanece o pássaro grande e belo que foi, reconhecível aos outros pelas grandes lufadas de ar que deles toma, e a si mesmo por sua inquietude.

Mas em Broch isso não se limita absolutamente à avidez de ar e à mudança constante do espaço em que respira. Sua capacidade vai mais além; ele conserva muito bem o que uma vez respirou; conserva-o na forma exata sob a qual então o experimentou. Ainda que novas e talvez mais intensas experiências venham se juntar às já vividas, inexiste nele o perigo — para nós outros tão naturais — da mistura de impressões atmosféricas. Nada lhe é impreciso, nada perde a sua nitidez: possui uma experiência rica e bem catalogada dos espaços para respirar. Depende tão só de sua vontade fazer uso dessa experiência.

Tem-se de admitir, pois, que Broch é dotado de algo que só consigo designar como "memória respiratória". É natural perguntar então o que seria essa "memória respiratória", como funciona e onde se localiza. Tais perguntas certamente me serão feitas, e não saberei responder nada de preciso. E, para não correr o risco de ser desprezado como charlatão pela ciência competente, tenho de deduzir a existência dessa memória respiratória a partir de determinados efeitos que só poderiam ser explicados por meio dela. Para não facilitar demais à ciência seu desprezo, seria necessário trazer à lembrança o quanto a civilização ocidental se afastou de todos os problemas sutis relativos à respiração e à experiência respiratória. A psicologia mais antiga, exata e quase experimental de que se tem notícia (e que deveria, aliás com razão, ser designada psicologia da auto-observação e da experiência interna), obra dos hindus, tinha justamente esse território como objeto. Nunca nos chegará a ser espantoso o suficiente o fato de que a ciência, esse *parvenu* da humanidade que enriqueceu ilicitamente e a qualquer custo no decorrer dos últimos séculos, tenha desaprendido justamente aqui, no domínio da experiência respiratória, algo que já fora muito conhecido, manifestamente um exercício diário de inúmeros adeptos na Índia.

Decerto, também em Broch está em jogo uma técnica inconsciente, que lhe facilita a apreensão das impressões atmosféricas, sua conservação e posterior elaboração. O observador ingênuo notará nele muitas coisas que fazem parte dessa técnica. Assim, as conversas com ele são marcadas por uma pontuação totalmente singular e inesquecível. Ele não responde de bom grado com um sim ou com um não, estes ser-lhe-iam talvez cesuras muito violentas. As orações do interlocutor, divide-as de forma arbitrária, em segmentos aparentemente sem sentido. Tais segmentos são marcados por um som característico, que precisaria ser reproduzido fonograficamente com fidelidade, e que é apreendido pelo interlocutor como assentimento, embora não indique, na verdade, mais do que o mero registro do que foi dito. Durante a conversa, quase não se ouve uma negação. O interlocutor é pouco percebido em sua maneira de pensar e falar; Broch está muito mais interessado em perceber como o outro faz o ar vibrar. Ele próprio libera pouco ar e, quando se recolhe com as palavras, passa a impressão de obstinação e ausência.

Mas deixemos de lado esse aspecto pessoal, cuja análise demandaria um tratamento mais acurado para ter realmente valor, e nos perguntemos o que Broch empreende, em sua arte, com a rica experiência respiratória de que dispõe. Fornece-lhe ela a possibilidade de exprimir algo de outro modo inexprimível? Oferecerá uma arte criada a partir dela uma imagem nova e diferente do mundo? Pode-se mesmo pensar numa poesia configurada a partir da experiência respiratória? E quais são os instrumentos de que ela se utiliza tendo por veículo a palavra?

Em resposta a isso, ter-se-ia de dizer sobretudo que a multiplicidade de nosso mundo também consiste, em boa parte, na multiplicidade de nossos espaços de respiração. O espaço no qual os senhores se encontram agora, sentados numa determinada disposição, quase que totalmente isolados do mundo; o modo como suas respirações se misturam num ar comum e se chocam com minhas palavras; os ruídos que os incomodam, e o silêncio em que eles voltarão a cair; os movimentos reprimidos, de rejeição ou anuência — tudo isso é, do ponto de vista daquele que respira, uma situação absolutamente única, que não se repetirá, fechada em si e completamente definida. Mas, se os senhores avançarem alguns passos, encontrarão a realidade totalmente diferente de um outro espaço de respiração — numa cozinha, talvez, ou num dormitório, num bar, num bonde —, a partir do que se poderá sempre pensar numa constelação concreta, que não se repetirá, de seres que respiram, em uma cozinha, dormitório, bar ou bonde. A grande cidade abriga um número tão grande desses espaços respiratórios quanto de indivíduos; e, assim como o fracionamento de indivíduos, todos diferentes uns dos outros — cada um, uma espécie de beco sem saída — constitui o principal atrativo e a principal miséria da vida, da mesma forma poderíamos lamentar o fracionamento das atmosferas.

A multiplicidade do mundo; sua cisão nos indivíduos, matéria própria da configuração artística, é dada também àquele que respira. Mas em que medida a arte, nos seus primórdios, tinha consciência disso?

Não se pode dizer que o plano atmosférico foi negligenciado na contemplação primordial do homem. Os ventos pertencem às mais antigas configurações do mito. Cada povo teve suas ideias acerca deles, e poucos espíritos ou deuses são tão populares quanto eles. A arte oracular dos chineses guiava-se, em grande medida, pelos ventos. Tempestades, tormentas, tornados constituem um elemento de suporte à ação nas mais antigas epopeias heroicas. Mesmo mais tarde (vale dizer, até hoje), são um instrumento sempre recorrente: é com predileção que são tirados do depósito de quinquilharias do *kitsch*. A meteorologia, ciência que hoje se apresenta com uma pretensão de rigor bastante séria, pois faz previsões, ocupa-se em boa parte com as correntes de ar. Mas tudo ali é, no fundo, demasiado grosseiro, pois preocupa-se sempre com a dinâmica da atmosfera, com alterações que quase nos fulminam, com morte e matança pelo ar, o frio intenso, o calor escaldante, as velocidades alucinantes e os recordes selvagens.

Imaginem os senhores se a pintura moderna consistisse na representação simples e rudimentar do sol ou do arco-íris! Diante de quadros assim, seríamos provavelmente tomados pelo sentimento de uma barbárie sem igual. Nós nos sentiríamos inclinados a fazer-lhes furos, pois não possuiriam valor algum. O atributo "quadro" lhes seria logo retirado. Um longo exercício ensinou os homens a extrair, da diversidade e alternância das cores que vivenciaram, obras planas, estáticas, bem delimitadas e, em sua imobilidade, todavia infinitamente diferenciadas, às quais chamam "quadros".

A poesia do atmosférico como algo estático encontra-se ainda no início de sua evolução. O estático espaço de respiração mal foi configurado. Chamemos, pois, de quadro respiratório àquilo que nele ainda está por ser criado, em oposição ao quadro colorido do pintor, e nos fixemos no pressuposto de que a língua é um veículo apropriado para a realização do quadro respiratório, dada a grande afinidade que indubitavelmente existe entre respiração e linguagem. Nesse caso, temos então de reconhecer em Hermann Broch o fundador dessa nova arte, o seu primeiro representante consciente, que logrou tornar-se o modelo clássico de seu gênero. É como clássico e monumental que se tem de classificar o seu *O regresso,* uma narrativa de cerca de trinta páginas na qual se mostra como um homem, recém-chegado a uma cidade, deixa a estação em direção à praça e aluga um quarto na casa de uma velha senhora e sua filha. Esse é o conteúdo, a fábula, no sentido da arte narrativa antiga. Na verdade, o que se mostra são a praça da estação e a residência da velha senhora. A técnica empregada por Broch ali é tão nova quanto perfeita. Investigá-la exigiria um ensaio à parte, e este certamente não seria o lugar, pois se teria de ir muito longe nos detalhes.

Suas personagens não representam uma prisão para Broch. Gosta de escapar delas. Ou melhor, precisa escapar delas, mas mantém-se bem próximo. Elas repousam no ar; Broch respirou por elas. Sua circunspecção é o receio diante do hálito da própria respiração, que mexe com a tranquilidade dos outros.

Sua sensibilidade, no entanto, também o afasta de seus contemporâneos, que, afinal, ainda se acreditam em segurança. Na verdade, também estes não estão de todo embotados. A soma total de sensibilidade no mundo da cultura tornou-se muito grande. Todavia, por mais estranho que isto possa soar, mesmo essa sensibilidade tem uma tradição regulamentada e inabalável. Ela é determinada por aquilo que já é bem conhecido. Cenas de suplício, por exemplo, que nos foram transmitidas por essa cultura, e cujos relatos tomam quase uma mesma forma (como os suplícios dos mártires), inspiram-nos a mais profunda aversão. É tão forte a impressão que narrativas e imagens provocam em nós que épocas inteiras foram estampadas com o selo da crueldade. Assim, para a imensa maioria daqueles que leem e escrevem, a Idade Média é a época das torturas e das fogueiras de bruxas. Mesmo a informação segura de que tais fogueiras são, na verdade, invenção e prática de uma época posterior pouco pode para alterar aquela ideia. O homem mediano pensa na Idade Média com horror, ou seja, sempre lhe vem à mente a imagem do cadafalso cuidadosamente conservado de uma cidade medieval que viu alguma vez — talvez em sua viagem de lua de mel. O homem mediano tem, afinal, mais horror à Idade Média distante do que à Guerra Mundial que ele mesmo vivenciou. Pode-se sintetizar esse dado em *uma* frase desoladora: hoje seria mais difícil condenar publicamente um único homem a morrer no fogo do que desencadear uma nova Guerra Mundial.

A humanidade só está indefesa quando não mais possui experiência nem memória. Os novos perigos podem ser tão grandes quanto quiserem, pois encontrarão a humanidade igualmente mal equipada, ou, no máximo, equipada apenas exteriormente. O maior de todos os perigos já surgidos na história da humanidade escolheu, porém, a nossa geração como vítima.

É do estado indefeso da respiração que gostaria ainda de falar, para concluir. Dificilmente se atribui a ele grande importância. Para nada mais o homem se encontra tão vulnerável quanto para o ar. Nele, movimenta-se ainda como Adão no Paraíso, puro, inocente e alheio aos animais perigosos. O ar é nosso último bem comum. Ele cabe a todos, indistintamente. Não é dividido por privilégios; mesmo o mais pobre pode ter seu quinhão. E, se alguém tiver de morrer de fome, terá (o que decerto não é muito) podido pelo menos respirar até morrer.

Mas esse bem último, comum a todos, deve por fim envenenar-nos a todos, indistintamente. Sabemos disso, mas não o sentimos, pois nossa arte não é a respiração.

A obra de Hermann Broch situa-se entre uma guerra e outra, entre a guerra de gás e a guerra de gás. É possível que ele ainda agora sinta as partículas venenosas deixadas pela última guerra. Mas isso é impossível. O certo é que Broch, que sabe respirar melhor que nós, asfixia-se já hoje com o gás que nos tirará, quem sabe quando, a respiração.

PODER E SOBREVIVÊNCIA

Um dos fenômenos mais inquietantes da história do espírito humano é o esquivar-se do concreto. Possuímos uma acentuada tendência a nos lançarmos sempre ao longínquo, indo constantemente de encontro a tudo aquilo que, estando imediatamente à nossa frente, deixamos de ver. O entusiasmo dos gestos, o aventuroso e ousado das expedições a lugares distantes, é ilusório quanto a seus verdadeiros motivos: não raro trata-se simplesmente de evitar aquilo que está mais próximo, porque não nos sentimos à altura dele. Pressentimos sua periculosidade, e preferimos outros perigos, de consistência desconhecida. Mesmo quando deparamos com estes — e estão sempre presentes —, eles têm a seu favor o brilho do repentino e único. Seria necessária muita limitação intelectual para condenar esse espírito aventureiro, ainda que muitas vezes nasça de manifesta fraqueza. Ele nos levou a uma ampliação de nosso horizonte da qual nos orgulhamos. Mas, como todos sabemos, a situação da humanidade hoje é tão séria que somos constrangidos a nos voltar para o que está mais próximo, para o concreto. Não fazemos sequer ideia de quanto tempo nos resta para apreender aquilo que há de mais doloroso, e é bem possível que nosso destino dependa já de determinados e penosos conhecimentos, que ainda não possuímos.

Hoje, pretendo falar de *sobrevivência*, pensando naturalmente na sobrevivência de outros, e tentarei mostrar que essa sobrevivência está no cerne de tudo aquilo que nós — um tanto vagamente — denominamos poder. Para tanto, gostaria de iniciar com uma observação bastante simples.

O homem *em pé* dá a impressão de um ser autônomo, como se assim estivesse unicamente por si e tivesse ainda a possibilidade de tomar qualquer decisão. O homem *sentado* exerce uma certa pressão, seu peso projeta-se para fora, e ele desperta um sentimento de permanência. Sentado, não pode cair, se se levanta, fica maior. Por sua vez, o homem que vai descansar, o homem *deitado*, encontra-se desarmado. É fácil apanhá-lo em seu sono, indefeso. Mas talvez o homem deitado tenha caído, ou talvez tenha sido ferido. Enquanto não se puser de novo sobre suas pernas, não será considerado um ser completo.

O *morto*, no entanto, que jamais voltará a se levantar, produz um efeito extraordinário. A primeira impressão daquele que vê um morto diante de si (principalmente se este representava algo para ele, mas não só nesse caso) é a da incredulidade. Com desconfiança, se se tratava de um inimigo, ou trêmulo de expectativa, se um amigo, espreitamos o menor movimento de seu corpo. Ele se moveu, respirou. Não. Não está respirando. Não se move. Está realmente morto. Segue-se então o horror ante o fato da morte, ao qual se poderia denominar o fato único, pois é tão monstruoso que incorpora em si todos os outros fatos. O confronto com o morto é o confronto com a própria morte — menos que isso, porque não morremos realmente; mais, contudo, porque sempre há a morte de outrem. Mesmo o assassino profissional, que confunde sua insensibilidade com coragem e virilidade, não é poupado desse confronto: também ele, em alguma região recôndita de sua natureza, se amedronta. Muito se poderia dizer sobre o efeito da *visão* do morto no observador, a mais profunda e dignamente humana de todas as "visões"; seria possível passar dias e noites descrevendo-a. O testemunho mais admirável dela é o mais antigo: o pesar do sumério Gilgamesh com a morte de seu amigo Enkidu.

No entanto, não se trata para nós, aqui, desse estágio visível de uma vivência pela qual não temos, como vítimas, de nos envergonhar, e que foi posta à luz pelas religiões; trata-se, antes, do próximo estágio, que não admitimos de bom grado ser mais rico em consequências que o anterior; trata-se, enfim, de um estágio, de forma alguma humanamente digno, que se encontra no coração tanto do poder como da grandiosidade, o qual temos de encarar sem temor nem piedade, se quisermos compreender o que significa o poder e o que ele provoca.

O horror despertado pela morte, tal como esta se apresenta; é dissolvido pelo contentamento: não fomos nós que morremos. Mas poderia ter sido. É o outro, porém, quem jaz. Nós mesmos estamos de pé, intocados e inatingidos; e, seja um inimigo que foi morto, seja um amigo que morreu, tudo parece subitamente como se a morte, pela qual nos vimos ameaçados, tivesse se desviado para outrem.

Esse é o sentimento que rapidamente predomina; o que antes era horror deixa-se penetrar pela satisfação. Nunca aquele que está de pé, para quem tudo ainda é possível, tem tanta consciência de seu estar de pé. Nunca se sentiu tão bem em pé. O momento o cativa, o sentimento de superioridade sobre o morto o prende a este. Mesmo que tivesse asas, não voaria. Permanece onde está, voltado para o unânime, na maior proximidade possível; e, quem quer que o morto seja, atua sobre ele como se ainda o desafiasse a uma luta e o ameaçasse; ele se transforma em uma espécie de presa do morto.

Esse estado de coisas é tão terrível e evidente que se procura velá-lo das formas mais diversas. Se dele nos envergonhamos ou não, é algo decisivo para a valorização do ser humano. Mas em nada altera o próprio estado de coisas. A situação da sobrevivência constitui a situação central do poder. Sobreviver não é apenas cruel — é concreto, uma situação precisamente delimitada, inconfundível. O homem jamais acredita inteiramente na morte se não a vivenciou. Contudo, ele sempre a vivencia nos outros. Estes morrem diante de seus olhos como indivíduos isolados, e cada indivíduo isolado que morre convence-o da morte, alimentando seu horror a ela ao morrer em seu lugar. O que vive mandou-o em seu lugar, e jamais parecerá maior a si mesmo do que quando é confrontado com a morte do outro, que é definitiva, nesse instante, ele se sente como se tivesse crescido.

Todavia, esse é um crescimento que não se costuma ostentar. Ele pode recuar diante de um desgosto genuíno, ficando totalmente oculto por este. Mesmo, porém, quando o falecido representa pouco para uma pessoa e não se espera dela nenhuma manifestação especial de luto, é inteiramente contrário aos bons costumes deixar entrever algo da satisfação despertada pelo confronto com o morto. Esse é um triunfo que permanece oculto, que não se confessa a ninguém, nem talvez a si mesmo. A convenção tem aqui o seu valor: procura manter em sigilo e em pequena dose um sentimento cuja manifestação inadvertida acarretaria as piores consequências.

Mas nem sempre esse sentimento *permanece* oculto. Para compreender como, do triunfo secreto em relação à morte, surge um triunfo manifesto, confesso, que proporciona honra e fama e que, por isso, é objeto de empenho, é indispensável ter em vista a situação da *luta*, sobretudo em sua forma mais primitiva.

O corpo do homem é frágil, doentio e bastante vulnerável em sua nudez. Tudo pode penetrar nele, e a cada ferimento lhe fica mas difícil pôr-se em defesa; num instante tudo está feito. Um homem que se apresenta para uma luta sabe o que está arriscando; se não vê nenhuma vantagem a seu lado, arrisca ao máximo. Quem tem a sorte de vencer sente acréscimo em suas forças, apresentando-se com tanto mais empenho a seu próximo adversário. Após uma série de vitórias, alcançará aquilo que há de mais precioso para o lutador, um sentimento de *invulnerabilidade* — e, tão logo o possua, ousará lutas cada vez mais perigosas. A partir daí, é como se possuísse um outro corpo, não mais nu, não mais doentio, mas blindado pelos seus momentos de triunfo. Por fim, ninguém mais pode afetá-lo: ele se torna um herói. De todo o mundo e da maioria dos povos, conhecem-se histórias de eternos vencedores — e, mesmo que, como não raro acontece, permaneçam vulneráveis em alguma parte oculta do corpo, isso só faz valer ainda mais sua, de resto, total invulnerabilidade. A imagem do herói, bem como o sentimento que possui de si, compõe-se de todos aqueles instantes em que aparece como vencedor diante dos inimigos derrotados. É admirado pela superioridade que lhe confere o seu sentimento de invulnerabilidade, e tal vantagem sobre seus adversários não é vista como algo injusto. Ele desafia sem hesitar cada um dos que não se curvam à sua pessoa. Luta, vence, mata — coleciona vitórias.

Aqui, "colecionar" deve ser entendido ao pé da letra. É como se as vitórias passassem a fazer parte do corpo do vencedor e estivessem, a partir daí, à sua disposição. De fato, a concepção desse processo como algo concreto perdeu-se para nós — não mais o reconhecemos com justeza —, mas sua ação subterrânea, chegando até nosso século, é inquestionável. Talvez possa ser instrutivo examiná-la também numa cultura onde ainda se mostra abertamente, uma daquelas culturas às quais chamamos, um tanto impropriamente, primitivas.

Mana designa na Oceania uma espécie de poder sobrenatural e impessoal, que pode passar de um ser humano a outro. Esse poder é bastante cobiçado, e pode acumular-se em indivíduos isolados. Um guerreiro corajoso pode conquistá-lo de maneira totalmente consciente. Contudo, não o deve à sua experiência em lutas nem à sua força física: tal poder transfere-se para ele como *mana* do inimigo derrotado. Cito a seguir uma passagem do livro de Handy sobre a religião dos polinésios:

> Nas ilhas Marquesas, o membro de uma tribo pode tornar-se chefe guerreiro por sua coragem pessoal. Admitia-se que o guerreiro continha em seu corpo o *mana* de todos os outros que havia matado. O seu próprio *mana* crescia na proporção de sua coragem. Todavia, na concepção do nativo, sua coragem era o *resultado*, não a causa, do *mana*. A cada morte alcançada, crescia também o *mana* de sua lança. O vencedor de uma luta corpo a corpo assumia o nome do inimigo vencido: esse era o sinal de que o poder deste agora lhe pertencia. Para incorporar imediatamente o seu *mana*, o vencedor comia a carne do inimigo; e, para manter em si esse acréscimo de poder nos futuros combates, para assegurar-se da relação íntima com o *mana* conquistado, o guerreiro trazia consigo, como parte de seu armamento, algum resto do corpo do inimigo vencido: um osso, uma mão ressecada e, por vezes, até um crânio.

É o que relata Handy. O efeito da vitória sobre o sobrevivente não pode ser apreendido de forma mais clara. Ao matar o outro, tornou-se mais forte, e o ganho em *mana* capacita-o a novas vitórias. É uma espécie de benção que o sobrevivente arranca ao inimigo, benção que, no entanto, só pode alcançar se este for morto. A presença física do inimigo — primeiro vivo e, depois, morto — é indispensável. É preciso que haja luta e morte, e tudo depende do próprio ato de matar. As partes do cadáver que pode carregar consigo, de que se assegura, que incorpora e com as quais se enfeita o vencedor recordam-lhe sempre o crescimento de seu poder. Por meio delas, sente-se fortalecido e suscita terror: cada novo inimigo que desafia treme diante dele e vê, com temor, o seu próprio destino diante de si.

Entre outros povos há concepções de tipos diversos que, no entanto, servem ao mesmo objetivo. A ênfase nem sempre consiste na franqueza do combate. Entre o murngin, no território australiano de Arnhem, cada jovem procura um inimigo para apoderar-se de suas forças. Mas tem de matá-lo secretamente, à noite, e é só quando consegue isso que o espírito do morto transfere-se para ele, redobrando-lhe as próprias forças. Afirma-se expressamente que com esse expediente o vencedor *cresce*, torna-se de fato *maior*. Em lugar da força impessoal do *mana*, que conhecemos no caso anterior, aqui o objetivo é apossar-se de um espírito pessoal, que não pode chegar a ver o semblante do assassino no momento da ação, do contrário encoleriza-se e recusa-se à transferência. Justamente por essa razão, é indispensável que o assalto se dê na escuridão da noite. A maneira como a alma do morto transfere-se para o corpo do assassino é descrita com precisão. Uma vez dominada e incorporada, essa alma lhe é útil sob todos os aspectos. Com ela, não é só o próprio assassino quem se torna fisicamente maior; também a caça, que ela lhe propicia — seja um canguru ou uma tartaruga —, cresce após ter sido ferida e, em seus derradeiros instantes, engorda para o bem-aventurado caçador.

Heróis mais próximos de nossa tradição encontram-se nas ilhas Fiji. Conta-se que um jovem adolescente, que vivia longe do pai, acabou por reencontrá-lo e, para impressioná-lo, desafiou sozinho todos os inimigos deste:

> Na manhã seguinte, bem cedo, os inimigos dirigiram-se, com seus gritos de guerra, para a cidade [...] O jovem levantou-se e disse: "Que ninguém me siga! Permaneçam todos na cidade". Dito isso, pegou a clava que ele próprio construíra e avançou contra os inimigos, golpeando furiosamente todos à sua volta, à direita e à esquerda. A cada golpe, matava um inimigo, até que, por fim, os restantes fugiram. Pondo-se sobre um monte de cadáveres, gritou aos seus na cidade: "Venham buscar os derrotados". Eles vieram entoando cânticos fúnebres e arrastaram os 42 cadáveres, enquanto os tambores retumbavam na cidade.

Assim, o jovem não apenas combateu sozinho toda uma corja de inimigos, mas também, a cada um de seus golpes, derrubou um deles, não desperdiçando um único sequer. Por fim, pôs-se como vencedor sobre um monte de cadáveres, tendo pessoalmente matado um a um. O prestígio dessa habilidade guerreira em Fiji era tão grande que existiam nomes diferentes para os heróis, conforme o número de inimigos que haviam matado. O grau mais baixo na escala chamava-se *koroi*, o matador de *um* homem; *koli* era chamado o que matou dez; *visa*, quem matou vinte, e *wangka*, aquele que tivesse matado trinta pessoas. Quem conseguisse mais que isso recebia um nome composto. Um famoso chefe chamava-se *koli-visa-wangka*, pois matara 10 + 20 + 30, ou seja, sessenta homens.

Nunca é de todo inofensivo tratar daqueles a que chamamos primitivos. Nós os procuramos para, a partir deles; lançarmos uma luz impiedosa sobre nós mesmos; o efeito que produzem é, no entanto, frequentemente o oposto. Imaginamo-nos terrivelmente superiores aos primitivos, porque estes se valem de clavas e não de bombas atômicas. Na verdade, o único fato que nos podemos permitir lamentar no chefe *koli-visa-wangka* é que sua língua lhe imponha tantas dificuldades na contagem dos mortos. Nisso, nós outros temos, sem dúvida, mais facilidade, facilidade até demais.

Aduzi esse último exemplo apenas para mostrar aonde conduz a sobrevivência, tornada prática aberta e habitual. Não se resume, pois, ao caso "limpo", por assim dizer do herói que conquista pouco a pouco seu sentimento de invulnerabilidade em combates voluntários, para então pô-lo de novo à prova, quando sua gente se vê ameaçada por monstros ou inimigos. Talvez tenham realmente existido heróis assim, contidos. Inclino-me, contudo, a considerá-los um caso ideal. Isso porque o sentimento de felicidade advindo da sobrevivência concreta é um prazer intenso. Uma vez admitido e consentido, exigirá sua repetição e tornar-se-á rapidamente uma paixão insaciável. Quem foi possuído por ela tentará apropriar-se das formas de vida social ao seu redor, de modo a que sirvam a essa sua paixão.

Esta não é outra senão a paixão pelo *poder*. Ela está de tal modo ligada ao fato da morte que nos parece natural; nós a aceitamos como a morte, sem questioná-la, e mesmo sem encará-la com seriedade em suas ramificações e consequências.

Quem tomou gosto pela sobrevivência quer *acumulá-la*. Procurará provocar situações em que sobreviva simultaneamente a muitos. Os momentos dispersos de sobrevivência oferecidos pela vida cotidiana não lhe são suficientes. Tudo demora demais, sem que ele possa apressar o processo, o que também não deseja absolutamente no que diz respeito àqueles que lhe são realmente próximos. A existência pacífica na maioria das sociedades humanas possui um curso enganoso, procurando encobrir perigos e fissuras. O desaparecimento constante de pessoas de seu meio — pessoas que aqui e ali, subitamente, não se encontram mais entre os vivos — é entendido e explicado de tal forma que é como se elas não tivessem sumido de todo. Dirigimo-nos a elas, em procedimentos tranquilizadores de caráter singular, como se ainda pudessem ter parte na sociedade. Em muitos casos, acreditava-se realmente na permanência delas em algum lugar, e sua inveja dos vivos era temida, pois podia acarretar perigosas consequências para estes.

Contra essa intrincada rede de relações, tão intrincada que realmente ninguém, nem mesmo um morto, pode desvincular-se totalmente do mundo, dirigiu-se desde sempre a atividade daqueles que buscavam sua sobrevivência física. Se eram de natureza relativamente simples, sentiam-se bem nas guerras e combates. Fala-se sempre, em tais ocasiões, do atrativo oferecido pelo perigo, como se este conferisse à guerra o seu verdadeiro sentido. No entanto, trata-se nas guerras de algo evidente: de matar, de matar em massa. Um monte de inimigos mortos — esse é o objetivo, e quem quer vencer tem claro em sua mente que deverá sobreviver a esse monte de inimigos mortos. Contudo, o número de baixas não para aí: muitos de seus companheiros tombarão, e também a eles deve-se sobreviver. Quem vai de bom grado para a guerra age com o sentimento de que regressará, de que a guerra não o atingirá; é uma espécie de loteria ao inverso, na qual só ganham os números *não* sorteados. Quem vai de bom grado para a guerra o faz com *confiança*, e essa confiança reside na esperança de que os mortos de ambos os lados, inclusive o seu, sejam simplesmente *os outros*, e ele o sobrevivente. Assim, a guerra oferece, mesmo ao homem simples, que nos tempos de paz provavelmente não se tem em alta conta, a chance de um sentimento de poder, e justamente ali onde esse sentimento tem sua raiz, ou seja, na sobrevivência que se acumulou. A presença da morte não pode ser evitada, pois tudo gira em torno dela, e mesmo aquele que não contribuiu muito nesse sentido eleva-se diante da visão de todos os que tombaram, entre os quais *não* se encontra.

Tudo aquilo sobre o qual pesa, em tempos de paz, as sanções mais rigorosas na guerra é não só exigido, como executado em massa. O sobrevivente retorna com um sentimento elevado de si, mesmo que a guerra *não* tenha tido um bom desfecho para o seu lado. De outra forma, não se poderia explicar por que homens que observaram os aspectos mais cruéis da guerra os esqueçam ou transfigurem tão rapidamente. Algo do esplendor da invulnerabilidade irradia em torno de todo aquele que regressa são e salvo.

Mas nem todos são tão simples; nem todos se contentam com isso. Há uma forma mais ativa de se vivenciar semelhante experiência, e é ela que propriamente nos interessa aqui. Um indivíduo isolado não pode matar tantos homens quanto desejaria sua paixão pela sobrevivência. Contudo, pode induzir outros ou dirigi-los a isso. Como um comandante, determina a forma de uma batalha. Ele a planeja de antemão, e dá a ordem para o seu início. Faz-se informar sobre o seu andamento. Antigamente, costumava observar seu desenrolar de um posto mais elevado. Assim, evitava a luta direta, e talvez não chegasse sequer a matar um único inimigo. Seus subordinados, porém, incumbiam-se disso. Seu êxito é atribuído ao comandante. Ele é o verdadeiro vencedor. O seu nome, assim como o seu poder, cresce com o número de mortos. Ele não será especialmente respeitado por uma batalha na qual não se combateu seriamente, que foi vencida com facilidade e quase sem baixas. Um verdadeiro poder não pode ser construído exclusivamente sobre vitórias fáceis. O terror que ele quer despertar, e no qual está propriamente interessado, depende da massa de vítimas.

Todos os conquistadores famosos da história trilharam esse mesmo caminho. Posteriormente, foram-lhes atribuídas virtudes de toda espécie. Após séculos, historiadores ainda comparam conscientemente as qualidades de tais conquistadores, para — como acreditam — chegar a um juízo exato sobre eles. A ingenuidade fundamental dessa empreitada é palpável. De fato, estão ainda sob o fascínio de um poder de há muito ultrapassado. Assim, vivendo numa outra época, tornam-se contemporâneos daqueles que nela viveram, e algo do temor que estes sentiam ante a crueldade do poderoso acaba transferindo-se para eles; não sabem, porém, que se *entregam* a esses poderosos, enquanto observam honestamente os fatos. Soma-se a isso uma motivação mais nobre, da qual não estiveram livres nem mesmo grandes pensadores: é insuportável ter de afirmar que um número de seres humanos — cada um contendo em si o conjunto das possibilidades humanas — foi massacrado em vão, em prol de absolutamente nada; é por isso que então se passa a buscar um sentido para tais massacres. Como a história prossegue, é sempre fácil encontrar um sentido aparente em sua continuida-

de: cuidando-se para que tal sentido receba uma certa dignidade. Aqui, porém, a verdade nada tem de dignidade. Ela é tão
vergonhosa quanto foi aniquiladora. Trata-se exclusivamente
de uma paixão privada do detentor do poder: seu prazer pela sobrevivência cresce com seu poder; este permite-lhe dar rédeas
à sua paixão. O verdadeiro conteúdo desse poder é o desejo de
sobreviver a massas de seres humanos.

É mais proveitoso para o detentor do poder se suas vítimas
são inimigos; de qualquer modo, os amigos produzem resultado semelhante. Em nome de virtudes varonis, exigirá o mais
difícil, o impossível, de seus súditos. Não lhe importa que estes
sucumbam na execução da tarefa. É capaz de convencê-los de
que é uma honra fazê-lo por ele. Através de rapinagens, cujo
produto permite-lhes de início desfrutar, ele os ata a si. Servir-
-se-á então da voz de comando, a qual foi como que talhada
para seus objetivos (não podemos, contudo, encetar aqui uma
discussão detalhada dessa voz de comando, que é de extrema
importância). É assim que, se entende do que faz, fará deles
massas belicosas, incutindo-lhes ideias sobre a existência de
tantos inimigos perigosos que, por fim, seus seguidores não
poderão mais abandonar a massa de guerra que compõem. É
claro que não lhes revela sua intenção mais profunda; sabe dis-
simular muito bem e, para tudo o que ordena, encontra centenas de pretextos convincentes. É possível que se traia, em sua
arrogância, no círculo de amigos mais íntimos; mas, se assim
for, o fará de forma radical, como fez Mussolini diante de Cia-
no, ao desdenhosamente chamar seu povo de rebanho, cuja vida, naturalmente, pouco importava.

Mas a real intenção de um verdadeiro detentor do poder é
tão grotesca quanto inacreditável: ele quer ser o *único*. Quer
sobreviver a todos, para que ninguém sobreviva *a ele*. Quer
furtar-se à morte a todo custo; assim, não deve haver ninguém,
absolutamente ninguém, que possa matá-lo. Jamais se sentirá
seguro enquanto homens, quaisquer que sejam, continuarem
existindo. Mesmo seu corpo de guarda, que o protege dos inimigos, pode voltar-se contra ele. Não é difícil provar que sem-

pre teme secretamente aqueles a quem dá ordens. Sempre o assalta, também, o medo dos que lhe estão mais próximos.

Detentores do poder houve que, por essa razão, não quiseram ter filhos. Shaka, o fundador do império zulu, na África do Sul, apesar de homem muito corajoso, jamais superou o medo de ter um filho. Possuía 1200 mulheres, que carregavam o título oficial de "irmãs". Era-lhes proibido engravidar — a gravidez era punida com pena de morte. No entanto, a mãe de Shaka, a única pessoa a quem tinha apego e cujos conselhos lhe eram imprescindíveis, desejava um neto e, quando uma das mulheres de fato ficou grávida, escondeu-a e ajudou-a no nascimento do menino. Durante alguns anos, este cresceu secretamente, junto da avó. Certo dia, numa visita, Shaka surpreendeu sua mãe brincando com o menino. Reconhecendo-o de imediato como seu filho, matou-o no mesmo instante com as próprias mãos. Com isso, porém, não escapou ao destino que temia: em vez do filho, foi morto por dois de seus irmãos, quando contava 41 anos.

Esse temor em ter um filho parece-nos estranho. Contudo, insólito em Shaka é apenas o fato de não ter deixado que isso chegasse a acontecer. De resto, as lutas entre soberanos e seus filhos estão na ordem do dia. A história oriental está tão repleta delas que faz com que valham mais como regra que como exceção. Que sentido, porém, pode ter a afirmação de que o detentor do poder quer ser o *único*? Parece natural que, como nós mesmos vivenciamos, ele queira ser o *mais forte*; que lute contra outros detentores do poder para subjugá-los, que tenha esperanças de dominar todos os outros tornando-se senhor do maior e, talvez, único império existente, o que era mesmo sua meta final. Decerto, ser-me-á concedido que ele gostaria de ser o único *soberano*, pois inúmeros conquistadores já desempenharam esse papel, e alguns chegaram até a torná-lo realidade dentro do horizonte em que viveram. Mas tornar-se o único ser humano? O que pode significar o fato de que o detentor do poder gostaria de ser o único ser humano? É da essência do poder que outros existam para serem dominados, sem o que nenhum ato de poder é concebível. No entanto, nessa objeção

39

não se leva em conta que o ato do poder pode residir no *afastamento* dos outros; e, quanto mais radical e abrangente for a maneira como isso acontece, tanto maior será esse ato.

Um acontecimento dessas proporções foi-nos legado da Índia do século XIV. Apesar de sua coloração exótica, tem um ar tão moderno que gostaria de relatá-lo brevemente. O rei mais enérgico e ambicioso de seu tempo, Muhammad Tughlak, sultão de Delhi, encontrou, reiteradas vezes, cartas que eram lançadas à noite por sobre os muros do átrio de seu palácio. Não se sabe ao certo o conteúdo dessas cartas, porém se diz que continham ofensas e xingamentos. O sultão decidiu, então, reduzir Delhi, na época uma das maiores cidades do mundo, a ruínas. Uma vez que, como muçulmano rigoroso, levava muito em conta a justiça, *comprou* as edificações e residências de todos os moradores, pagando-lhes o devido preço. Ordenou-lhes então que se mudassem para uma cidade nova e muito distante, Daulatabad, onde pretendia instalar sua capital. Os moradores se recusaram; através de seu arauto, o sultão fez anunciar que, decorridos três dias, nenhum ser humano poderia ser encontrado na cidade. A maior parte dos habitantes acatou a ordem, mas alguns esconderam-se em suas casas. O sultão mandou dar buscas na cidade, à procura daqueles que nela tivessem permanecido. Seus escravos encontraram dois homens na rua, um aleijado e um cego. Foram levados à presença de Muhammad Tughlak; este ordenou que o aleijado fosse lançado por uma catapulta e que o cego fosse arrastado de Delhi até Daulatabad, uma viagem de quarenta dias. Ao longo do caminho, o corpo do cego despedaçou-se, e a única coisa que dele chegou em Daulatabad foi uma perna. A partir desse momento, todos os que haviam ficado fugiram de Delhi, deixando móveis e posses para trás, e a cidade totalmente abandonada. A destruição foi tão completa que não restou um gato, um cachorro nos edifícios da cidade, nos palácios ou nos arrabaldes. Uma noite, o sultão subiu ao telhado do palácio e olhou para Delhi, onde não se via mais nem fogo, nem fumaça, nem luz alguma, e disse: "Agora meu coração está tranquilo e minha cólera, apaziguada".

É verdade que, mais tarde, escreveu a moradores de outras cidades, ordenando-lhes que mudassem para Delhi, a fim de povoá-la de novo; também é verdade que só uns poucos vieram e que Delhi permaneceu quase vazia em sua imensa extensão. Mas o momento que importa aqui é o da *unicidade*, quando o sultão contemplou a cidade vazia do telhado de seu palácio; todos os moradores, mesmo cães e gatos, distantes dela, a quarenta dias de viagem, não havendo mais nem fogo, nem fumaça, nem luz — ele estava totalmente só: "Agora meu coração está tranquilo".

Deve-se notar que essa frase do sultão não é uma invenção ou um floreio literário posterior; ela nos foi transmitida, de forma fidedigna, pelo famoso viajante árabe Ibn Batuta, que viveu sete anos na corte do sultão e o conhecia perfeitamente bem. Seu coração está tranquilo porque não há mais um único ser humano que possa voltar-se contra ele. Mas sente-se também como se tivesse sobrevivido a todos os seres humanos; aqui, a população de sua capital representa toda a humanidade. Esse momento da *unicidade* foi, sem dúvida, passageiro, mas a consciência do objetivo a ser alcançado, seu custo enorme, as consequências que acarretou (a devastação, por muitos anos, de uma cidade rica e resplandecente), o fato de que um soberano louvado por sua inteligência e justiça, prudente, ativo e prático tivesse decidido tratar sua própria capital como se fosse a de seu pior inimigo — tudo isso fala em favor de que o ímpeto para essa unicidade é algo extremamente real, uma verdadeira força de primeira grandeza, que tem de ser investigada a sério sempre que uma oportunidade para tanto se ofereça.

Como tantas outras coisas, ela nos permite compreendê-la melhor a partir "de dentro", ou seja, por meio da observação de certas doenças mentais, principalmente a paranoia. O documento sobre o indivíduo, de longe o mais importante de que tenho conhecimento, são as *Memórias* do ex-presidente do senado de Dresden, Schreber. Um paranoico que passou nove anos em asilos, Schreber expõe ali o seu sistema, a partir de dentro e de forma completa e coerente. Esse livro, além disso, não é só de interesse para nosso assunto; toca também fenômenos tão diversos e frequentes que não hesito em caracterizá-lo como o documento mais importante da literatura psiquiátrica em geral. Ainda na forma de manuscrito, levou à anulação judicial da tutela de Schreber. Como livro, foi publicado em 1903, numa espécie de edição do autor. A família de Schreber, que tinha vergonha do livro, comprou a maior parte da tiragem, e a edição original tornou-se, assim, muito rara.

A esse respeito, não se deve, contudo, levar em consideração um escrito de Freud sobre Schreber, publicado em 1911.* Esse não é um de seus trabalhos mais felizes. Parece uma primeira tentativa, ainda tateante, e tem-se a impressão de que mesmo Freud estava consciente de suas deficiências. Ele considerou apenas uma pequena parte do material do livro, e raras vezes equivocou-se tanto na interpretação. Só é possível convencer-se do que estou falando ao se conhecer de fato as *Memórias*. Nas discussões posteriores sobre esse escrito, só foram levadas em consideração as passagens citadas por Freud. Só em anos mais recentes um ou outro autor se deu ao trabalho de recorrer ao próprio documento, embora ninguém ainda o tenha esgotado — o que, aliás, não acontecerá assim tão facilmente. Contudo, para ser justo, tenho de destacar que Freud escreveu o seu trabalho em 1911, antes, portanto, da eclosão da Primeira Guerra Mundial, ou seja, o evento que marca de fato o início de nosso século. Quem, tendo vivido os quase sessenta anos passados desde então em constante reflexão, permaneceu igual ao que era antes? Quem não deparou com a reformulação de questões inteiras? Só para as pessoas de nossa geração se tornou possível compreender Schreber e interpretá-lo de modo a não deixar de lado a maior parte daquilo que expressou.

A seguir, destacarei apenas duas ideias mais essenciais que obcecavam Schreber. O direito de enfatizá-las aqui reside no

---

* Observações psicanalíticas sobre um caso de paranoia (*Dementia paranoides*) descrito autobiograficamente.

fato de que não pode haver dúvidas de que estejam no centro de sua paranoia.

Toda a humanidade havia sido arruinada. O único ser humano que restara, o único ser humano ainda com vida, era *ele*. Seus pensamentos giravam em torno da catástrofe que poderia ter levado a humanidade à ruína, e tinha mais de *uma* hipótese a respeito. Talvez o sol tivesse se distanciado da terra, resultando num grande congelamento. Talvez tivesse sido um terremoto, como outrora em Lisboa. No entanto, o que mais lhe ocupa o pensamento são as epidemias devastadoras, como a lepra e a peste. Para proceder com toda a certeza, imagina formas novas e desconhecidas de peste. Enquanto os homens, em sua totalidade, haviam sucumbido a elas, ele, sozinho, fora salvo por raios "abençoados".

No conturbado período inicial de sua doença, Schreber tinha visões grandiosas. Uma dessas visões conduziu-o, numa espécie de elevador, às profundezas da terra. Vivenciando ali todos os períodos geológicos, viu-se subitamente numa floresta de carvão. Deixando por alguns instantes o veículo, passeou por um cemitério, onde jazia toda a população de Leipzig. Ali, visitou o túmulo de sua mulher.

Na realidade, sua mulher ainda vivia e visitava-o regularmente no asilo de Sonnenstein, em Dresden, onde ele passou oito ou nove anos como paciente. Schreber certamente tinha consciência dessas visitas. Também via e ouvia o seu médico, os outros médicos e os enfermeiros do asilo. Quando seus estados de agitação aumentavam, tinha aborrecidos conflitos com eles. Também via outros pacientes. Como isso era compatível com a profunda convicção de sua unicidade? Não contestava o que tinha diante dos olhos, mas colocava-o no devido lugar. As pessoas que via não eram *reais*, eram "homens de feitura efêmera". Era assim que os designava, e essas visões que surgiam e desapareciam, e pelas quais nada dava, se lhe apresentavam apenas para enganá-lo e confundi-lo.

Que não se imagine, contudo, que ele, como ser humano único, levava uma vida solitária. Estava em contato com as estrelas, e esse contato era de um tipo todo especial: Assim é que as almas dos mortos prosseguiam vivendo nas estrelas, habitando constelações conhecidas, como a Cassiopeia ou as Plêiades, em enormes rebanhos, como se tais corpos celestes consistissem exatamente nas almas dos mortos. Ele exercia, pois, uma poderosa atração sobre essas almas, que se agrupavam em grande número à sua volta, para então volatilizarem-se em sua cabeça ou em seu corpo. À noite, afluíam aos milhares das estrelas sobre ele, como "homúnculos", minúsculas figuras com forma humana de alguns milímetros de altura, que levavam uma vida breve em sua cabeça. Logo se iam: sugados por seu corpo, desapareciam nele. Algumas vezes, ainda ouvia um último e curto estertor, como o de um moribundo, antes que fossem absorvidos por ele. Embora os advertisse de sua força de atração, teimavam em vir. Constelações inteiras dissolveram-se dessa forma; más notícias chegavam, ininterruptamente, até ele. Através do agrupamento de estrelas, procurava-se salvar uma ou outra constelação, mas no fundo tudo isso era inútil, pois o efeito catastrófico de sua pessoa sobre o universo não podia ser detido por nada.

Justamente por esse contato com as almas, Schreber qualifica-se como o maior visionário de todos os séculos. Contudo, depois das descrições de sua ação que ele mesmo faz, essa expressão não é de todo exata, e somos tentados a dizer que é *muito* modesta. O quadro que, na verdade, nos oferece é outro. Ele apresenta dois estágios diferentes do *poder* em um só. Como aparecem ao mesmo tempo, lado a lado, poderiam à primeira vista causar confusão. No entanto, é fácil desvinculá-los um do outro e tomá-los em sua significação precisa. No que toca a seus *semelhantes*, todos eles já sucumbiram, e Schreber é, como deseja, o *único*. Esse é o estágio mais extremo e último do poder. Pode-se trabalhar nessa direção, mas realizá-lo só é possível no delírio. Contudo, no que toca às *almas* — que ele imagina como figuras humanas e, portanto, de alguma forma como seres humanos —, ele é ainda o grande homem; é para elas o *Führer*, em torno do qual as massas se arrebanham aos milhares. Mas não se trata simplesmente de as massas permanecerem reunidas à sua volta, tal como um povo ao redor de seu *Führer*:

com elas ocorre o mesmo que com os povos que, amontoando--se em torno de seu *Führer*, só aos poucos, no correr dos anos, percebem que se tornaram cada vez *menores* perto dele. Assim que o alcançam, as massas encolhem rapidamente até a altura de alguns milímetros, revelando, da maneira mais convincente, a verdadeira relação entre eles: comparado a elas, o *Führer* é um gigante, e elas, criaturas minúsculas, esforçando-se para manterem-se junto a ele. Mas a relação não para aí: o grande homem as engole. Deixam-se literalmente absorver por ele, para, então, desaparecer completamente. Seu efeito sobre elas é aniquilador. Ele as atrai e agrega, as diminui e devora. Agora, tudo o que elas eram vem em benefício de seu próprio corpo.

Se ainda não é totalmente o único, o *Führer* é, no entanto, o único que importa. Para esse estágio do poder que nos é familiar a todos, Schreber oferece uma imagem muitíssimo clara e nítida, como talvez jamais pudesse ser encontrada. Não nos intimidemos pelo fato de essa imagem pertencer ao contexto do delírio. Temos de buscar nossos conhecimentos ali onde eles se oferecem, e o poder real, nas formas extremas em que o conhecemos, não é nada menos que um delírio. Sobre o modo como *alcança-se* o poder, Schreber certamente nada pode nos dizer; para isso, seria preciso um exame da práxis do poder. Mas não me parece absolutamente desprezível apreender, por seu intermédio, a que *visa* o poder.

Espero não decepcionar ao concluir com Schreber. Seria preciso estar tão ofuscado como ele, ou como um verdadeiro detentor do poder da espécie acima descrita, para se dar por contente com isso. Afinal, todos nós pertencemos a esse contexto, e uma questão de muito maior importância em uma investigação sobre o poder seria aquela que trata de por que obedecemos a ele. Minha intenção era limitar-me *ao aspecto interior* daquele que detém o poder, aspecto que nos parece inapreensível, ao qual tudo em nós resiste, e que, por isso, temos de ter sempre em vista com a maior acuidade.

(1962)

KARL KRAUS, ESCOLA DA RESISTÊNCIA

Faz parte da insaciabilidade, mas também da veemência dos anos de juventude, que *um* fenômeno, *uma* experiência, *um* modelo, elimine o outro. Somos fogosos e expansivos, apegamo-nos a este ou àquele, fazemos dele um ídolo, afeiçoando-nos e submetendo-nos com uma paixão que exclui todo o resto. Assim que esse ídolo nos decepciona, arrancamo-lo de sua posição elevada e o demolimos sem escrúpulos; não *pretendemos* ser justos, porquanto já significou demais para nós. Erigimos um novo ídolo em meio às ruínas do antigo. Importa-nos pouco que ele se sinta desconfortável ali. Somos instáveis e arbitrários com nossos ídolos; não nos perguntamos sobre *seus* sentimentos, pois estão ali para serem alçados e derrubados, e seguem uns aos outros em número espantoso, numa variedade e contraditoriedade que deveria causar assombro, se nos ocorresse um dia a ideia de passar todos em revista ao mesmo tempo. Um ou outro desses ídolos ascende à posição de um deus, resiste e é poupado — este permanece inatacável. Só o tempo atua sobre ele, não a nossa própria animosidade. Pode ser corroído pelo tempo, ou o solo sobre o qual se funda pode aos poucos erodir, mas mesmo assim, permanecerá, no todo, intacto, não perderá sua feição.

É de se imaginar a devastação que sofre esse santuário, que o homem traz em si, após algum tempo de vida. Nenhum arqueólogo poderia chegar a uma ideia razoável do edifício. Mesmo aquilo que permaneceu incólume, as imagens de deuses ainda reconhecíveis, já forma, por si só, um panteão enigmático. Mas o arqueólogo encontraria ainda ruínas e mais ruínas, cada vez mais espantosas e fantásticas. Como poderia ele compreender porque justamente estas acumulam-se sobre aquelas? A única coisa que possuem em comum é o modo como foram destruídas: assim, ele só poderia inferir um único dado, ou seja, que foi sempre a ira do mesmo bárbaro a causadora de semelhante devastação.

O mais prudente talvez fosse não tocar em todas essas ruínas nem no santuário. Hoje, contudo, decidi ser imprudente e falar de um de meus ídolos, que se tornou um deus e que, apesar disso, após cinco anos de reinado solitário, foi desalojado, desabando por completo alguns anos mais tarde. Esses fatos se passaram já há muito tempo, e posso, pois, observá-los com razoável distanciamento. Hoje sei por que Karl Kraus me veio em tão boa hora, por que sucumbi a ele e por que, finalmente, tive de me pôr em defesa contra ele.

Na primavera de 1924 — eu acabara de retornar a Viena havia poucas semanas —, fui levado pela primeira vez, por amigos, a uma leitura pública de Karl Kraus.

O grande auditório de concertos estava completamente tomado. Sentei-me bem atrás e, dessa distância, podia ver muito pouco: um homem pequeno, ou antes franzino, algo curvado para a frente, com um rosto que terminava em forma pontiaguda, de uma mobilidade incomum, que eu não compreendia e que tinha algo de um ente desconhecido, um animal recém-descoberto, que eu não saberia dizer qual. A voz era penetrante, agitava e dominava com leveza o auditório em suas repentinas, mas constantes, modulações.

O que, no entanto, pude observar muito bem eram as pessoas à minha volta. Havia no auditório uma atmosfera que me era familiar das grandes concentrações políticas, como se tudo que o orador tivesse a dizer fosse já conhecido e esperado. Para o recém-chegado, contudo, que vivera oito anos (talvez os mais importantes, dos onze aos dezenove) fora de Viena, tudo isso era novo e estranho em cada detalhe, pois o que era dito ali, como sendo da maior importância e com uma ênfase apaixonada, referia-se a inúmeros aspectos da vida pública e privada da cidade. A princípio, era imponente o sentimento de que numa cidade ocorresse tanta coisa digna de nota, que a todos interessasse. A Guerra e suas dolorosas consequências, os vícios, os homicídios, a cobiça, a hipocrisia, mas também os erros de impressão, eram destacados de seus contextos, citados e denunciados com a mesma força impetuosa, e atirados como que em fúria a milhares de pessoas que entendiam, desaprovavam, aclamavam, riam e recebiam com júbilo cada palavra.

Devo confessar que, de início, o que mais me causou estranheza foi a forma súbita do efeito arrebatador? Como era possível que todos soubessem exatamente do que se tratava, já conhecessem e desaprovassem de antemão, e ali estivessem sequiosos de ouvir a condenação? Acusações completas eram apresentadas numa linguagem curiosamente cimentada, que tinha algo dos parágrafos judiciais, jamais se esgotava ou se interrompia, soando como se tivesse sido iniciada havia anos e pudesse continuar da mesma forma por muitos anos mais. A proximidade com a esfera do direito também era perceptível no fato de que tudo pressupunha uma lei estabelecida, absolutamente certa e inabalável. Estava perfeitamente claro o que era bom, e perfeitamente claro o que era ruim. Tudo era duro e natural como o granito, que ninguém conseguiria arranhar ou riscar.

No entanto, tratava-se de um tipo muito especial de lei, e, assim, já na primeira vez, apesar de todo o meu desconhecimento de quem eram os contraventores dignos de punição, pude sentir como começava a submeter-me a ela. O inapreensível e inesquecível — que permaneceria inesquecível para quem o experimentou, ainda que vivesse três séculos — era que essa lei *incandescia*: irradiava, ardia e aniquilava. Dessas frases construídas como cidadelas ciclópicas, sempre encaixando-se perfeitamente umas nas outras, disparavam de repente raios — não inofensivos, cintilantes, mero efeito de teatro, mas fulminantes —, e esse processo punitivo, que se desenrolava diante do público, ao ouvido de todos, tinha algo de tão arrepiante e violento que ninguém era capaz de subtrair-se a ele.

Toda sentença era executada de imediato. Uma vez pronunciada, era inapelável. Todos nós presenciávamos a execução. O que despertava uma espécie de expectativa voraz entre as pessoas do auditório não era tanto o pronunciamento da sentença, mas sua execução imediata. Entre as vítimas, frequentemente indignas, havia algumas que se punham na defensiva e não aceitavam a condenação. Muitos resguardavam-se de uma luta em público, mas outros se apresentavam, e a perseguição impiedosa que então se iniciava era o espetáculo mais apreciado pela audiência. Passaram-se décadas até que eu compreendesse que Karl Kraus conseguiu fazer dos intelectuais uma massa de agitação que se reunia a cada leitura e permanecia aguçada, até que a vítima fosse executada. Assim que a vítima emudecia, terminava a caçada. Então, podia-se começar uma outra.

O mundo das leis que Karl Kraus guardava com "voz de cristal"; como um "mago furioso" — segundo as palavras de Trakl —, combinava duas esferas que nem sempre se manifestam em estreita relação uma com a outra: a esfera da moral e a da literatura. Talvez, no caos intelectual que se seguia à Primeira Guerra, nada fosse tão necessário quanto esse amálgama.

De que meios dispunha Kraus para alcançar o efeito desejado? Hoje quero me referir apenas a seus dois instrumentos principais: a *literalidade* e a *indignação*.

A literalidade, para abordá-la primeiro, se mostra na sua soberana utilização de citações. A citação, tal como ele a empregava, na verdade depunha contra quem era citado; era muitas vezes o ponto máximo, a coroação daquilo que o comentador tinha a apresentar contra o autor citado. Karl Kraus possuía o dom de condenar os homens por meio de suas próprias palavras, por assim dizer. A origem dessa mestria — e não sei se a relação já foi percebida com clareza — reside, contudo, naquilo que gostaria de chamar de *citação acústica*.

Kraus era perseguido por vozes, um estado de espírito certamente não tão raro quanto se acredita —, mas com uma diferença: as vozes que o perseguiam *existiam* na realidade vienense. Eram frases desconexas, palavras, exclamações que podia ouvir em qualquer lugar, ruas, praças, cafés. A maioria dos poetas de então era composta de pessoas que sabiam não escutar. Mostravam-se dispostos a ocuparem-se de seus semelhantes, até a ouvi-los por vezes e, mais frequentemente, a contestá-los. O pecado original de todo intelectual é que para ele o mundo consiste em intelectuais. Kraus também era um intelectual, pois do contrário não teria podido passar seus dias a ler jornais, ainda por cima mais diversos, nos quais aparentemente se encontravam as mesmas coisas. Como, porém, *seu* ouvido estava sempre aberto — jamais se fechava, estava em ação constante, sempre escutando —, era preciso que lesse esses mesmos jornais como se os *ouvisse*. As palavras impressas em negro, mortas, eram para ele palavras *sonoras*. Quando as citava, era como se deixasse falar vozes: citações acústicas.

No entanto, visto que citava indistintamente tudo, que não deixava de ouvir nem reprimia nenhuma voz — colocando todas elas numa espécie de curiosa posição de igualdade, independentemente de seu *status*, importância ou valor —, Karl Kraus era, indiscutivelmente, aquilo que Viena tinha então de mais vivo para oferecer.

Este era, pois, o mais singular dos paradoxos: o homem que guardava tanto desprezo (desde o espanhol Quevedo e de Swift, aquele que mais firmemente desprezou a literatura universal, uma espécie de flagelo de Deus da humanidade culpada) dava a palavra *a todos*. Não era capaz de sacrificar a voz mais ínfima, mais insignificante, mais oca. Sua grandeza residia no fato de que ele sozinho, literalmente sozinho, confrontava todo o seu mundo, tal como o conhecia, com todos os seus representantes — e eram inúmeros —, escutando-os, perscrutando-os, atacando-os e fustigando-os. Dessa maneira, era o antípoda de todos os poetas, daquela enorme maioria de poetas que passam mel na boca das pessoas para serem amados e enaltecidos por elas. Está claro que não é preciso desperdiçar palavras sobre a necessidade de figuras como Kraus, justamente porque delas tanto carecemos.

Nestas considerações, dou ênfase principalmente ao Kraus vivo, tal como era quando falava em público. Jamais se repetirá suficientemente que o Karl Kraus real, que sacudia, atormentava, fulminava, que se tornava parte de nós, nos capturava e abalava a ponto de serem necessários anos para juntar forças e afirmar-se diante dele — este Kraus era o *orador*. Durante minha vida, jamais houve um orador como ele, em qualquer dos domínios linguísticos europeus que me são familiares.

À medida que falava, todas as suas paixões — que eram desenvolvidas ao máximo — comunicavam-se a seus ouvintes, tornando-se, de imediato, as deles também. Seria necessário um livro para tratar seriamente essas paixões, para descrever sua ira, ironia, sua amargura, seu desprezo; sua devoção, quando se tratava de amor e de mulheres, devoção que sempre tinha um pouco de exatidão cavalheiresca para com esse sexo; sua compaixão e ternura para com os depauperados, a astúcia mortal com que ia à caça dos poderosos; sua volúpia por desnudar, tirando do rosto dos poderosos austríacos a máscara com que ocultavam sua imbecilidade; sua altivez, com a qual criava distância em torno de sua pessoa; a veneração sempre ativa de seus deuses, dentre os quais alguns tão diversos como Shakespeare, Claudius, Goethe, Nestroy e Offenbach.

Neste instante só posso nomear essas paixões, embora ao enumerá-las mal consiga conter o desejo de estender-me mais concretamente acerca delas, ou até mesmo de imitar Kraus tão exatamente como se tivesse acabado de sair de uma de suas leituras. Tenho, contudo, de destacar *uma* paixão, que já mencionei antes. Essa paixão é aquilo que eu poderia caracterizar como o aspecto verdadeiramente bíblico em Kraus: sua *indignação*. Se tivéssemos de nos limitar a uma única qualidade que o diferenciasse de todas as outras figuras públicas da época, seria esta: Karl Kraus era o mestre da indignação.

Ainda hoje, qualquer um que tenha folheado *Os últimos dias da humanidade* pode convencer-se facilmente disso. Salta aos olhos como ele sempre vê lado a lado aqueles que a Guerra degradou e os que ela assoberbou: mutilados de guerra ao lado de aproveitadores da guerra; o soldado cego ao lado do oficial que exige ser saudado por ele; o nobre semblante do condenado sob a careta balofa do carrasco — em Kraus, estas não são coisas tais como aquelas a que nos acostumou o cinema com seus contrastes baratos, mas estão ainda carregadas de uma indignação total, que nada pode calar.

Quando Kraus as pronunciava, milhares de pessoas diante dele ficavam paralisadas; sua indignação, que a cada vez regenerava a força da visão original, por mais que lesse essas peças, tomava conta de todos os presentes. Assim, conseguiu infundir pelo menos *um* sentimento unitário e imutável em seus ouvintes: o ódio absoluto à guerra. Foi preciso que houvesse uma Segunda Guerra Mundial e — após a destruição de cidades inteiras — o seu produto mais próprio, a bomba atômica, para que esse sentimento se generalizasse e se tornasse quase natural. Nesse sentido, Karl Kraus foi, por assim dizer, como um precursor da bomba atômica, cujos horrores já estavam presentes em suas palavras. Desse seu sentimento surgiu o que hoje é uma constatação que precisa, cada vez mais, ser levada em consideração, mesmo pelos detentores do poder, ou seja, a constatação de que as guerras são absurdas tanto para os vencedores como para os vencidos e, por isso, impossíveis, sendo sua proscrição irrevogável mera questão de tempo.

Abstraindo de tudo isso, o que aprendi com Karl Kraus? O que me foi legado por ele, de modo que já não poderia mais separar de minha pessoa?

Primeiramente, seu sentimento de absoluta responsabilidade. Eu o encarava de uma forma que beirava a obsessão: nada aquém dele parecia digno de existir. Ainda hoje, tenho esse modelo tão forte diante de mim que todas as formulações posteriores dessa mesma exigência apresentam-se, necessariamente, como insuficientes. Entre essas, por exemplo, está a pobre palavra "engajamento", nascida já para a banalidade e que hoje grassa como erva daninha. A palavra soa como se nosso posicionamento diante das coisas mais importantes se assemelhasse a um vínculo empregatício. A verdadeira responsabilidade é, no entanto, uma centena de vezes mais difícil, pois é soberana e determina-se a si mesma.

Em segundo lugar, Karl Kraus abriu-me os ouvidos, e ninguém mais o teria conseguido como ele. Desde que o ouvi, não me foi mais possível deixar eu mesmo de ouvir. De início, foram os barulhos da cidade à minha volta, as exclamações, os gritos, as adulterações da língua captadas ao acaso e, principalmente, o que se dizia de modo errôneo e impróprio. Tudo isso era, a um só tempo, cômico e assustador, e desde então a relação entre essas duas esferas tornou-se para mim algo inteiramente natural. Graças a Karl Kraus comecei a compreender que cada indivíduo tem uma configuração linguística própria, que o distingue de todos os demais. Compreendi que embora os homens falem uns com os outros, não se entendem; que suas palavras são golpes que ricocheteiam nas palavras dos outros; que não existe ilusão maior do que a opinião de que a língua é um meio de comunicação entre seres humanos. Fala-se com a outra pessoa, mas de uma maneira que ela não entende. Continua-se a falar, e ela entende ainda menos. Um grita, o outro grita também: a exclamação, que tem uma vida miserável na gramática, apodera-se da língua. Como bolas, as exclamações saltam para lá e para cá, chocam-se e caem pelo chão. Raramente algo do que se diz consegue infiltrar-se no outro; e, quando isso afinal acontece, é entendido às avessas.

No entanto, essas mesmas palavras que não podem ser entendidas, que atuam como isolantes, que produzem uma espécie de forma acústica, não são raras ou novas, inventadas por criaturas interessadas em seu isolamento: são as palavras no seu uso mais frequente, frases, o absolutamente corriqueiro, aquilo que é expresso centenas e milhares de vezes; e é exatamente isso que se usa para manifestar a própria vontade. Palavras belas, feias, nobres, vulgares, sagradas, profanas, todas elas caem nesse mesmo reservatório tumultuado, do qual cada indivíduo pesca o que convém à sua preguiça, repetindo-o até que a palavra já não possa ser reconhecida, até que passe a exprimir algo totalmente diferente, o oposto daquilo que significou um dia.

A desfiguração da língua leva ao Tohuwabohu* das pessoas isoladas. Karl Kraus, cujo senso do mau uso da língua era

---

* *Tohuwabohu*: palavra hebraica empregada por Lutero em sua tradução da Bíblia (Gênese 1, 2); é composta de dois adjetivos: deserto e vazio. Hoje significa caos, confusão. (N. T.)

aguçado ao extremo, possuía o dom de capturar os produtos desse mau uso *in statu nascendi*, e jamais deixar que se perdessem. Para quem o ouvia, abria-se, com isso, uma nova dimensão, inesgotável, da língua, e da qual anteriormente só se servira de modo esporádico e sem maiores consequências. A grande exceção a essa regra, Nestroy — de quem Karl Kraus aprendeu tanto quanto eu dele — quero aqui mencionar apenas *en passant*.

Isso porque gostaria agora de falar sobre algo que estava em nítida oposição com a espontaneidade de seu ouvido, ou seja, sobre a forma da prosa de Karl Kraus. É possível recortar qualquer obra mais longa em prosa de Kraus em duas, quatro, oito, dezesseis partes, sem privar-lhe de nada. As páginas seguem umas às outras com regularidade. Sua escrita pode ter alcançado maior ou menor êxito — ela segue sempre adiante num encadeamento peculiar, mas de natureza meramente exterior, sem que se possa prever um fim necessário. Cada obra — caracterizada por ele como tal por meio de um título — poderia ser duas vezes maior, ou reduzir-se à metade. Nenhum leitor despreocupado poderá definir por que ela não terminou antes nem por que não se estendeu mais. Predomina um arbítrio da continuidade, que não segue nenhuma regra reconhecível. Enquanto uma questão ocupar-lhe a mente, o trabalho prossegue, e na maior parte das vezes a questão ocupa-lhe a mente por muito tempo. Nunca está presente um princípio superior de estruturação da obra.

A estrutura que falta ao todo está, no entanto, presente em cada frase isolada, e salta aos olhos. Toda a fome de construir, de que devem ser pródigos os escritores, esgota-se em Karl Kraus na frase isolada. É para esta que se voltam os seus cuidados: ela deve ser irretocável, sem nenhuma lacuna, nenhuma fenda, nenhuma vírgula no lugar errado — e assim, frase após frase, obra após obra, tudo se encaixa numa Muralha da China. Seus encaixes são, em toda parte, igualmente bons e, em seu caráter, em lugar algum perceptíveis, mas ninguém sabe o que a muralha encerra. Não há nenhum reino por trás dela; ela mesma é o reino, e toda força que possa ter subsistido no reino está contida nela, em sua construção. Não é mais possível dizer o que estava do lado de fora ou de dentro: o reino estendia-se por ambos os lados, e a muralha o é para fora como para dentro. Ela é tudo; um ciclópico fim em si, que atravessa o mundo, montanha acima, montanha abaixo, pelos vales e planícies e por muitos desertos. Pois, se a muralha existe, talvez lhe pareça que tudo além dela esteja destruído. Dos exércitos que a povoavam, aos quais cabia a sua guarda, restou apenas uma única e solitária sentinela. Essa sentinela solitária é, ao mesmo tempo, aquele que sozinho leva adiante a construção. Para onde quer que mirem seus olhos, sente a necessidade de erigir um novo trecho da muralha. Os mais diversos materiais se lhe oferecem para essa empresa, e ele é capaz de transformá-los todos em novos blocos. Pode-se caminhar anos a fio por essa muralha, e ela jamais terá fim.

Creio que foi um certo mal-estar quanto à natureza dessa muralha e o espetáculo desolador do deserto de ambos os lados que aos poucos me levaram a rebelar-me contra Kraus. Isso porque os blocos com que construía eram *veredictos*, e a estes era reduzido tudo o que antes vivera na paisagem ao redor. A sentinela tornara-se um viciado em veredictos; para a produção dos seus blocos e, assim, de sua muralha que jamais se fechava, veredictos eram cada vez mais necessários, e ele os fabricava às custas de seu próprio reino. Aquilo que deveria guardar, ele o sugava — é certo que para seus fins elevados, mas à sua volta tudo se tornava cada vez mais ermo; finalmente, assaltou-nos o medo de que a construção dessa indestrutível muralha de sentenças tornara-se o fim último da vida.

O núcleo da questão era que ele se apropriara de todos os veredictos, não concedendo um único sequer àqueles para quem se tornara um modelo. A consequência desse constrangimento sobre si próprio pôde logo ser observada por todos que se apegaram a Kraus.

A primeira coisa que acontecia depois de ouvir dez ou doze leituras de Karl Kraus, depois de um ou dois anos de leitura da

Fackel,* era um encolhimento geral da vontade de emitir veredictos *próprios*. Verificava-se uma invasão de decisões fortes e implacáveis, sobre as quais não recaía a menor dúvida. O que fora decidido nessa instância superior valia como definitivo, e teria parecido um atrevimento analisar por si os fatos; assim, ninguém jamais tomava nas mãos qualquer dos autores que tivessem sido amaldiçoados por Kraus. Bastavam mesmo pequenos comentários marginais desdenhosos, que cresciam como ervas por entre os blocos de sua cidadela de frases, para que nos desviássemos para sempre daqueles a quem eram endereçados. Uma espécie de redução sobreveio: enquanto anteriormente — nos oito anos de minha ausência de Viena, passados em Zurique e Frankfurt — eu procurara informar-me sobre toda e qualquer literatura, como um lobo sequioso de leitura, iniciava-se agora um período de limitação, de reserva ascética. Havia nisso a vantagem de nos aplicarmos mais intensamente àquilo que tinha o aval de Kraus: Shakespeare e, naturalmente, Goethe; Claudius; Nestroy, que ele ressuscitou e tornou acessível (seu feito mais pessoal e pleno de êxito); o jovem Hauptmann, até por volta de *Pippa*, cujo primeiro ato ele costumava ler; Strindberg e Wedekind, que tiveram a honra de figurar nos primeiros anos da *Fackel*; e ainda, entre os modernos, Trakl e Lasker-Schüler. Vê-se que de forma alguma nos reduzia aos piores. Quanto a Aristófanes, que adaptou, não precisei de Kraus, este jamais teria conseguido afastar-me dele, nem de *Gilgamesh* e da *Odisseia*, pois os três tinham formado havia tempos o núcleo mais íntimo de meu espírito. Romancistas e narradores, sobretudo, não contavam para ele, creio que o interessavam pouco, e isso era uma bênção. Assim, mesmo sob sua ditadura mais impiedosa, pude, incólume, ler Dostoiévski, Poe, Gogol e Stendhal e sorvê-los como se Karl Kraus jamais tives-

---

* *Die Fackel*: em alemão, "O Archote". Revista fundada por Kraus em 1899, na qual colaboraram, entre outros, Peter Altenberg, Wedekind etc. A partir de 1911, Kraus passou a publicá-la sozinho. (N. T.)

se existido. A esse período poderia chamar minha existência secreta em porão. Foi desses autores, bem como dos pintores Grünewald e Brueghel (os quais suas palavras não alcançavam), que extraí, sem ainda pressenti-lo, as energias para a rebelião posterior.

Naquela época, experimentei realmente o que significa viver sob uma ditadura. Eu era seu adepto espontâneo, devoto, apaixonado, entusiasmado. Um inimigo de Karl Kraus era um ser imoral, repreensível, e, se não cheguei a participar do extermínio dos supostos vermes (como se tornou usual nas ditaduras posteriores), devo confessar com vergonha que também tive — e não conseguiria exprimir-me de outro modo — meus "judeus", pessoas das quais eu desviava os olhos, ao encontrá-las nos bares ou nas ruas, por não julgá-las dignas de meu olhar; pessoas cujo destino não me importava, proscritos, banidos cujo contato me teria infectado e que, com toda seriedade, eu não mais contava entre a humanidade: estes eram as vítimas e os inimigos de Karl Kraus.

Apesar disso, não foi uma ditadura infrutífera, e, como me submeti espontaneamente a ela — e dela, afinal, por mim mesmo consegui me libertar —, não tenho direito de denunciá-la. Além disso, minha experiência com essa ditadura arrefeceu em mim o vício de denunciar os outros.

É importante ter um modelo que possui um mundo rico, turbulento, inconfundível, um mundo que ele mesmo farejou, observou, ouviu, sentiu e pensou. É a autenticidade de *seu* mundo que faz com que alguém se torne um modelo, e é por meio dela que ele nos impressiona mais profundamente. Deixamo-nos envolver e subjugar por esse mundo, e não posso imaginar absolutamente um poeta que não tenha sido alguma vez dominado e paralisado por uma autenticidade alheia. Na humilhação dessa violação — quando o futuro poeta sente que nada tem de próprio, que não é ele mesmo, não sabe sequer o que é — suas forças ocultas começam a despertar. Sua pessoa se articula, nasce da resistência — onde quer que se liberte, havia algo ali que o libertou.

Contudo, quanto mais rico for o mundo daquele que o mantém subjugado, tanto mais rico tem de tornar-se seu próprio mundo, para se desfazer do outro. Por isso, é bom desejar para si modelos fortes. É bom sucumbirmos a um modelo assim, contanto que, secretamente, numa espécie de obscuridade servil, ansiemos por aquilo que nos é próprio, do qual com razão, por ainda não enxergá-lo, nos envergonhamos.

Fatais são os modelos que atingem até essa obscuridade, tirando-nos o ar mesmo em nosso último e mísero porão. Mas também são perigosos aqueles modelos de uma espécie bem diferente, que usam de corrupção e se fazem prontamente úteis em coisas de pequena importância, aqueles que nos querem fazer acreditar que já se manifesta em nós algo de próprio, simplesmente porque nos curvamos e humilhamos diante deles. Assim como um animal bem adestrado, vivemos de sua misericórdia e nos damos por satisfeitos com os petiscos que sua mão nos oferece.

Ninguém que está começando pode saber o que encontrará em si. Não poderia sequer pressenti-lo, uma vez que ainda não adquiriu existência. Com ferramentas emprestadas, ele penetra no solo que também lhe é emprestado e estranho — pertence a outros. Quando de repente, pela primeira vez, depara com algo que não reconhece, que não vem de lugar algum, ele estremece e vacila: pois isso é algo de próprio.

Talvez o encontrado seja pouco, um amendoim, uma raiz, uma pedra ínfima, uma picada venenosa, um novo cheiro, um ruído inexplicável ou logo um veio escuro e profundo; se tiver coragem e ponderação para despertar da primeira e medrosa vacilação, para reconhecer e dar nome ao que encontrou, aí começará a sua vida própria e verdadeira.

(1965)

DIÁLOGO COM O
INTERLOCUTOR CRUEL

Seria difícil para mim levar adiante aquilo que faço com maior prazer se não escrevesse por vezes um diário. Não que eu utilize essas anotações; elas nunca são a matéria-prima daquilo em que estou trabalhando. Porque um homem que conhece a intensidade de suas impressões; que sente cada detalhe de cada dia como se ele fosse seu único dia; que consiste — não se pode exprimir de outra forma — justamente no exagero, mas que não combate essa sua predisposição, pois para ele importa a ênfase, a nitidez e a concretude de todas as coisas que perfazem a vida — esse homem poderia explodir ou mesmo partir-se em pedaços se não se tranquilizasse num diário.

Tranquilizar-me talvez seja a principal razão porque escrevo um diário. É quase inacreditável o quanto a frase escrita pode acalmar e domar o ser humano. A frase sempre é uma outra coisa, diferente daquele que a escreve. Ela surge como algo estranho diante dele, como uma muralha repentinamente sólida por sobre a qual não se pode saltar. Talvez seja possível contorná-la mas, antes que se chegue ao outro lado, assoma, formando com essa, um ângulo agudo, uma nova muralha: uma nova frase, não menos estranha, nem menos sólida e elevada, convidando também a ser contornada. Aos poucos surge um labirinto, no qual o construtor ainda, mas com dificuldade, se reconhece. Ele se acalma em meio a seu dédalo.

Para aquelas pessoas que compõem o círculo mais próximo em torno de um poeta, seria insuportável ouvi-lo falar de tudo aquilo que o estimula. Estímulos são contagiosos, e aquelas pessoas, como é de se esperar, também têm sua vida própria, que não pode consistir apenas nos mesmos estímulos daquele de quem estão próximas; caso contrário, morreriam sufocadas por ele. Além disso, existem coisas que não se podem dizer a ninguém, nem mesmo ao mais próximo, porque se tem muita vergonha delas. Não é bom que não sejam expressas de modo algum, nem que caiam no esquecimento. Os mecanismos com cujo auxílio contamos para facilitar nossas vidas encontram-se, no entanto, muito bem desenvolvidos. De início, dizemos um pouco vacilantes: "Realmente não tive culpa"; e logo, num piscar de olhos, a coisa é esquecida. Para evitar essa falta de dignidade, devemos anotar o acontecido, e mais tarde, talvez muitos anos mais tarde — quando menos se espera, quando a autossatisfação já nos transpira por todos os poros —, depararmos de novo com ele, horrorizados: "Eu fui capaz *de tal coisa*; eu fiz *isso*". A religião, que absolve para sempre de tais horrores, talvez possa ser boa para aqueles cujo ofício não é alcançar uma consciência plena e vigilante dos processos interiores.

Quem realmente quer saber tudo aprende melhor em si mesmo. Mas não pode poupar-se: precisa tratar a si próprio como um outro o faria, e até com maior rigor.

A monotonia de muitos diários reside no fato de que neles não há nada que clame para ser tranquilizado. É quase inacreditável que alguns estejam satisfeitos com tudo ao seu redor, e mesmo com um mundo prestes a ruir; outros, a despeito de todas as vicissitudes, estão contentes *consigo*.

Como se vê, a tranquilização, como função do diário, não se dá em grande medida. Tranquiliza-nos o instante, a impotência momentânea; desanuvia o dia permitindo o trabalho, e não mais. Com o tempo, o diário produz exatamente o efeito inverso: ele não permite o adormecimento, atrapalhando o processo natural de transfiguração de um passado que permanece entregue a si mesmo, mantendo-nos alerta e perspicazes.

Antes, porém, de falar mais precisamente sobre essa e algumas outras funções dos diários, gostaria de desvincular dessa categoria tudo aquilo que nela não incluo. Faço uma clara distinção entre apontamentos, agendas e diários propriamente ditos.

APONTAMENTOS

Já me manifestei a respeito destes no prefácio à minha coletânea de *Apontamentos: 1942-1948*. Mas é necessário, para fazer-me entender, que eu me repita pelo menos quanto ao seu sentido mais amplo. "Apontamentos" são espontâneos e contraditórios. Contêm pensamentos que por vezes resultam de uma tensão insuportável, mas, com frequência, também de uma grande leveza. Não se pode evitar que um trabalho que se prolonga dia a dia durante anos pareça-nos algumas vezes maçante, despropositado ou tardio. Nós o odiamos, sentimo-nos cercados por ele, como se nos tirasse o ar que respiramos. De repente, tudo no mundo parece-nos mais importante que ele, e, confinados, vemos a nós mesmos como incompetentes. Como pode ser bom algo que conscientemente exclui tantas coisas? Cada som estranho soa como se viesse de um paraíso proibido, enquanto cada palavra acrescentada àquilo a que se vem dando continuidade naquele lugar onde já há tempos adquire, em sua dócil adequação, em seu servilismo, a coloração de um inferno lícito e banal. O aspecto insuportável do trabalho imposto pode tornar-se muito perigoso. Um ser humano (e esta é a sua maior felicidade) possui muitas facetas, milhares delas, e só por algum tempo pode viver como se não as possuísse. Nesses momentos, em que se vê como escravo de seu intento, só uma coisa lhe ampara: ele tem de ceder à diversidade de suas aptidões e registrar ao acaso o que lhe passa pela cabeça. Tudo tem de emergir como se viesse do nada e não conduzisse a lugar algum; será geralmente breve, rápido, veloz como um relâmpago, irrefletido, indomado, sem vaidade e sem a menor intenção. O próprio escritor que, nas demais ocasiões, é rigorosamente senhor de si torna-se por alguns instantes o joguete dócil de seus pensamentos. Escreve coisas que jamais suporia em si, que contradizem sua história, suas convicções, sua própria forma, sua vergonha, seu orgulho e sua verdade, outras vezes defendida com tanta obstinação. A pressão, que deu início a tudo, deixa-o afinal, e pode acontecer que ele subitamente se sinta leve e anote as coisas mais espontâneas, como numa espécie de felicidade. Todavia, aquilo que daí resulta, e será muito, é melhor que ele deixe de lado, sem prestar-lhe maior atenção. Se realmente o conseguir, durante muitos anos, terá preservado a confiança na espontaneidade, que é o sopro de vida de tais apontamentos. Uma vez perdida essa confiança, tais apontamentos já não servem para mais nada, e ele pode limitar-se ao seu trabalho propriamente dito. Bem mais tarde, quando tudo parecer ter sido escrito por uma outra pessoa, poderão ser encontradas nos apontamentos coisas que, ainda que no passado talvez lhe parecessem sem sentido, subitamente adquirem um sentido para os outros. Uma vez que agora ele próprio já pertence a esses "outros", poderá então escolher, sem maiores esforços, aquilo que considera aproveitável dentre seus apontamentos.

AGENDAS

Cada pessoa gostaria de criar o seu próprio calendário, segundo o modelo de toda a humanidade. O principal atrativo do calendário reside no fato de ele ir sempre adiante. Tantos dias se passaram, outros tantos virão. Os nomes dos meses retornam, e, com mais frequência, os dos dias. Porém, o número que assinala os anos é sempre um outro. Ele cresce, não pode jamais diminuir: a cada vez, recebe um ano a mais. Crescendo constantemente, jamais se salta um ano e, dessa forma, procede-se como na enumeração: sempre se acrescenta apenas *um*. A contagem do tempo exprime de maneira precisa aquilo que o ser humano mais deseja. O retorno dos dias, cujos nomes conhece, lhe dá *segurança*. Ele desperta: que dia é hoje? Quarta-feira; é de novo quarta-feira; já houve muitas quartas-feiras. Mas ele não passou apenas por quartas-feiras: hoje é dia 30 de outubro, e isso é algo maior. Já conheceu também um grande número de dias como esse. Quanto ao número do ano, em seu crescimento linear, espera que ele o leve junto para cifras cada vez mais elevadas. Segurança e desejo de uma longa vida encontram-se na contagem do tempo, e esta foi como que planejada para aquelas.

Todavia, o calendário *vazio* é o calendário de todos. Cada ser humano quer torná-lo seu, e para isso tem de preenchê-lo. Os dias se dividem em bons e ruins, em livres e atribulados. Se ele os anota, em poucas palavras ou letras, o calendário se torna inconfundivelmente seu. Os acontecimentos mais importantes marcam efemérides. Na juventude, estas ainda são poucas, o ano conserva uma espécie de inocência, e a maioria dos dias é ainda livre e disponível para o futuro. Mas aos poucos os anos vão ficando repletos, mais e mais retornam as datas que foram decisivas e, por fim, o homem já não tem mais um dia disponível em seu calendário: ele tem sua própria história.

Conheço pessoas que se riem dos calendários dos outros, "porque neles há muito pouca coisa". Mas só quem fez as anotações pode saber realmente o que ele contém. A parcimônia dos signos produz o seu valor. Eles existem através de sua concentração; o vivido que está presente neles é como que encerrado por um encantamento, permanece intacto e pode transformar-se repentinamente em algo gigantesco, em outras circunstâncias num outro ano.

Ora, não existe ninguém que não tenha direito a tais agendas. *Cada indivíduo* é o centro do universo, e é apenas porque o universo está repleto de tais centros que ele é precioso. Este é o *sentido* da palavra "homem": cada indivíduo é um centro ao lado de incontáveis outros que são tão centros do universo quanto ele próprio.

As agendas foram e são o núcleo para os verdadeiros diários. Muitos escritores que desconfiam de diários, porque nestes muito de suas substâncias poderia dissipar-se, mantêm, no entanto, suas agendas. Normalmente, as duas coisas se confundem. Eu as diferencio rigorosamente. Nas agendas, que quase sempre são pequenos calendários, anoto com toda concisão aquilo que me toca ou satisfaz especialmente. Ali se encontram os nomes das poucas pessoas que nos possibilitaram respirar, e sem as quais jamais teríamos suportado todos os outros dias: os encontros com essas pessoas, o primeiro contato, suas viagens, seus regressos, seus adoecimentos graves, sua cura e, o mais terrível, sua morte. Há também os dias em que as ideias nos assaltam, lançam-se sobre nós como espadas, submergem, voltam a emergir, assim, metamorfoseando-se, consomem boa parte de nossa vida. Algumas vezes registramos os dias em que uma ou outra dessas ideias ganhou corpo, fazendo-nos contentes. A esses dias nos quais se expandem os nossos domínios, contrapõem-se aqueles em que nós próprios somos dominados pelos de outros — quando lemos algo que sentimos que nunca mais nos deixará: o *Woyzeck*, os *Possuídos* e o *Ajax* de Sófocles. Há também os momentos em que ouvimos falar de costumes inauditos, de uma religião desconhecida, de uma nova ciência, de uma nova extensão do universo, de mais uma ameaça à humanidade ou, com muito menos frequência, de uma esperança para ela. Além disso, existem os lugares que finalmente pudemos conhecer, depois de o termos desejado ardentemente. Registra-se tudo com apenas três ou quatro palavras. Os nomes são o principal, pois se trata do dia em que novas coisas ou novas pessoas entraram em nossas vidas; ou de alguém que, desaparecido, volta a dar notícia, e é como se fosse algo novo.

Uma coisa se pode dizer com segurança sobre essas agendas: ninguém se interessa por elas. Para os que estão de fora, são incompreensíveis, ou, se não chegam a sê-lo, tornam-se tediosas pela própria monotonia de sua linguagem constante.

Tão logo se tornem algo mais, tão logo haja um confronto com as coisas, as agendas deixam o âmbito dos calendários anotados para passar ao dos diários.

DIÁRIOS

No diário, fala-se consigo mesmo. Quem não consegue fazê-lo, quem vê um auditório diante de si, seja no futuro, seja depois da morte, este falseia. Não devemos falar agora desses diários falsificados. Também eles podem ter o seu valor. Dentre eles há alguns que são extraordinariamente cativantes; mas o que neles interessa é o grau da falsificação: seu atrativo depende do talento do falsário. Porém, o que tenho em vista agora é o diário genuíno, que é muito mais raro e importante. Que sentido tem ele para o escritor, ou seja, para aquele que, de qualquer modo, escreve muito, pois para ele escrever é profissão?

A esse respeito, chama a atenção que o diário *nem sempre* se deixa levar adiante, que existem longos períodos nos quais se receia escrevê-lo como algo perigoso, quase como um vício. Nem sempre se está descontente consigo e com os outros. Há períodos de exaltação e de felicidade pessoal inabalável. Contudo, na vida de um ser humano cuja propensão para o conhecimento tornou-se sua segunda natureza, esses períodos não podem ser tão frequentes. Parecer-lhe-ão, por isso, tanto mais preciosos. Ele terá receio de tocá-los. Uma vez que o carregam, como a todas as outras pessoas, por sobre toda a parte restante, e bem maior, de sua existência, ele *precisa* desses períodos, e por isso não os toca, concedendo-lhes a aura de milagre inexplicável. Apenas o desmoronamento deles o forçará a cair em si. Como os perdeu? O que os destruiu? É nesse instante que recomeça seu diálogo consigo próprio.

Em outras épocas, pode acontecer que todo o dia se dissolva inteiramente no trabalho literário. Este avança com passo firme e seguro, tendo alcançado um ponto que está além da intenção e da dúvida — está em tão perfeita congruência com aquilo que se é que nada acontece, nada resta fora de seus domínios. Existem bons escritores, e até importantes, que podem escrever um livro após o outro nesse estado de espírito. Não têm nada a dizer *para si*, pois seus livros dizem tudo por eles. São capazes de repartir-se por completo entre suas personagens. Muitas vezes, atingiram com seu trabalho uma superfície, uma textura tão rica e peculiar, que lhes ocupa ininterruptamente a atenção e a memória sensorial. Estes são os verdadeiros mestres de ofício da literatura, os felizes dentre os poetas. Para eles é natural reduzir ao mínimo o *intermezzo* entre uma obra e outra. A peculiaridade de sua superfície os atrai de novo ao trabalho. As vicissitudes e irisações do mundo, o movimento próprio da vida exterior, baniram-nos para essa superfície onde agora se movem como os outros homens no mundo.

Eu seria o último a ser irônico ou mesmo sarcástico para com essa espécie de escritores. Eles devem ser julgados de acordo com a necessidade que sua espécie supre: boa parte dos melhores escritores da literatura universal está entre eles. Há momentos, aliás, em que desejamos um mundo no qual não seria absolutamente possível a existência de um outro gênero de poetas. Contudo, não se podem esperar diários genuínos deles. Eles até duvidarão de que tais diários possam existir. Sua segurança e seu êxito devem enchê-los de desprezo por aquelas naturezas menos homogêneas. Para convencê-los, contudo, da inadmissibilidade de sua intolerância, basta citar o nome de Kafka, com cuja substância e singularidade ninguém, nem mesmo o melhor dentre esses escritores seguros, poderia hoje ousar medir forças. Talvez lhes desse ainda o que pensar o fato de que aquilo que um homem como Pavese escreveu de mais importante são os seus diários — aquilo que permanece dele está ali, e não em suas obras.

No diário, portanto, fala-se a si mesmo. Mas o que significa isso? Tornamo-nos, de fato, duas pessoas que travam um diálogo regular uma com a outra? E quem são esses dois? Por que são apenas dois? Não poderiam, não deveriam ser muitos? Por que seria sem valor um diário em que se falasse sempre para muitos, em vez de para si?

A primeira vantagem do eu fictício a quem nos endereçamos é a de que ele realmente nos ouve. Ele está sempre a postos; nunca nos dá as costas. Não simula interesse; não é gentil. Ele não nos interrompe; deixa-nos falar. Não é só curioso, mas também paciente. Só posso falar aqui de minha própria experiência, mas espanta-me continuamente o fato de que exista alguém que me ouça com tanta paciência como eu a outros. Não se pense, contudo, que esse ouvinte torna as coisas mais fáceis para nós. Tendo o mérito de nos entender, em nada podemos enganá-lo. Não é só paciente, mas também malévolo. Não deixa passar nada, vê tudo. Registra o menor detalhe, e, assim que nos pusermos a dissimulá-lo, apontará para ele com veemência. Em toda a minha vida, já sexagenária, ainda não encontrei um interlocutor tão perigoso, mesmo tendo conhecido alguns que não causariam vergonha a ninguém. Talvez sua vantagem especial resida no fato de que tal interlocutor não defende nenhum interesse próprio. Ele tem todas as reações de uma pessoa, sem suas motivações. Não defende nenhuma teoria, nem se beneficia de nenhuma descoberta. Seu instinto para detectar manifestações de poder ou vaidade é enorme. Naturalmente, favorece-o o fato de nos conhecer a fundo.

Se percebe algo incorreto — insuficiência de conhecimento, fraqueza ou preguiça — cai sobre mim como um raio. Se digo "Isso não é importante; para mim importa algo mais que minha pessoa, importa o estado do mundo, tenho de advertir — eis tudo", ele ri na minha cara. "Mesmo assim", responde. Permito-me citá-lo textualmente aqui: "O erro de todos os benfeitores" — e esta palavra infame já me fere — "é que eles, apesar da responsabilidade que sentem e do bem que talvez realmente desejem, esquecem-se de desenvolver o instrumento que lhes permita conhecer os homens e compreendê-los em seus milhares de particularidades, rudes ou requintadas. Pois desses mesmos homens flui o que há de mais terrível, ordinário e perigoso em tudo o que acontece. Não há outra esperança de que a humanidade continue a existir, senão em saber o suficiente sobre os homens que a compõem. Como então você ousa propor-se algo tão falso, simplesmente porque lhe é mais cômodo?".

Ocorre que eu previra algo de terrível — entenda-se para o mundo — que, posteriormente, se confirmou com exatidão. Não tinha nada de melhor a fazer do que anotá-lo. Com isso, podia provar que já o havia antevisto muito tempo antes que acontecesse. Provavelmente pretendia com isso conferir-me o direito a futuras predições. Transcrevo aqui a resposta aniquiladora de meu interlocutor a essa minha pretensão; ela é mais importante que a deplorável vaidade da predição confirmada:

Aquele que adverte, o profeta, cujas predições se confirmam, é uma pessoa respeitada sem razão. Ele tornou as coisas fáceis demais para ele, deixando-se dominar pelos horrores que abomina, antes mesmo que estes se tornassem reais. Ele acredita que está advertindo; mas, comparada ao sofrimento que previu, sua advertência é sem valor. Ele será admirado por sua previsão, mas nada mais fácil. Quanto mais monstruosa sua previsão, tanto mais cedo ela se tornará verdade. Admirado deveria ser o profeta que prediz algo de *bom*. Pois isso, e tão somente isso, é que é improvável.

A consciência, a velha e boa consciência — ouço algum leitor dizer em tom triunfante: ele conversa com sua consciência! Vangloria-se de manter um diário para conversar com sua consciência! — Mas não é bem assim. Na realidade, o outro, para quem falamos, *muda* constantemente de papel. É verdade que pode, também, aparecer como consciência, e sou-lhe muito grato por isso, pois os outros papéis facilitam-nos demais as coisas: parece haver nos homens uma volúpia por se deixarem persuadir. Contudo, esse outro nem sempre é uma consciência. Algumas vezes a consciência sou *eu*, e falo a esse outro num tom de desespero e autoacusação, com uma veemência que eu não desejaria a ninguém. Nesses momentos, porém, o interlocutor se transforma num consolador perspicaz, que sabe exatamente onde me excedo. Ele vê que, como poeta, frequentemente me atribuo maldades e posturas malignas que absolutamente não são minhas próprias. Faz-me lembrar que, afinal de contas, tudo depende daquilo que se faz, pois pode-se pensar qualquer coisa. Com sarcasmo e serenidade, faz cair as máscaras da maldade de que nos vangloriamos, mostrando-nos que não somos assim tão "interessantes". Sou-lhe, de fato, mais grato ainda por esse papel.

Ele tem ainda muitos outros papéis, e seria afinal entediante nos aprofundarmos em cada um deles. Mas uma coisa terá ficado clara: um diário que não tenha esse caráter dialógico em todas as suas consequências parece-me sem valor, e eu só poderia escrever o meu na forma de um tal diálogo comigo mesmo.

Não posso acreditar que a vigília dessas duas figuras (que por vezes vão à caça uma da outra) seja um jogo vazio. Deve-se considerar que um homem que não reconhece as instâncias exteriores da fé tem de erigir em si algo que a elas corresponda, sob pena de tornar-se um caos impotente. Que o homem permita essa troca de papéis, que os deixe jogar, não significa que ele não os leve a sério. Se souber entrar nesse jogo, o homem pode alcançar uma sensibilidade moral superior à que lhe costumam oferecer as convenções mundanas. Uma vez que não se lhes permite o jogo, essas convenções são letra morta para a maioria: sua rigidez tira-lhes a vida.

Talvez essa seja a função mais importante de um diário. Mas seria um engano caracterizá-la como a única. Isso porque, no diário, não se fala apenas a si mesmo, fala-se também a outros. Todas as conversas que na realidade jamais podem ser levadas a cabo, porque acabariam em violência; todas as palavras absolutas, impiedosas, aniquiladoras que, muitas vezes, teríamos de dizer a outras pessoas cristalizam-se nele. Ali permanecem em sigilo, pois um diário que não é sigiloso não é um diário, e as pessoas que sempre leem trechos de seus diários para outra deveriam logo escrever cartas, de preferência, ou, melhor ainda, organizar saraus de recitação, tendo elas próprias como tema. Nos meus velhos tempos em Berlim, conheci um tipo que jamais fazia um apontamento sem lê-lo para mim na mesma noite. Convidando novos espectadores, consegui então reduzir as leituras a uma noite por semana: ele ficou muito contente, pois as sessões duravam mais, e ele também preferia fazer suas piruetas para uma assistência maior que a de um único par de olhos.

Jamais pode haver artimanhas ou medidas preventivas em número suficiente para manter um diário em sigilo. Cadeados nunca são confiáveis. Escritas cifradas são melhores. Utilizo uma estenografia modificada que ninguém conseguiria decifrar sem gastar com ela semanas de trabalho. Dessa forma, posso escrever o que quiser sem jamais prejudicar ou magoar alguém e, quando ficar mais velho e sábio, decidir se as faço desaparecer por completo ou se as confio a um lugar secreto onde tais anotações só possam ser encontradas pelo acaso, num futuro inofensivo.

Jamais consegui escrever um diário durante uma viagem a um país que me seja novo. Fico tão ocupado com o número de pessoas desconhecidas com as quais falo — seja por meio de sinais, seja por meio de supostas palavras —, sem que cheguemos a nos entender, que absolutamente não conseguiria pegar no lápis para escrever. A língua, normalmente considerada um instrumento que se tem à mão, volta subitamente a ser selvagem e perigosa. Cedemos à sua sedução, e é ela que nos tem nas mãos. Descrença, confiança, ambiguidades, jactância, força, ameaça, rejeição, aborrecimento, engano, ternura, hospitalidade, surpresa — tudo está presente, e de forma muitíssimo imediata, como se jamais o houvéssemos observado antes. Uma palavra escrita *sobre isso* jaz no papel como seu próprio cadáver. Em meio a tantos esplendores, tomo cuidado para não tornar-me um tal assassino. Porém, mal volto para casa, retomo cada um dos meus dias de viagem. A partir das recordações, às vezes com esforço, pago a cada dia o que é seu. Houve viagens cujo diário "ulterior" absorveu três vezes mais tempo do que elas próprias.

Creio que, ao escrever essas memórias de viagem, pensamos em primeiro lugar nos leitores. Sentimos que é possível escrevê-las sem nos deixarmos levar por falseamentos. Vêm-nos à mente os relatos de outras pessoas que nos seduziram a fazer nossa própria viagem. É agradável nos mostrarmos gratos por isso.

Em geral, os diários dos outros significaram muito para nós. Que escritor não leu diários que nunca mais o abandonaram? Este talvez seja o momento de dizer algo sobre isso.

Podemos começar com aqueles diários que lemos quando crianças: os diários dos grandes viajantes e descobridores. Antes de mais nada, o que nos atrai é a aventura como tal, independentemente dos costumes e culturas ligados aos povos estranhos. O mais inquietante para uma criança é o vazio, que ainda não conhece: ela própria jamais é deixada totalmente só, estando sempre rodeada por outras pessoas. Assim, lança-se a viagens ao polo norte ou sul, ou a longas viagens marítimas em pequenas embarcações. O excitante é o vazio ao redor, mais perigoso à noite, da qual ela própria tem medo. A uma tal distância e em semelhante vazio, impregna-se indelevelmente na criança a sucessão de dias e noites, pois a viagem, sempre em avanço, tem um destino e jamais é interrompida antes de chegar a ele ou à catástrofe; creio que assim a criança experimenta pela primeira vez, e com terror, o calendário.

Depois, vêm as viagens a regiões misteriosamente habitadas: a África e as florestas virgens; e, primeiro costume estranho, os canibais cortam-lhe a carne. Sua curiosidade é aguçada por esses horrores, e ela deseja saber coisas também sobre outros povos estranhos. O caminho por entre a floresta virgem é trilhado passo a passo, e registra-se com exatidão o número de milhas vencidas num dia. Todas as formas dentro de cujos limites o indivíduo posteriormente descobrirá o novo já estão prefiguradas ali. De aventura em aventura, mas dia após dia; depois, a terrível espera pelos desaparecidos, as tentativas de salvá-los ou a sua morte dolorosa. Não creio que mais tarde possam existir diários que venham a significar tanto para o adulto.

Contudo, o sentimento em relação às terras distantes permanece, e o interesse por elas jamais arrefece. Assim, o homem cavouca, insaciável, em épocas passadas e em culturas desconhecidas. A rigidez da própria existência aumenta, e essas épocas e culturas oferecem o instrumento inesgotável para a transformação. Experiências pelas quais se anseia, mas que são proibidas em nosso país de origem, surgem repentinamente, em algum livro que se leu, como hábito comum. A situação de vida que se encontra na terra natal é determinada além de toda conta: aquilo que fazemos é regulado pelas horas, que são as mesmas todos os dias; aqueles que conhecemos conhecem-se entre si; somos interpelados e vigiados — há ouvidos em toda parte e olhos familiares. Como tudo está interligado, e o estará cada vez mais, forma-se um enorme reservatório de desejo insatisfeito de transformação, ao qual só notícias de terras genuinamente longínquas podem dar vazão.

É certamente uma sorte extraordinária, e muito pouco aproveitada, que existam diários de viagem vindos de culturas desconhecidas, escritos por representantes dessas e não por europeus. Cito apenas dois dos mais minuciosos, que nunca me canso de ler: o livro do peregrino chinês Huan Tsang, que visitou a Índia no século VII, e o do árabe Ibn Batuta, de Tânger, que durante 25 anos viajou por todo o mundo islâmico do século XIV, pela Índia e, provavelmente, também pela China. Com isso, porém, não se esgota toda a riqueza dos diários exóticos. No Japão encontram-se diários literários que, em sutileza e precisão, podem ser comparados a Proust: o *Livro de cabeceira* da dama de honra Shei Shonagon (o livro de "apontamentos" mais perfeito que conheço) e o diário da autora do romance *Genji*, Murasaki Shikibu — ambas, aliás, viveram na mesma corte por volta do ano 1000, conheciam-se bem, mas não se davam.

A imagem exatamente oposta a esses relatos de terras distantes é fornecida pelos diários de terras *próximas*. Trata-se aqui de pessoas muito próximas nas quais *nos reconhecemos*. O mais belo exemplo desse gênero na literatura alemã são os diários de Hebbel. Estes são amados porque neles não há quase nenhuma página em que não se encontre algo que nos toque pessoalmente. Podemos ter a impressão de já termos, nós mesmos, escrito isto ou aquilo em algum lugar. Talvez já o tenhamos feito realmente, e, se não o fizemos, é certo que poderíamos tê-lo feito. Esse processo do encontro íntimo é emocionante porque, bem ao lado daquilo que nos é "comum", há também algo que jamais poderíamos ter pensado ou escrito da mesma forma. Trata-se, pois, do espetáculo teatral de dois espíritos que se interpenetram: em determinados pontos, eles se tocam; em outros, formam-se entre eles espaços vazios que não poderiam ser preenchidos de maneira alguma. O homogêneo e o heterogêneo encontram-se tão próximos que isso nos força a pensar; nada é mais profícuo que tais diários da proximidade, como poderiam ser chamados. É próprio deles, ainda, serem "completos" ou seja, profusos, e não escritos sob o jugo de um objetivo determinado.

Os diários religiosos, que descrevem a luta pela fé, não cabem aqui, pois só proporcionam forças àqueles que estão às voltas com uma luta semelhante. Tais diários oprimirão o espírito verdadeira e propriamente livre, que leva tão a sério um comprometimento dessa espécie que ainda não pode assumi-lo. Os vestígios de liberdade que possam ainda ser encontrados nesses diários, a resistência entendida como fraqueza, tocarão mais intimamente o leitor do que aquilo que o escritor considera ser a sua força: o sucumbir gradual. Excluo dessa restrição Pascal e Kierkegaard, os exemplos mais admiráveis, que fazem ir pelos ares a forma do diário, pois são maiores que seus propósitos, como maior é tudo neles. Com frequência, ouvimos dizer que os diários dos outros encorajam-nos a buscar a verdade em nossos próprios diários. Uma vez postas no papel, as confissões de homens importantes têm um efeito duradouro sobre os outros: *"Este* homem diz que fez isto e aquilo. Portanto, não preciso ficar desalentado se tiver feito o mesmo". O valor do *modelo* amplia-se, assim, de uma maneira notável. Seu aspecto negativo encoraja-nos a lutar contra o que há de negativo em nós.

É certo que absolutamente nada surge sem grandes modelos. Contudo, suas obras têm algo de paralisante: quanto mais apreendermos e, portanto, quanto mais talentosos formos, com tanto maior convicção diremos a nós mesmos que elas são inatingíveis. A experiência, porém, demonstra o contrário. *Apesar* do modelo imponente da Antiguidade, foi possível o nascimento da literatura moderna. *Depois* de ter escrito o *Dom Quixote*, ou seja, *depois* de ter superado tudo o que a Antiguidade podia oferecer de romanesco, Cervantes possivelmente ficou orgulhoso de igualar-se a Heliodoro. Ainda não se investigou como funciona exatamente um modelo, e aqui não é o lugar para se abordar com todo o rigor esse vasto tema. No entanto, é engraçado observar o papel que Walter Scott, um dos escritores mais insossos de todas as épocas, desempenhou para Balzac, com o qual, de resto, nada possuía em comum. A mania de originalidade, que é tão característica da modernidade, desnuda-se ao buscar para si modelos que são apenas aparentes, aos quais destrói para assegurar manifestamente a própria existência *contra* a deles; os modelos verdadeiros, dos quais depende, permanecem, assim, tanto melhor ocultados. Esse processo pode ser inconsciente, mas muitas vezes é consciente e mentiroso.

Para aqueles, todavia, que não precisam falsificar nem forçar sua originalidade; para os quais o ímpeto dos grandes espíritos, que por assim dizer os lançaram no mundo, jamais se esgota — para estes que, sem faltar à dignidade, sempre retornam aos modelos, é uma sorte incalculável a existência de diários de seus antepassados, em que estes revelam as suas fraquezas, nas quais eles próprios trabalharão. A obra acabada possui um peso esmagador. Quem ainda está profundamente imbuído em sua própria obra, não sabe aonde ela vai e nem mesmo se a concluirá tem mil razões para desanimar. Contudo, saber das dúvidas daqueles que obtiveram êxito em sua obra lhe dará forças para prosseguir.

A esse valor prático dos diários de outros vem juntar-se, no entanto, um efeito de natureza mais geral, a saber, o da *obstinação* que manifestam. Em todo diário digno desse nome, aparecem com frequência certas obsessões, aflições, problemas particulares. Eles atravessam toda uma vida, constituindo a especificidade desta. Quem deles se desembaraçou nos dá a impressão de se ter extinguido. A luta com eles é tão necessária quanto a sua persistência. Eles absolutamente não são sempre interessantes em si e, no entanto, constituem aquilo que há de mais determinado quanto ao homem, que pode prescindir tão pouco deles quanto de seus ossos. É infinitamente importante enxergar nos outros essas dificuldades supremas, indissolúveis, para compreendermos com tranquilidade as que nos cabem e não nos desesperarmos diante delas. As personagens de uma obra não produzem em nós esse efeito, pois existem por meio de uma feliz distância de seu criador, de cujos processos interiores são afastadas ao máximo.

Parecem-me existir certos conteúdos numa vida que só se deixam apreender com maior exatidão na forma de um diário. Não sei se esses conteúdos seriam os mesmos para qualquer pessoa. Podemos imaginar que um homem *lento*, para quem tudo só desabrocha gradativamente, teria de conquistar o oposto. Para ele, a rapidez de raio que caracteriza os apontamentos seria o exercício mais necessário, e assim ele poderia aprender a voar, por vezes, e a captar aqueles aspectos do mundo só compatíveis com a aceleração — podendo, dessa maneira, complementar seu talento natural para os desabrochares lentos.

Para os velozes, por sua vez, que se precipitam sobre cada situação e cada indivíduo como aves de rapina, atacando-lhes tão violentamente o coração que lhes destroem toda a forma exterior do corpo, seria aconselhável o inverso: um diário "lento", no qual o objeto observado ganhasse num novo aspecto a cada dia. Através dessa penosa imposição de não chegarem demasiado rapidamente à meta, eles provavelmente ganhariam uma nova dimensão, da qual, até então, permaneciam privados.

Stendhal faz parte dos velozes. Ele se move, sem dúvida, num mundo extraordinariamente rico, para o qual se mantém aberto. Os temas de seus diários, porém, são poucos, e ele sempre os retoma. Tudo se passa como se, de tempos em tempos, escrevesse novos diários sobre os antigos. Como não pode ser verdadeiramente lento, sempre observa de novo a mesma coisa. É esse, afinal, o processo que conduziu aos seus grandes romances. Mesmo os dois concluídos — de cuja ação sobre outros não se vislumbra o fim — não estavam realmente concluídos para ele. Stendhal é o preciso adversário daqueles que, de uma obra a outra, com segurança desligam-se de si próprios e só se lançam a uma nova obra porque a antiga já lhes é estranha.

Kafka, o poeta que exprimiu de forma mais pura o nosso século, e que, por isso, considero sua manifestação mais substancial, é comparável nesse ponto a Stendhal. Ele não põe um ponto final em nada — aquilo que o inquieta permanece constante do princípio ao fim: remexe-o sempre, reescreve, percorre-o com outros passos, nunca o esgota; jamais poderia ser esgotado, ainda que ele próprio tivesse vivido mais tempo. Kafka, contudo, pertence aos lentos, como Stendhal aos velozes. São os velozes que tendem a perceber suas vidas como felizes. Assim, enquanto a obra de Stendhal é banhada na cor da felicidade, a de Kafka o é na da impotência. Mas a obra de ambos se origina de um diário de toda uma vida — diário que avança à medida que se coloca em questão.

Pode parecer pretensioso falar de si mesmo após ter falado de duas tais figuras que venceram incólumes a prova do tempo. Mas só podemos dar o que possuímos de próprio. Assim, para completar, eu gostaria ainda de referir-me aos temas que são as obsessões de meus diários, ocupando-lhes a maior parte. Dentre muitos outros assuntos, efêmeros e dispersos, são eles os que ali assumem variações à exaustão.

Trata-se do progresso, do retrocesso, da dúvida, da angústia e da embriaguez de uma obra que se estendeu pela maior parte de minha vida e cuja porção decisiva pude afinal, convicto, manifestar. Trata-se, ainda, do enigma da *metamorfose* e da expressão mais concentrada que esta assume na literatura — o drama, que não me abandonou mais desde os meus dez anos, quando li Shakespeare pela primeira vez, e desde os dezessete, quando deparei com Aristófanes e as tragédias gregas (assim, contabilizo tudo o que me aparece sobre o "dramático", todos os dramas e mitos — na medida em que ainda o sejam, realmente — mas também sobre aquilo que hoje se chama de mesquinhos pseudomitos). Trata-se, prosseguindo, dos encontros com pessoas de países que nem sequer conheço, ou com outras de países que conheço muito bem; das histórias e destinos de amigos que perdi de vista por muito tempo e subitamente reencontro; da luta pela vida daqueles que me são próximos, luta contra doenças, operações, perigos que se estenderam por décadas, contra o esmorecimento de sua vontade de viver. Trata-se de todos os traços de avareza e inveja, que me irritam e que desprezo desde minha infância, mas também dos de generosidade, bondade e orgulho, que amo com idolatria; do ciúme (minha forma privada de jogo de poder), um tema que Proust de fato esgotou e para o qual, no entanto, cada um tem sempre de encontrar a sua própria solução. Trata-se, sempre, de toda espécie de delírio; o qual, embora eu tenha tentado já muito cedo dar uma configuração, em nenhum instante perdeu seu fascínio para mim; da questão da fé, da fé em geral e em todas as suas manifestações, para a qual me inclino por causa de minhas origens, mas à qual jamais me dedicarei a fundo, enquanto não tiver desvendado sua natureza. Finalmente, e da forma mais obsessiva, trata-se da morte, que não posso reconhecer, embora nunca a perca de vista, e cujo rastro preciso seguir até seus últimos esconderijos, para destruir-lhe a atração e o falso brilho.

Como se vê, há aí muita coisa, embora só tenha me referido àquilo que é mais premente, e não saberia dizer como eu poderia viver sem reiteradamente acertar contas com isso tudo. Aquilo que se considera válido, e se encontra afinal expresso em obras que não desmerecem àqueles que vierem a lê-las, é apenas um íntimo fragmento de tudo o que ocorre diariamente. Visto que essas coisas seguem acontecendo dia após dia, sem cessar, eu jamais farei parte daqueles que se envergonham das insuficiências de um diário.

(1965)

REALISMO E NOVA REALIDADE

O realismo, no sentido estrito, foi um método para conquistar a realidade para o romance. *Toda* a realidade, pois era importante nada excluir dela — nem em favor de convenções estéticas, nem de convenções morais burguesas. Essa era a realidade tal como a viam alguns espíritos abertos e sem preconceitos do século XIX. Mas já então não viam tudo, o que, aliás, lhes foi devidamente censurado por aqueles seus contemporâneos que caprichosamente persistiam em exercícios outros, e aparentemente marginais. Mas, mesmo que possamos hoje admitir com convicção que os poucos representantes verdadeiramente significativos dentre os realistas alcançaram realmente seu objetivo; que conseguiram abarcar toda a sua realidade para o romance; que sua época foi mostrada, sem sobras, em suas obras — o que significaria isso para nós? Poderiam aqueles dentre nós que buscam a mesma meta — mas como homens do nosso tempo — e se veem como realistas modernos servir-se desses mesmos métodos?

Pressentimos já qual será a resposta a essa questão, mas, antes de enunciá-la, cabe refletir sobre o que foi feito da realidade de então. Ela se modificou em tão grande escala que mesmo uma noção preliminar desta nos deixa já completamente perplexos. Uma tentativa de dominar essa perplexidade leva-nos, penso eu, a distinguir três aspectos essenciais dessa mudança. Há uma realidade *crescente* e uma realidade *mais exata*; em terceiro lugar, há a realidade do *devir*.

É fácil perceber o que se quer dizer com o primeiro desses aspectos, ou seja, com a realidade *crescente*: há aqui muito mais coisas, não apenas quantitativamente (mais seres humanos e objetos); mas há infinitamente mais coisas também sob o aspecto qualitativo. O Velho, o Novo e o Outro afluem de todos os lados. O Velho: um número cada vez maior de culturas passadas é desenterrado; história e pré-história recuam cada vez mais no tempo. Uma arte antiga, de uma perfeição enigmática, tirou-nos para sempre a altivez com relação à nossa própria arte. A terra volta a ser povoada com seus mortos mais antigos. Eles ressuscitaram por meio de suas ossadas, seus utensílios, suas pinturas rupestres, e vivem agora em nosso imaginário como os cartagineses e egípcios viveram no imaginário dos homens do século XIX. O Novo: muitos de nós nasceram antes que o homem pudesse voar, e agora com certeza já fizeram sua viagem a Viena de avião. Alguns dos mais jovens entre nós serão ainda mandados à lua como turistas, e se envergonharão talvez, após o seu regresso, de publicar uma descrição sobre algo tão banal — assim como agora me envergonho de enumerar outras "novidades". Na minha infância, tais novidades surgiam ainda como milagres únicos: minha primeira lâmpada elétrica, minha primeira conversa telefônica. Hoje, as novidades nos rodeiam aos milhares, como moscas.

Além do Velho e do Novo, mencionei ainda o Outro, que aflui de todos os lugares: as cidades estrangeiras mas de fácil acesso, os países e continentes, a segunda língua, que cada um aprende paralelamente à língua materna (e muitos aprendem uma terceira e mesmo uma quarta línguas). Há também a investigação rigorosa de culturas estranhas, as exposições de sua arte, as traduções de obras de sua literatura; a investigação de povos primitivos ainda existentes: seu modo de vida material, a organização de sua sociedade, as formas que assumem sua crença e seus ritos, seus mitos. Aquilo que existe de completamente Outro, como as ricas e instigantes descobertas dos etnólogos, é incomensurável e não pode de forma alguma — como em geral se assumia antigamente, e como alguns ainda hoje gostariam de assumir — ser reduzida a uns poucos achados. Para mim, pessoalmente, *esse* crescimento da realidade é o mais significativo, porque sua apropriação demanda mais esforço que a apropriação do banalmente Novo, evidente a todos; mas, talvez, também porque ele reduz saudavelmente nossa altivez, que se deixa insuflar indiscriminadamente com o Novo. Com efeito, reconhece-se, entre outras coisas, que tudo já fora preconcebido nos mitos: o que hoje, com desembaraço, tornamos realidade são ideias e desejos antiquíssimos. No entanto, no que toca nossa capacidade de inventar novos desejos e mitos, estamos deploravelmente mal servidos. Vasculhamos os antigos, como que a remoer ruidosamente preces, sem ao menos sabermos o que essas preces *mecânicas* significam. Essa é uma experiência que deveria fazer-nos refletir, nós, poetas, que como tais temos a incumbência, sobretudo, de inventar o Novo. Finalmente, não quero deixar de mencionar ainda que o *Outro*, que só agora experimentamos seriamente, não se refere apenas aos seres humanos. A vida, tal como foi sempre a dos animais, ganha para nós um outro sentido. O conhecimento crescente de seus ritos e jogos demonstra, por exemplo, que eles — a quem, três séculos atrás, declaramos oficialmente máquinas — possuem algo como uma civilidade que pode ser comparada à nossa.

A ampliação de nossa época, sua realidade crescente, a uma aceleração para a qual não se pode antever meta alguma, é também a causa de sua confusão.

O segundo aspecto — o da realidade *mais exata* — está diretamente associado a isso. A raiz dessa exatidão é evidente: é a ciência, ou mais precisamente, as ciências naturais. Os romancistas realistas do século XIX já recorriam à ciência em suas grandes empreitadas: Balzac pretendia investigar e classificar a sociedade humana de maneira tão exata quanto o zoologista o fazia com o reino animal. Sua ambição era ser um Buffon da sociedade. Em seu manifesto sobre o romance experimental, Zola apoia-se fortemente no fisiológico Claude Bernard e cita por páginas sua obra *Introduction à l'étude de la médicine expérimentale*. A ciência sistemática — nesse caso a zoologia, que havia atraído Balzac — já não era mais suficiente para Zola; ele estava convencido de que o romancista tem de tomar como modelo a ciência experimental e acreditava, com toda seriedade, que aplicava em sua obra os métodos do fisiólogo Bernard. A ingenuidade dessa ideologia é patente, e não é necessário hoje desperdiçar mais nenhuma palavra com ela (de resto, seria perigoso deduzir, a partir dela, o valor ou a falta de valor das obras que a ela sucumbiram). Contudo, não há como escapar à constatação de que o apelo a métodos ou teorias científicas prossegue sempre existindo: desde então, jamais teve um fim. Pode-se dizer ainda que é uma sorte que existam tantas e tão diversas disciplinas e orientações científicas. A influência de William James prejudicou tão pouco Joyce quanto a de Bergson prejudicou Proust; e Musil conseguiu, certamente com auxílio da psicologia gestáltica, proteger-se da psicanálise, que teria destruído a sua obra. A exatidão se reflete também na propensão à completude, que caracteriza Joyce: um único dia, mas a totalidade desse dia, em cada movimento daqueles que o estão vivenciando; nenhum instante perdido ou deixado de fora — o livro torna-se idêntico ao dia.

Mas o que gostaria de acentuar aqui é a influência da exatidão científica, dos métodos científicos, sobre a realidade em geral. Os procedimentos técnicos, enquanto tais, o número de laboratórios em que cada vez trabalham mais pessoas, também contribuem para essa exatidão da realidade. Muitas operações que fazem parte da rotina diária só podem ter êxito se executadas com vigilante precisão. O setor das atividades e conhecimentos "aproximados" decresce rapidamente. Mede-se e pesa-se fazendo uso de unidades cada vez menores. Uma parte crescente do trabalho da mente nos é tomada por aparelhos mais confiáveis que nós. O controle exercido sobre toda e qualquer coisa vive de sua exatidão. O interesse pelas máquinas atinge praticamente todo jovem. Depende da precisão do aparato que serve à destruição se ele aniquilará seu alvo e não, prematuramente, seu ponto de origem. Mesmo a própria e antiquíssima esfera da burocracia modifica-se nessa direção. É de se supor que logo, em toda parte, também os funcionários governamentais, com a ajuda de aparelhos, estarão entendendo e reagindo a tudo com exatidão e rapidez. O crescimento da especialização caminha de mãos dadas com o crescimento da exatidão. A realidade é dividida, subdividida, apreensível a partir de orientações diversas, até em suas menores unidades.

Chamei o terceiro aspecto da realidade de *realidade do devir*. O devir apresenta-se aqui de forma diferente da do passado: ele se aproxima mais depressa e é produzido de modo consciente. Os seus perigos são nossa obra mais própria, bem como suas esperanças. A realidade do devir foi cindida: de um lado, a aniquilação; de outro, o bem-estar. Os dois lados agem simultaneamente, tanto no mundo quanto em nós. Essa cisão, esse duplo devir, é absoluto, e não há ninguém que possa ignorá-lo. Cada pessoa vê, ao mesmo tempo, o claro e o obscuro aproximando-se numa velocidade angustiante. Pode-se afastar um deles para se observar apenas o outro, nus ambos estão sempre aí, constantemente presentes.

Há motivo suficiente para, por vezes, afastarmos um deles de nossos olhos — o obscuro. Por toda a terra, e sob as formas mais diversas, existem utopias prontas para serem realizadas. A época do sarcasmo e do desprezo pela utopia ficou para trás. Não há utopia que não possa ser realizada. Nós conquistamos os meios e os caminhos para tornar tudo, absolutamente tudo, verdadeiro. A astúcia da vontade utópica cresceu de tal forma que não mais reconhecemos, e até evitamos, a palavra em sua antiga coloração um tanto depreciativa. As utopias são partidas em segmentos, e, sob a forma de projetos, que se estendem por um número limitado de anos, dá-se início a elas. Qualquer que seja a natureza de seu credo político, nenhum Estado que se preza e se leva a sério opera mais sem tais planos.

A força de propulsão dessas utopias é enorme, mas é inevitável que, por vezes, encalhem no já existente. Isso não significa que, após uma pausa para respirar, não recobrem a consciência de si próprias. O confronto de uma utopia, em meio ao estado de sua realização, com a enorme soma de realidade tradicional herdada desenrola-se no indivíduo que se dispõe a efetivá-la. Seu otimismo pode esmorecer diante da grandeza do próprio anseio utópico. O tormento causado por essa fadiga pode ser muito grande e opressivo para aquele que se empenhou seriamente. Para este pode, então, tornar-se necessário rechaçar com escárnio e ironia um anseio tão enorme.

Mas não se deve esquecer que existem utopias das mais diferentes índoles e que todas elas são simultaneamente ativas. Utopias sociais, técnico-científicas, nacionais fortalecem-se e ferem-se umas às outras. Protegem o avanço de sua realização pelo desenvolvimento de armas de intimidação. Sabemos qual é a natureza dessas armas. Sua utilização de fato se voltaria, com não menos violência, contra aquele que a utiliza. Todos nós sentimos esse lado obscuro do devir, que pode tornar-se verdade. A existência de tais armas leva, pela primeira vez na história da humanidade, a um consenso sobre a necessidade da paz. Mas, enquanto não houver um plano a partir desse consenso — um plano à altura de todos os perigos e que possa ser levado a efeito contra todos eles —, o lado obscuro do devir continuará sendo uma parte decisiva da realidade — sua ameaça opressivamente próxima e constante.

É particularmente esse duplo aspecto do devir — ativamente desejado e ativamente temido — que diferencia a realidade de nosso século da do século XIX. O aspecto crescente e o mais exato dessa realidade haviam já, então, começado a se delinear, sendo hoje diversos apenas em sua rapidez e dimensão. O aspecto do devir, no entanto, é substancialmente diferente, e pode-se falar, sem exagero, que vivemos numa era mundial que não tem mais nada em comum com a de nossos antepassados no que toca ao fundamental; ela não apresenta um futuro indiviso.

É de esperar que um ou mais aspectos de nossa realidade, tal como os descrevi sucintamente, sejam retratados no romance de nossos dias, pois do contrário dificilmente poder-se-ia chamá-lo realista. Cabe apenas a nós determinar em que medida isso ocorreu ou poderia ainda ocorrer.

(1965)

O OUTRO PROCESSO
Cartas de Kafka a Felice

I

E agora elas estão publicadas num volume de 750 páginas, essas cartas de cinco anos de tormentos. O nome da noiva, designado durante muito tempo tão somente por um discreto "F.", à semelhança de "K.", de modo que por longos anos nem sequer se sabia como ela se chamava, e numerosas conjecturas eram feitas a seu respeito — embora entre todos os nomes ventilados jamais se acertasse o verdadeiro, uma vez que teria sido impossível cogitá-lo —, esse nome aparece agora em letras garrafais na capa do livro. A mulher à qual se dirigiam essas cartas está morta há oito anos. Cinco anos antes de falecer, vendeu-as ao editor de Kafka; e, seja qual for a opinião que se forme com relação a tal procedimento, "a mais querida mulher de negócios" do escritor demonstrou dessa maneira, pela última vez, aquela eficiência que tanto significava para ele e até provocava nele sentimentos de ternura.

É bem verdade que, quando saíram as cartas, já tinham decorrido 43 anos desde a morte de Kafka; e, todavia, ocorria que a primeira reação que se experimentava — reação que se devia à reverência por ele e à sua desgraça — fosse de embaraço e pudor. Conheço pessoas cujo constrangimento crescia durante a leitura e que não conseguiam livrar-se da sensação de estarem rompendo em regiões onde justamente não lhes cabia penetrar.

Respeito-as muito por essa sua atitude, porém não faço parte delas. Li aquelas cartas com uma emoção tamanha como havia anos nenhuma obra literária me causara. Elas figuram agora nessa série de inconfundíveis memórias, autobiografias e epistolários que nutriam o próprio Kafka. Ele, cuja máxima qualidade era o respeito, não tinha receios de ler e reler as correspondências de Kleist, de Flaubert, de Hebbel. Num dos momentos mais aflitos de sua vida, aferrou-se ao fato de que Grillparzer já não sentia coisa alguma quando colocava Kathi Frohlich em seu colo. Em face dos horrores da vida, dos quais a maioria dos homens felizmente só toma conhecimento às vezes, mas que estão sempre presentes no espírito de uns poucos que forças íntimas erigiram em testemunha, só há um consolo: na identificação com os horrores que aconteceram a testemunhas anteriores. Sendo assim, cumpre-nos realmente agradecer a Felice Bauer, porque guardou e pôs a salvo as cartas de Kafka, mesmo que tenha sido capaz de vendê-las.

Neste caso, seria pouco qualificá-las de documentos, a menos que se usasse o mesmo termo com respeito aos relatos de vida de Pascal, Kierkegaard e Dostoiévski. No que tange a mim, só posso dizer que essas cartas entraram no meu espírito como uma vida genuína, e a esta altura afiguram-se-me tão enigmáticas e tão familiares como se sempre me tivessem pertencido, desde que comecei a tentar acolher em mim seres humanos, a fim de compreendê-los uma e outra vez.

Na tardezinha do dia 13 de agosto de 1912, Kafka travou conhecimento com Felice Bauer no apartamento da família Brod. Dessa época, chegaram até nós várias descrições do encontro feitas por ele. Pela primeira vez, menciona-o numa carta a Max Brod, datada de 14 de agosto. Fala-se ali do manuscrito da *Contemplação* [*Betrachtung*], que, na véspera, trouxera consigo, na intenção de pô-lo em ordem definitiva com a ajuda do amigo.

"Ontem, ao ordenar as pecinhas, eu me achava sob a influência dessa senhorita. É bem possível que por isso se haja originado qualquer besteira, um arranjo que talvez seja curioso apenas secretamente." Pede então a Brod que cuide em que tudo saia certo e de antemão expressa sua gratidão. No dia seguinte, 15 de agosto, encontra-se no diário a seguinte frase: "Pensei muito em... que embaraço de escrever nomes!... F. B.".

Em seguida, no dia 20 de agosto, uma semana após o encontro, tenta realizar um esboço objetivo da primeira impressão. Descreve a aparência da moça e percebe que, ao "acercar-se demasiadamente dela", afasta-se um pouco de sua pessoa. Parecera-lhe natural que ela, uma estranha, fizesse parte daquela roda. Conformara-se imediatamente com sua presença. "Enquanto me sentava, olhei-a pela primeira vez mais detidamente e, quando estava sentado, já tinha chegado a uma opinião inabalável." A anotação interrompe-se em meio à frase seguinte. Os fatos mais importantes deviam ainda ser relatados, e somente mais tarde se verá quanta coisa faltava dizer.

Em 20 de setembro, Kafka escreve pela primeira vez a Felice. Chama-lhe à memória — afinal tinham decorrido cinco semanas desde aquele encontro — a pessoa que na casa dos Brod alcançava-lhe por cima da mesa uma fotografia após outra e por fim, "com esta mesma mão que agora bate as teclas, segurava a sua, com a qual você selava a promessa de fazer no ano seguinte, em companhia dele, uma viagem à Palestina".

A subitaneidade dessa promessa, a segurança com que ela a fazia eram o que logo o impressionava grandemente. Kafka recebia o aperto de mão como se fosse um compromisso [*Gelöbnis*], palavra atrás da qual se esconde noivado [*Verlobung*], e ele, que sempre hesitava muito em tomar decisões e do qual cada meta que desejava atingir afastava-se, devido a milhares de dúvidas, em vez de aproximar-se, tinha que ficar fascinado por tamanha rapidez. Ora, a meta da promessa é a Palestina, e dificilmente existiria a essa altura da sua vida palavra mais esperançosa para ele: é a Terra Prometida [*das gelobte Land*].

Mais significativa ainda se torna a situação, se levamos em conta o gênero de fotografias que ele lhe alcançara por cima da mesa. Elas haviam sido tiradas durante uma "Viagem Talia".* Nos primeiros dias do mês de julho, umas cinco ou seis semanas antes, Kafka estivera junto com Brod em Weimar, onde lhe tinham acontecido episódios muito estranhos. A filha do zelador da casa de Goethe, uma linda moça, despertara a sua aten-

---

* A serviço da musa Tália. (N. T.)

ção. Kafka conseguira acercar-se dela. Chegara a conhecer sua família. Fotografara-a no jardim e diante da casa. Recebera permissão de voltar e desse modo frequentara livremente a casa de Goethe, não só nas horas habituais reservadas aos visitantes. Por acaso, avistara a mocinha ainda diversas vezes nas ruas da pequena cidade; com certa aflição, observara-a em companhia de alguns rapazes; marcara um encontro, ao qual ela faltou, e imediatamente compreendera que os sentimentos dela concentravam-se sobretudo em estudantes. Aquilo passara-se em poucos dias. A agitação da viagem, em que as coisas costumam ocorrer mais depressa, favorecera o contato. Logo depois, Kafka, sem Brod, hospedou-se poucas semanas no sanatório naturista Jungborn, na serra do Harz. Desse período, datam anotações maravilhosamente ricas, livres de interesses do gênero "Talia" e da piedosa veneração pelas moradas de grandes poetas. Mas os cartões-postais que ele enviava à bela moça de Weimar receberam respostas amáveis. Kafka copiou uma delas literalmente numa carta a Brod e acrescentava o seguinte comentário bastante otimista para sua mentalidade: "Pois, ainda que ela não me considere desagradável, fico-lhe tão indiferente como qualquer panela. Mas, por que escreve-me então assim como quero? Ah, se fosse verdade que possamos amarrar raparigas só pela escrita!".

O encontro na casa de Goethe encorajara-o. São fotos daquela viagem as que alcança a Felice por cima da mesa nessa primeira tarde. A recordação de uma tentativa de travar relações, de sua atividade de outrora, e que afinal de contas teve por resultado as fotografias que então podia exibir, transferia-se à moça sentada à sua frente, a Felice.

Também cumpre mencionar que nessa mesma viagem, que se iniciou em Leipzig, Kafka foi apresentado a Rowohlt, que resolvera editar o primeiro livro dele. A combinação de breves fragmentos espalhados pelos diários, sob a forma da *Contemplação*, dava muito trabalho a Kafka. Ele vacilava. As peças não lhe pareciam suficientemente boas. Brod insistia e não cessava de exortá-lo. Finalmente chegara o momento. Na tarde do dia 13 de agosto, Kafka trazia consigo a seleção definitiva e, como já se mencionou, tencionava tratar com Brod da disposição dos textos.

Assim, pois, estava ele naquela ocasião provido de tudo quanto pudesse infundir-lhe coragem: o manuscrito de seu primeiro livro; as fotos da "Viagem Talia", entre as quais figuravam as daquela garota que tão cortesmente respondera aos seus postais; e no bolso tinha ele um número da revista *Palestina*.

O encontro teve lugar no lar de uma família em cujo seio Kafka se sentia à vontade. Segundo conta, tentava prolongar as noitadas em companhia dos Brod, e tornava-se necessário que estes, quando queriam dormir, expulsassem-no amavelmente. Era essa família que o atraía, em detrimento da sua própria. Ali a literatura não estava malvista. Todos se orgulhavam de Max, o jovem poeta da casa, que já se tornara afamado, e seus amigos eram levados a sério.

Para Kafka, foi uma fase de múltiplas e bem exatas anotações. Documentam isso os diários da estada em Jungborn, os mais belos dentre os seus relatos de viagens e também os que mais diretamente se relacionam com sua obra propriamente dita — neste caso, com *América*.

A riqueza de suas recordações de detalhes concretos é demonstrada pela assombrosa carta que ele dirigiu a Felice em 27 de outubro e na qual descreve com a maior precisão o encontro com ela. Desde aquela tarde de 13 de agosto, haviam decorrido 75 dias. Nem todos os pormenores da ocorrência, que ele guardava na memória, têm a mesma importância. Alguns são anotados, por assim dizer brincalhonamente, a fim de mostrar a ela que percebeu tudo e que nada lhe escapou. Desse modo evidencia ser escritor no sentido de Flaubert, um escritor para o qual coisa alguma é trivial, desde que seja correta. Com leve pontinha de orgulho alista tudo isso, prestando assim uma homenagem dupla, a ela, que merece ser fixada imediatamente em cada uma de suas particularidades, e também um pouquinho a si mesmo, devido a seu olho perspicaz.

E, no entanto, há outras coisas das quais toma nota, porque

elas têm significado para ele, por corresponderem a importantes inclinações de sua natureza intrínseca, por compensarem algo que a ele mesmo falta ou por despertarem o seu espanto, aproximando-o, graças a este, da pessoa dela. Aqui só se falará dessas últimas, pois são elas as que durante sete meses fixaram no espírito de Kafka a imagem de Felice. Foi esse o tempo que transcorreu até que ele tornasse a vê-la, e nesse lapso de sete meses originou-se aproximadamente a metade da bem extensa correspondência entre ambos.

Ela levara muito a sério a contemplação dos instantâneos, que tinham sido tirados justamente por ocasião daquela "Viagem Talia". Levantara a cabeça somente quando ele dava qualquer explicação ou lhe passava outra foto. Por causa delas, até deixara de comer e, contestando qualquer comentário que Max fizera a respeito da comida, dissera que tinha horror de gente que comia continuamente. (Mais adiante se tratará da abstinência de Kafka em matéria de alimentação.) Contara que, na infância, apanhara muito de seus irmãos e primos, sem saber defender-se contra eles. Esfregara com a mão o braço esquerdo, que, segundo afirmava, estivera naquela época cheio de contusões. Mas absolutamente não parecera choramingas, e Kafka não podia compreender que alguém pudesse ousar dar nela, ainda que ela então fosse apenas uma garotinha. E Kafka se lembrava de como fora fraquinho na meninice, porém ela, ao contrário dele, cessara de comiserar-se. Contemplando o braço da jovem, admirava o seu vigor atual, no qual já não havia nenhum rastro daquela debilidade infantil.

Enquanto olhava ou lia qualquer coisa, Felice dissera de passagem que fizera estudos de hebraico. Ele se espantara em face disso, mas não gostara da afetada indiferença com que esse fato foi narrado, e secretamente se alegrara mais tarde, ao constatar que ela era incapaz de traduzir "Tel-Aviv". Manifestara-se todavia que Felice era sionista, e isso agradara muito a Kafka.

Ela dissera que copiar manuscritos lhe causava prazer e pedira a Max que lhe enviasse alguns. Isso assombrou-o tanto que ele deu um murro na tampa da mesa.

Felice encontrava-se a caminho de uma boda em Budapeste. A senhora Brod mencionou um lindo vestido de cambraia, que vira no quarto de hotel da moça. Em seguida, o grupo mudou-se da sala de jantar para a do piano. "Quando você se levantou, notou-se que calçava chinelos da sra. Brod, pois suas botas tinham que secar. Durante o dia, fizera um tempo horrível. Esses chinelos talvez a incomodassem um pouco e, ao fim da caminhada através da escura peça central, você me disse que estava acostumada a chinelos com saltos. Para mim, tal tipo de chinelos era uma novidade." Os chinelos da mulher mais velha embaraçavam a Felice. Sua explicação a respeito do tipo de seus próprios, dada quando acabavam de passar pelo recinto escuro, fez com que Kafka a sentisse fisicamente ainda mais próxima de si do que durante a contemplação do braço dela, no qual, a essa altura, já não havia sinais azuis.

Mais tarde, enquanto todos se preparavam para partir, sobreviera ainda outra ocorrência: "A rapidez com que você saíra da sala e logo voltara de botas deixou-me de boca aberta". Dessa vez, o que o impressionava era a ligeireza da transformação. Sua própria maneira de modificar-se tinha característicos totalmente opostos. No seu caso, tratava-se quase sempre de um processo extraordinariamente lento, que ele devia realizar passo por passo, antes de confiar nele. Kafka construía suas metamorfoses de forma inteira e exata, como se edificasse uma casa; e ela subitamente se achara diante dele como uma mulher de botas, embora momentos antes houvesse saído da sala calçando chinelos.

Anteriormente, ele mencionara, embora só brevemente, que por acaso tinha consigo um número da revista *Palestina*. Falara-se sobre a viagem à Palestina e, no decorrer da conversa, Felice estreitara-lhe a mão, "ou melhor dito, eu, intuitivamente, induzi-a a fazê-lo". O pai de Brod e ele acompanharam-na então até o hotel. Na rua, Kafka, mergulhando num dos seus peculiares "estados de devaneio", comportava-se desajeitadamente. Ficou ainda sabendo que ela esquecera sua sombrinha no trem; pequeno detalhe que enriquecia a imagem que formava dela. Na manhã seguinte, bem cedo, a moça devia viajar. "O fato de você ainda não ter feito as malas e até tencionar ler na cama deixava-me inquieto. À noite anterior, lera até as quatro da madrugada!" Apesar de sua preocupação quanto à hora matinal da partida, esse hábito dela tinha que incrementar a familiaridade com Felice, já que o próprio Kafka costumava escrever de noite.

Somando tudo, obtemos dela a imagem de uma criatura resoluta, que enfrenta com rapidez e franqueza as mais diversas pessoas e, sem acanhar-se, manifesta sua opinião acerca de quaisquer assuntos.

A correspondência entre ambos, que do lado dele imediatamente e do de Felice pouco depois se intensificaria a ponto de trocar cartas diariamente — cumpre assinalar que só se conservaram as de Kafka —, essa correspondência caracteriza-se por certos traços assombrosos. O que mais chama a atenção de leitores imparciais são as lamentações relativas a estados físicos. Elas já começam na segunda carta, na qual permanecem ainda um tanto veladas:

> Que desvarios não se apossam de mim, senhorita! Uma chuva de nervosismos me cai em cima ininterruptamente. O que quero agora, já não o quero no próximo instante. Ao chegar ao último patamar, ainda não sei em que estado entrarei no apartamento. Preciso acumular em mim hesitações, antes que se transformem em pequenas seguranças ou numa carta [...] Minha memória é muito ruim [...] Minha indolência [...] Certa vez [...] até mesmo me levantei da cama, a fim de anotar aquilo que acabava de destinar a você. Mas logo voltei a deitar-me porque (este é outro de meus males) censurava-me da estupidez de minha intranquilidade...

Percebe-se que aquilo que ele descreve em primeiro lugar é sua indecisão, e com a narrativa inicia-se o cortejo. Porém, desde já relaciona-se tudo com estados físicos.

Logo ao início da quinta carta encontra-se a insônia, e a missiva termina com transtornos acontecidos no escritório, onde ele a escreve. A partir de então, não existe absolutamente nenhuma que não contenha queixas. Ao começo, estas são compensadas pelo interesse que lhe desperta Felice. Kafka faz centenas de perguntas. Quer saber tudo a respeito dela. Deseja obter uma ideia exata quanto ao que se passa no seu escritório e em sua casa. Mas isso soa demasiado vago, pois as perguntas são muito mais concretas. Ela deverá escrever-lhe: a que horas começa a trabalhar, de que se compõe seu café da manhã, qual a vista que se lhe descortina a partir da janela do escritório, que tipo de trabalho executa ali, como se chamam seus amigos e suas amigas, quem pretende prejudicar-lhe a saúde, regalando-a com bombons. Esta é apenas a primeira lista de perguntas à qual mais tarde se seguirão inúmeras outras. Kafka quer que ela esteja sadia e vá bem sob todos os aspectos. Faz questão de conhecer com igual meticulosidade os recintos nos quais ela vive e os horários de sua vida. Não admite nenhuma objeção e logo exige explicações. A exatidão a que a obriga corresponde àquela com que descreve seus próprios estados.

Com relação a estes, muita coisa ainda terá de ser exposta. Sem o propósito de compreendê-los, todo o resto permanecerá incompreensível. Mas, a esta altura, somente deve ser assentado o que se manifesta como sendo o mais profundo intento desse primeiro período da correspondência: cumpre criar uma ligação, um canal entre a eficiência e a saúde de Felice, de um lado, e a indecisão, a debilidade de Kafka, do outro. Por cima da distância entre Praga e Berlim, ele almeja aferrar-se à firmeza de Felice. As palavras de fraqueza que se permite dirigir a ela voltam a ele com decuplicada força. Kafka lhe escreve duas ou três vezes por dia. Em clara contradição com suas contínuas asseverações de moleza, trava uma luta tenaz e até inexorável por conseguir respostas dela. Unicamente neste pormenor, Felice é mais inconstante do que ele, pois não está acossada pela mesma obsessão. Mas Kafka consegue impor-lhe a sua. Pouco tempo após, também ela já lhe escreve diariamente e muitas vezes até duas cartas por dia.

Pois a luta travada por essa força que lhe proporciona a regularidade das cartas de Felice tem seu sentido. Não se trata de um epistolário fútil, de um fim em si, de uma mera satisfação. Está a serviço de sua *criação literária*. Duas noites depois da primeira carta a Felice, redige ele *A sentença* de um só golpe, em dez horas de uma mesma noite. Poder-se-ia afirmar que com este conto corroborou-se a confiança que Kafka, como escritor, tem em sua própria pessoa. Ele lê a seus amigos. Fica manifesta a inquestionabilidade desse trabalho. Nunca mais se distanciou dele, ao contrário do que fez em muitos outros casos. Na semana seguinte, originaram-se *O foguista*, e, no decorrer de dois meses, mais cinco capítulos de *América*, somando um total de seis. Interrompendo o romance por quinze dias, escreve *A metamorfose*.

Foi, portanto, não só por nossa perspectiva posterior, um período grandioso. Há na vida de Kafka bem poucas fases que possam comparar-se com esta. A avaliar os resultados — e que mais temos a nosso dispor para julgar a vida de um escritor? —, o comportamento de Kafka nos três primeiros meses da correspondência com Felice era exatamente o que ele necessitava. Percebera de que carecia, a saber, de alguma segurança à distância, de uma fonte de energia, que não perturbasse sua sensibilidade mediante um contato por demais próximo, de uma mulher que existisse para ele, sem esperar mais da parte dele do que palavras, de uma espécie de transformador, cujos eventuais defeitos técnicos ele conhecia e dominava a ponto de poder consertá-los imediatamente por meio de cartas. A moça que lhe prestava tal serviço não devia ficar exposta à família, de cuja proximidade Kafka muito sofria. Era preciso que a mantivesse afastada. Felice tinha de tomar a sério tudo quanto ele lhe dizia acerca de si mesmo. Para Kafka, oralmente pouco comunicativo, era indispensável que pudesse abrir-se a ela por escrito, lamentando-se desconsideradamente de qualquer coisa, sem esconder nada que o incomodasse, enquanto escrevia, e relatando com todos os pormenores a importância, os progressos, os percalços de sua obra. Nessa época, seu diário fica interrompido. As cartas a Felice são uma espécie de diário ampliado, que tem a vantagem de realmente ser escrito todos os dias e no qual pode ele repetir-se com maior frequência, satisfazendo assim uma necessidade essencial de sua natureza. O que escreve a Felice não são coisas únicas, para sempre inalteráveis. Existe a possibilidade de corrigir-se em outra época, de confirmar ou retratar. Na continuidade de uma carta são perfeitamente admissíveis certas incoerências que um espírito tão consciente como o dele não gostaria de permitir-se numa anotação individual de seu diário, porque a consideraria desordenada. Porém, a maior vantagem é, como já mencionamos, sem dúvida alguma a oportunidade para repetir-se, até as raias de "ladainhas". Kafka, mais do que ninguém, teve consciência da necessidade e da função das mesmas. Entre os seus característicos mui nitidamente delineados, eis o que mais amiúde provocou as falsas interpretações "religiosas" de sua obra.

Se, porém, a instituição desse intercâmbio epistolar tinha aquela enorme importância que demonstrou durante três meses sua eficiência, e teve por resultado criações tão inigualáveis como, por exemplo, *A metamorfose*, como se explica então que em janeiro de 1913 a correspondência se tenha interrompido subitamente? Nesse caso, não basta contentarmo-nos com sentenças vagas acerca de fases produtivas e improdutivas, tais como muitas vezes ocorrem na vida de um escritor. Toda a produtividade depende de condições, e cumpre empenhar-se em destruir as perturbações que fizeram com que ela cessasse.

Talvez não se deva esquecer que as cartas que Kafka nesse primeiro período dirigia a Felice, ainda que não se nos afigurem como cartas amorosas no sentido convencional, contêm mesmo assim algo estreitamente ligado ao amor: para ele é importante que a moça deposite na sua pessoa alguma *esperança*. Naquele encontro inicial, que por tanto tempo o sustentava e servia de base para todas as suas construções, teve consigo o manuscrito de seu primeiro livro. Ela o conhecera como escritor e não apenas como amigo de um autor do qual já lera alguma coisa, e a pretensão de receber cartas da parte dela estriba-se no fato de Felice o considerar como tal. O primeiro conto que causa satisfação a Kafka, justamente *A sentença*, é *dela*, é a ela que o deve, é a ela que o dedicou. Na verdade, ele não está seguro do acerto das opiniões da moça em assuntos literários e tenta, nas suas cartas, influenciá-la. Pede-lhe uma lista de seus livros, que ela nunca lhe envia.

Felice era uma pessoa nada complicada, o que evidenciam claramente os trechos que Kafka cita das cartas dela, poucos trechos, por sinal. O diálogo — se cabe empregar esse termo muito padronizado com relação a algo tão complexo e insondável —, esse diálogo que Kafka mantinha consigo mesmo por intermédio de Felice facilmente poderia ter-se prolongado por bastante tempo ainda. Mas o que o perturbava era a ânsia de cultura que ela manifestava, lendo outros autores e mencionando-os em suas cartas. Kafka, por sua vez, somente dera à luz uma mínima fração daquele mundo imenso que sentia ferver em sua cabeça, e fazia questão de que ela pertencesse unicamente a ele, como escritor.

Em 11 de dezembro, Kafka manda a Felice seu primeiro livro, *Contemplação*, que acaba de sair do prelo. Acrescenta ao envio as seguintes advertências: "Escuta, trate meu pobre livro com gentileza! É precisamente aquele punhado de folhas que me viste pôr em ordem naquela nossa noitada [...] Será que percebes como se distinguem, quanto à idade, as diversas pecinhas? Entre elas, há por exemplo, uma que tem pelo menos oito ou dez anos. Mostra tudo isso apenas a um mínimo de pessoas, para que não te façam desgostar de mim".

No dia 13, volta a mencionar seu livro: "Sinto-me muito feliz por saber que meu livro, não obstante as reservas que me inspire, [...] encontra-se em tuas caras mãos".

Sob o dia 23 de dezembro, acha-se a esse respeito a seguinte frase isolada: "Ah, se a srta. Lindner [uma colega de Felice, que trabalhava com ela no mesmo escritório] apenas soubesse quão difícil é escrever tão pouco como eu faço!". Isso se refere ao reduzido volume da *Contemplação* e somente se explica como sendo resposta a uma passagem evasiva de uma carta de Felice.

É só isso, até o grande acesso de ciúmes que aconteceu em 28 de dezembro, dezessete dias depois que Kafka lhe remeteu o livro. As cartas escritas nesse lapso de tempo — e, como já foi dito, somente se conservaram as dele — ocupam quarenta páginas de tipo miúdo e tratam de mil coisas. Fica evidente que Felice nunca chegou a emitir uma opinião séria sobre *Contemplação*. Mas o ataque de Kafka dirige-se contra Eulenberg, que a entusiasmou:

> Sinto ciúmes de todo o pessoal que aparece em tua carta, dos que mencionas expressamente e dos que não mencionas, homens e moças, negociantes e escritores (obviamente em primeiro lugar desses últimos)... Sinto ciúmes de Werfel, de Sófocles, da Ricarda Huch, da Lagerlof, de Jacobsen. O fato de chamares Eulenberg de Hermann, em vez de Herbert, causa a meus sentimentos de ciúmes uma alegria infantil, visto que Franz, sem dúvida alguma, permanece gravado em tua memória. Gostas das Silhuetas [*Schattenbilder*]? Dizes que te parecem concisas e claras. Delas só conheço na íntegra a de *Mozart*. Eulenberg [...] leu-a aqui. Mas não pude suportar essa coisa. É uma prosa sem fôlego, cheia de impurezas. [...] Porém não duvido de que, na minha predisposição atual, cometa uma grande injustiça contra ele. *Mas tu não deves ler as* Silhuetas. Mas agora vejo que estás entusiasmada por elas. (Imaginem: Felice está entusiasmada por elas, totalmente entusiasmada, e eu desencadeio em plena noite minha raiva contra o autor.) Na tua carta aparecem todavia ainda outras pessoas, e eu quero começar a brigar com todas elas, não para fazer-lhes mal algum, senão a fim de empurrá-las para longe de ti e de ler cartas nas quais se falasse unicamente de ti, de tua família... e naturalmente, naturalmente!, de mim.

No dia seguinte, Kafka recebe dela uma carta inesperada — por ser domingo — e lhe agradece: "Querida, esta é realmente uma carta que enche a gente de serena alegria, já que nela não pululam todos aqueles conhecidos e escritores...".

Na mesma noite, ainda encontra a explicação da ciumeira da véspera:

A propósito: vejo agora mais claramente por que a carta de ontem provocou em mim tamanho ciúme. Gostaste tão pouco de meu livro como outrora de minha fotografia. Isso nem seria muito grave, uma vez que a maior parte do que se acha nele são coisas antigas... Noto em todo o resto a tua presença tão nitidamente que com o maior prazer me apresto para afastar imediatamente esse opúsculo com um pontapé [...] Mas por que não me dizes, não me dizes com duas palavras que ele não te agrada? [...] Seria por demais compreensível que não saibas acertar-te com ele [...] Afinal de contas, não haverá ninguém que consiga acertar-se. Tenho (e sempre tive) certeza disso. O sacrifício, em matéria de trabalho e dinheiro, que o perdulário editor realizou por minha causa, também me atormenta [...] Mas tu não dissestes nada. Na verdade prometeste certa vez dizer qualquer coisa, mas nunca o fizeste [...].

Em fins de janeiro volta a falar sobre a *Contemplação*. O escritor vienense Otto Stoessl, cuja obra e pessoa Kafka muito aprecia, enviou-lhe uma carta na qual trata dela: "Também se refere a meu livro, mas com um desconhecimento tão enorme que, durante um momento, causou-me a impressão de que meu livro é verdadeiramente bom, porque é capaz de produzir semelhantes mal-entendidos num homem sisudo, literariamente tão versado como é Stoessl...". Ele copia para Felice toda a passagem da carta, que é bastante longa e na qual depara com trechos surpreendentes: "Um senso de humor dirigido para dentro, [...] não diferente daquele com o qual, após uma noite bem dormida ou um banho refrescante, trajando roupas limpas, saudamos com alegre expectativa e inexplicável sensação de vigor um dia livre, ensolarado. O senso de humor da própria boa disposição". Um mal-entendido de monstruosas dimensões; cada palavra completamente errada! Kafka não consegue conformar-se com o "senso de humor" proveniente da sua própria "boa disposição" e torna a citar seguidamente essas palavras. Mas acrescenta: "A carta combina, por sinal, perfeitamente com uma crítica elogiosa, hoje publicada, e que só encontra tristeza no meu livro".

É evidente que Kafka não esquecia o descaso que Felice fazia da *Contemplação*. A intensidade com que se preocupa com as reações dela diante do livro não está de acordo com seu hábito e oculta uma reprimenda. Ele quer dar-lhe uma lição. Felice tomara uma atitude demasiado fácil, e Kafka revela pela sua quão profundamente ela o feriu pela falta total de qualquer reação.

Ainda na primeira metade de fevereiro ocorrem os mais veementes ataques contra outros autores. Felice quer saber sua opinião acerca da Lasker-Schüler, e ele escreve:

> Não suporto os poemas dela. Sempre que os leio, sinto apenas tédio, devido ao vazio, e repugnância em face do espalhafato artificioso. Pelas mesmas razões, também sua prosa me causa aversão, pois nela agem indiscriminadamente os espasmos do cérebro de uma excêntrica mulher da metrópole [...] Sim, ela vai mal. O segundo marido abandonou-a, ao que eu saiba. Estão fazendo coletas para ela. Tive de contribuir com cinco coroas, sem compadecer-me dela nem um pouquinho. Ignoro o verdadeiro motivo desses meus sentimentos, mas sempre a imagino como uma beberrona, que de noite cambaleia através das casas de café. [...] Arre, Lasker-Schüler! Vamos, querida minha! Que ninguém se coloque entre nós, nem tampouco a nosso redor!

Felice quer ir ao teatro, para ver a peça *Professor Bernhardi*, e Kafka escreve: "[...] Estamos unidos por um laço muito estreito, [...] e se tu, minha querida, fores ver *Professor Bernhardi*, esse laço irresistível me arrastará contigo. Correremos então o perigo de ambos sucumbirmos àquele gênero de literatura ruim que Schnitzler representa a meus olhos". Por isso, naquela mesma noite, ele assiste ao *Hidalla*, de Wedekind, no qual atuam o autor e sua mulher.

> Pois decididamente não gosto de Schnitzler e tenho pouca estima por ele. Claro que tem certas qualidades, mas suas maiores peças de teatro e sua grande prosa estão, a meu ver,

cheias de uma virtualmente flutuante massa de escrevinhaduras das mais asquerosas. É impossível rebaixá-lo suficientemente. [...] Só contemplando seu retrato, com aquela expressão de falso enlevo, de uma compassividade tal como eu não gostaria de tocar nem com as pontas dos dedos, consigo entender por que ele tomou esses rumos, a partir de suas primeiras obras (*Anatol*; *A ronda*; *Tenente Gustl*), em parte excelentes. [...] Não quero falar de Wedekind na mesma carta. [...] Basta, basta! Como me livrarei desse Schnitzler, que tenta interpor-se entre nós dois, como há pouco fez a Lasker-Schüler?

Os ciúmes que lhe despertam certos autores, desde que se trate de Felice, têm os vigorosos característicos que conhecemos de todas as ciumeiras. Enche-nos de assombro, e também de alívio, constatarmos na pessoa dele tamanha agressividade natural, inquebrantável. Pois, depois da leitura de qualquer uma de suas inúmeras cartas, ecoam em nós os ataques que Kafka dirige contra si mesmo. Familiarizamo-nos com eles, como se fossem sua própria voz. Ora, o insólito do tom dessas investidas contra outros escritores, a ferocidade que nelas se revela, essa crueza, que, no fundo, são contrárias à índole de Kafka, são sintomas de uma alteração havida nas suas relações com Felice. Estas se modificam tragicamente em virtude da falta de compreensão que ela demonstra diante da própria obra dele. Felice, cuja força, como alimento incessante, é indispensável para que Kafka possa escrever, não sabe perceber a quem está nutrindo com sua ajuda, que consiste nas suas cartas.

Sob esse aspecto, a situação de Kafka complica-se sobretudo devido à natureza da publicação de seu primeiro livro. Ele é por demais inteligente e sério para superestimar a importância da *Contemplação*. Trata-se de um livro no qual já se acham esboçados alguns dos seus temas. Mas é uma colcha de retalhos; não deixa de ser um tanto excêntrico, artificial; revela influências alheias (Robert Walser), e antes de mais nada faltam-lhe coerência e inevitabilidade. Para Kafka, a obra tem importância, porque teve consigo o manuscrito na ocasião em que viu Felice pela primeira vez.

Mas, seis semanas depois daquela noite, logo após a primeira carta a Felice, adquirira ele inteiramente sua própria personalidade, graças à *Sentença* e ao *Foguista*. Quase mais relevante ainda, nesse contexto, parece ser o fato de ele ter plena consciência do valor dessas duas obras. A correspondência com Felice iniciava-se. Noite após noite, Kafka prosseguia no seu trabalho literário. Bastavam oito semanas para que chegasse, com a *Metamorfose*, à culminância de sua mestria, realizando algo que jamais lograria superar, uma vez que nada existe que possa superar a *Metamorfose*, uma das poucas obras grandes e perfeitas deste século.

Quatro dias depois de ele ter terminado a redação da *Metamorfose*, a *Contemplação* sai do prelo. Kafka envia a Felice esse seu primeiro livro. Durante dezessete dias, almeja a respeito da obra qualquer manifestação da parte dela. Entrementes, várias vezes por dia, ambos trocam cartas. Kafka aguarda em vão. Já escreveu a *Metamorfose* e boa parte de *América*. Qualquer coração empedernido deveria compadecer-se dele, que assim se dá conta de que o alimento das cartas de Felice, indispensável ao seu trabalho, lhe foi oferecido às cegas. Ela ignorava a quem nutria. As sempre atuantes dúvidas de Kafka tornavam-se avassaladoras. Ele já não tinha certeza de seus direitos às cartas dela, desses direitos que conquistara em momentos melhores, e sua criação literária, essência da sua própria vida, começava a estancar.

Uma consequência secundária, porém significativa graças à sua impetuosidade, eram os ciúmes que ele demonstrava com relação a outros escritores. Felice lia livros e feria-o profundamente pelos nomes que promiscuamente apareciam em suas cartas. Aos olhos dela, todas essas pessoas eram escritores. Mas ele mesmo, que é que era ele, na opinião dela?

Com isso teve fim a bênção que para Kafka representara Felice. Com sua imensa tenacidade, surpreendente reverso de sua fraqueza, ele se apegava à forma estabelecida das suas relações, mas a partir de então virava o olhar nostalgicamente para trás, em direção ao paraíso daqueles três meses que nunca mais podiam voltar. O equilíbrio, que ela lhe proporcionara, estava destruído.

É bem verdade que nesses dias haviam ocorrido muitas outras coisas, que contribuíram para esse transtorno. Acontecera, por exemplo, o noivado de Max Brod, seu mais íntimo amigo, que mais do que qualquer outra pessoa o estimulara e insistira com ele para que escrevesse. Kafka tinha receios de uma modificação desse convívio amistoso, prevendo que ela seria inevitável, em virtude da simples presença de uma mulher ao lado do companheiro. Era também a época dos preparativos das bodas de sua irmã Valli. Na moradia paterna, que é a sua também, assistia ele muito de perto tudo quanto fazia parte deles. Entristece-o que a irmã se vá, já que nisso pressente o esmigalhamento da família, à qual, por outra parte, odeia. Porém já se acomodou com esse ódio e necessita dele. Perturba-o a multidão de acontecimentos inusitados que preenche todo o mês anterior ao enlace. Kafka pergunta a si mesmo por que tais noivados o fazem sofrer de modo tão estranho, como se o afligisse imediata e diretamente alguma desgraça, ao passo que os próprios protagonistas mostram-se inopinadamente felizes.

Sua aversão à instituição do casamento, em prol da qual estão sendo feitos tão amplos preparos, torna-se mais aguda a essa altura, e ele dá vazão livre à sua reação contra ela justamente numa área na qual se poderia esperar dele que a aceitasse. Começa a considerar Felice um perigo. Suas noites solitárias acham-se ameaçadas, e Kafka faz com que ela o sinta.

Mas, antes de relatarmos de que maneira procura defender-se de tal perigo, cumpre sabermos algo mais a respeito da natureza da ameaça que pesa sobre ele.

"Todo o meu modo de viver está orientado exclusivamente para a criação literária. [...] O tempo é escasso; as forças são exíguas; o escritório é um pavor e o lar é ruidoso. É preciso que a gente se arranje por meio de artifícios, uma vez que não é possível levar uma vida bela e reta." Eis o que Kafka já escreve a Felice numa das cartas da primeira fase, em 1º de novembro de 1912. Em seguida, explica-lhe seu novo horário, mediante o qual consegue sentar-se à mesa, noite pós noite às dez e meia, para escrever, e prosseguir no trabalho, segundo as forças, a vontade e a sorte, até a uma, as duas ou as três da madrugada.

Porém já antes, nessa mesma carta, acaba de fazer uma observação a respeito de si próprio, e que dificilmente pode permanecer ignorada, tão monstruosa que é nesse contexto: "Sou a pessoa mais magra que conheço; fato muito significativo, levando-se em conta que já percorri muitos sanatórios [...]". Esse homem em busca de amor — pois, obviamente, deve-se supor que pretende obter amor — menciona logo que é o *mais magro* de todos! Por que razão se nos afigura inadequada e quase imperdoável tal afirmação feita precisamente nesse momento? O amor requer peso, trata-se do corpo. Ambos precisam estar presentes. Um não corpo a solicitar amor tornar-se-á ridículo. Grande agilidade, coragem, impulso podem substituir o peso, porém carecem ser ativos, exibir-se, converter-se, por assim dizer, numa constante promessa. Em lugar deles, Kafka oferece outra coisa, que é peculiarmente dele, a saber, a plenitude do que vê, as coisas que vê em redor da pessoa que está cortejando; essa plenitude é *seu* corpo. Mas isso só pode produzir efeito sobre uma pessoa de igual plenitude visual. Em nenhuma outra acertará o alvo. Apenas causará a sensação de algo sinistro.

O fato de ele falar logo de sua magreza, acentuando-a tão fortemente, apenas pode significar que esta o fez sofrer bastante. Kafka sente-se coagido a comunicá-la. É como se tivesse de dizer de si mesmo: "sou surdo" ou "sou cego", considerando que a ocultação de tal defeito lhe imprimiria o estigma de impostor.

Desnecessário é perscrutar detidamente seus diários e sua correspondência, para chegar-se à convicção de que neste ponto se localiza o cerne, a raiz de sua "hipocondria". Sob a data de 22 de novembro de 1911, acha-se no diário a seguinte anotação:

> Certo é que meu estado físico constitui-se no principal obstáculo a meu progresso. Com esse tipo de corpo, nada se pode conseguir. [...] O meu é por demais comprido para sua debilidade. Não dispõe da menor quantidade de gordu-

ra capaz de produzir um benfazejo calor e de preservar um fogo íntimo; gordura alguma suscetível de nutrir em qualquer momento o espírito acima das necessidades cotidianas, sem prejuízo do total. Esse coração fraquinho que ultimamente muitas vezes me incomodou, como pode ele bombear o sangue através de todo o comprimento destas pernas?

Em 3 de janeiro de 1912, faz para si mesmo uma relação de tudo quanto sacrificou à sua produção literária:

Quando, no meu organismo, tornou-se evidente que escrever seria a atividade mais fecunda para meu ser, tudo começou a rumar nessa direção, permanecendo desocupadas todas as faculdades dirigidas, sobretudo, aos prazeres do sexo, da alimentação, da bebida, da reflexão filosófica e da música. Emagreci sob todos esses aspectos. Isso era inevitável, porque minhas forças, em conjunto, eram tão exíguas que somente na sua totalidade podiam pôr-se precariamente a serviço da tarefa de escrever...

Em 17 de julho de 1912, estando no já mencionado sanatório naturalista de Jungborn, escreve a Max Brod: "Tenho o estúpido propósito de tentar engordar e assim curar-me inteiramente, como se fossem possíveis a segunda ou sequer a primeira dessas alternativas".

Cronologicamente, a seguinte manifestação referente à sua magreza é a já citada carta a Felice, de 1º de novembro do mesmo ano. Poucos meses após, torna a escrever-lhe: "Que tal o balneário? Neste ponto preciso infelizmente reprimir uma observação ligada à minha magreza e à aparência que eu teria num estabelecimento de banhos. Ali me pareço com um menino órfão". Passa então a contar que, na sua infância, durante um veraneio à beira do rio Elba, evitou entrar num balneário cheio de gente, por ter vergonha de seu aspecto.

Em setembro de 1916, decide-se a consultar um clínico; empreendimento bem insólito em Kafka, que sempre desconfiava de médicos. Sobre essa visita, escreve a Felice: "Achei muito agradável o médico que fui ver. Um homem calmo, um tanto cômico, que, no entanto, inspirava confiança pela idade e por sua massa física (nunca pude compreender como tu lograste ter fé num tipo tão magro, tão comprido como eu) [...]".

Reproduzirei mais alguns trechos dos últimos sete anos de sua vida, quando as relações com Felice já estavam definitivamente cortadas. Importante é percebermos que essa ideia da magreza se mantinha viva até o fim e coloria todas as suas recordações.

Na famosa *Carta ao pai*, redigida em 1919, encontra-se mais uma passagem sobre os banhos de sua infância: "Lembro-me por exemplo das diversas ocasiões em que nos despíamos na mesma cabina. Eu, magro, débil, delgado. Tu, forte, alto, espadaúdo. Já no interior da cabina sentia-me miserável, não somente perante ti, senão perante o mundo inteiro, pois tu eras para mim o padrão de todas as coisas".

A referência mais comovente encontra-se numa das primeiras cartas a Milena, escrita no ano de 1920. Também nesse caso sucumbe Kafka à coação de apresentar-se desde cedo com toda a sua magreza a uma mulher cortejada (e ele cortejava apaixonadamente Milena):

Alguns anos atrás, andei frequentemente de barco pelo Moldau. Remava rio acima, e em seguida deixava-me arrastar abaixo pela corrente, passando completamente estendido sob as pontes. Por causa da minha magreza, isso deve ter oferecido um aspecto bem divertido a quem me olhasse a partir de uma ponte. Um funcionário de minha empresa, que certa vez me avistou assim, resumiu da seguinte forma o que vira, não sem antes ter salientado suficientemente a comicidade: o Dia do Juízo parecia iminente. Tinha-se a impressão de presenciar aquele momento em que as tampas dos caixões já estivessem retiradas, mas os mortos ainda jazessem imóveis.

A figura do magro e a do morto unem-se na visão. Da combinação com a ideia do Juízo Final, resulta um quadro físico de

Kafka dos mais desoladores e fatais que se possa imaginar. É como se o magro ou o morto, que, no caso, convertem-se em um só, tivessem em si apenas bastante vida para deixarem-se levar pela correnteza e apresentarem-se ao Juiz Supremo.

Durante as últimas semanas de sua vida, no sanatório de Kierling, os médicos haviam dado a Kafka o conselho de não falar. Ele respondia então a perguntas, rabiscando em folhas de papel, que se conservaram, e quando alguém indagava acerca de Felice, replicou: "Em certa ocasião, eu devia acompanhá-la (junto com uma conhecida sua) ao Báltico. Mas, devido à minha magreza e a meus demais receios, tive vergonha".

Kafka jamais se livrou dessa suscetibilidade especial acerca de tudo o que tivesse relação com seu corpo. Como evidenciam as declarações citadas, esta já se deve ter manifestado na infância. Em virtude da magreza, ele se habituou desde cedo a prestar atenção a seu físico. Acostumou-se a atentar em tudo quanto lhe *faltava*. Seu corpo propiciava-lhe um objeto de observações que nunca lhe escaparia. Lá sempre permaneciam próximos o que se via e o que se experimentava; um não se podia separar do outro. Partindo da magreza, Kafka adquiriu a inabalável convicção de sua fraqueza, e talvez não seja muito importante averiguar se esta sempre existiu realmente. Pois o que de fato existia era a sensação de estar ameaçado, baseada em tal convicção. Kafka temia que forças hostis fossem penetrar-lhe o corpo e, a fim de evitar que isso ocorresse, vigiava cuidadosamente o caminho que elas pudessem tomar. Aos poucos, vinham à tona preocupações com determinados órgãos. Começou a evoluir uma sensibilidade toda especial a respeito deles, até que cada qual se tornasse alvo de separada vigilância. Porém, desse modo, multiplicam-se os perigos. Há um sem-número de sintomas nos quais um espírito desconfiado necessita atentar, desde que tenha tomado consciência das particularidades dos órgãos e da sua vulnerabilidade. Umas dores num ou noutro lugar recordam sua existência. Seria imprudente e merecedor de castigo quem as negligenciasse. Elas anunciam desgraças. São precursoras do inimigo. A hipocondria é o troco miúdo da angústia; é a angústia que, para distrair-se, procura e encontra nomes.

A sensibilidade de Kafka a ruídos é como um alarme. Prediz desnecessários, ainda inarticulados, perigos, dos quais a gente se pode esquivar, evitando qualquer barulho, como se fosse o diabo. Já bastam os perigos identificados, cujos ataques bem informados ele repele, dando-lhes nomes.

Seu quarto transforma-se em refúgio. Converte-se num corpo externo, que poderíamos chamar pré-corpo. "Preciso dormir sozinho no meu domicílio [...] É a ansiedade que argumenta que, assim como quem estiver deitado no chão não poderá cair, nada nos poderá ocorrer se nos encontrarmos a sós." Não suporta receber visitas em seu quarto. A própria convivência com a família num e no mesmo apartamento atormenta-o. "Não posso viver em companhia de outras pessoas. Detesto incondicionalmente todos os meus parentes, não por serem meus parentes, nem por tratar-se de criaturas ruins, [...] senão simplesmente porque são os seres humanos que vivem mais perto de mim."

Suas queixas mais frequentes referem-se à insônia, mas talvez seja esta apenas vigilância sobre o corpo, a qual, não se deixando desligar, sempre continua a perceber ameaças, espia sinais, interpreta-os e combina-os, esboça sistemas de contramedidas e carece, antes de mais nada, alcançar um ponto onde elas pareçam garantidas: o ponto de equilíbrio das ameaças, no qual uma faça contrapeso às outras, o ponto da tranquilidade. Então o sono chega a ser autêntica salvação, pela qual a sensibilidade de Kafka, esse incessante tormento, abandona-o finalmente e desaparece. Cria-se, pois, no seu espírito uma espécie de veneração do sono, que é considerado panaceia, o melhor remédio que se possa recomendar a Felice, sempre que o inquieta o estado dela: "Dorme! Dorme!". O próprio leitor nota em tal exortação algo semelhante a um exorcismo ou uma bênção.

Das ameaças ao corpo fazem parte quaisquer tóxicos, que nele entram sob as formas de inalação, de comida e bebida, de medicamentos.

O ar viciado é perigoso. Frequentemente se fala dele na obra de Kafka. Recordamos os cartórios do sótão, no *Processo*, ou o superaquecido estúdio do pintor Titorelli. Ar viciado equivale a uma desgraça, que conduz à beira de uma catástrofe. Os diários de viagens estão cheios do culto aos ares saudáveis, e das cartas manifesta-se o quanto Kafka espera do ar fresco. Até no maior frio do inverno, dorme ele com a janela aberta. O fumo é abolido. Uma vez que a calefação desgasta o ar, Kafka escreve num quarto não aquecido. Regularmente, completamente nu, diante da janela escancarada, pratica ginástica. O corpo expõe-se ao ar fresco, a fim de que este lhe acaricie a pele e os poros. Mas ar genuíno somente se encontra na campanha. A vida campestre, que ele recomenda a sua irmã Ottla, mais tarde chegará a ser sua própria por muitos meses.

Procura descobrir um tipo de alimentação de cuja natureza inofensiva ele mesmo se possa convencer. Durante longos períodos, é vegetariano. Ao começo, tal comportamento não tem realmente caráter de ascetismo. Respondendo a uma pergunta preocupada de Felice, Kafka envia-lhe uma lista das frutas que consome à noite. Empenha-se em distanciar de seu corpo quaisquer venenos e riscos. Obviamente ficam proibidos café, chá e álcool.

Quando trata dessa particularidade de sua vida, transparece nas suas frases um quê de leviandade e travessura, ao passo que as informações sobre a insônia invariavelmente revelam desespero. Esse contraste é tão impressionante que nos sentimos induzidos a tentar uma explicação. As recomendações dos naturopatas quanto ao corpo como unidade atraem Kafka, que adota por inteiro a rejeição da organoterapia. Ele, que nas horas insones se descompõe em órgãos, espiando os sinais destes e meditando acerca das suas ominosas manifestações, necessita de um método que prescreva ao corpo a unidade. A medicina oficial afigura-se-lhe nociva, por prestar demasiada atenção aos órgãos avulsos. Verdade é que em tal repulsa à medicina há igualmente um pouco de *ódio* ao próprio ser: também Kafka se apanha na procura de sintomas, quando, de noite, não consegue conciliar o sono.

Assim sendo, é com a sensação de uma espécie de felicidade

que se entrega a qualquer atividade que requeira e restaure a unidade do corpo. Fazer natação ou ginástica desnudo, descer a escada de seu domicílio a saltos veementes, dar corridas, empreender extensos passeios ao ar livre, onde ele possa respirar bem — tudo isso reanima-o e lhe confere a esperança de poder escapulir-se por uma vez ou até por algum tempo da desintegração proveniente de uma noite passada sem dormir.

Em fins de janeiro de 1913, Kafka desiste definitivamente, após diversos intentos malogrados, da conclusão do trabalho no seu romance. Por isso, o acento de suas cartas passa cada vez mais para lamentação. Poder-se-ia afirmar que doravante as cartas não têm outro desígnio que não as queixas. Não existe nada suscetível de neutralizar a insatisfação. As noites, em cujo decorrer ele antes encontrava o caminho a si mesmo, sua justificativa, sua autêntica, sua única vida, pertencem por enquanto ao passado. A essa altura, nada o mantém de pé a não ser a lamúria, que assume o lugar da criação literária, embora seja de um valor muito inferior a esta, e converte-se no fator unificador. Mas, sem ela, Kafka emudeceria totalmente e se fragmentaria em suas dores. Habituara-se à liberdade outorgada à correspondência, na qual é permitido exteriorizar tudo. Graças a ela relaxa, pelo menos em parte, a inibição, que lhe causa sofrimentos no trato com outras pessoas. Kafka necessita das cartas de Felice, que, como antes, relatam ocorrências de sua vida em Berlim e, quando não se pode agarrar a uma palavra animada da parte dela, "sente-se como num vácuo". Pois, apesar da insegurança, "que, qual sombra maléfica, acompanha meu não escrever", seu eu permanece sempre objeto de sua observação, e quem se conformar com a necessidade de aceitar a ladainha das queixas como uma espécie de linguagem, na qual se refugia todo o resto, perceberá, por meio desse agente, que jamais emudece, os mais estranhos fatos a respeito dele, informações tão precisas, tão verdadeiras como só pouca gente já recebeu.

Nessas cartas é contida uma inconcebível dose de intimidade. São mais íntimas do que seria a mais perfeita descrição de uma felicidade. Não existe nenhum relato de qualquer homem vacilante, nenhum desnudamento de si próprio que se possa comparar com elas. Esse intercâmbio epistolar é quase inacessível a criaturas primitivas, que nele somente avistariam o desavergonhado exibicionismo de uma impotência espiritual. Pois nele se lhes depara tudo o que faz parte dele: indecisão, ansiedade, frieza de sentimentos, minuciosamente descrita falta de amor, desamparo de tamanhas dimensões que só a narração hiperexata o torna acreditável. Mas tudo está formulado de tal modo que imediatamente se converta em lei e conhecimento. Inicialmente um tanto incrédulos, rapidamente, porém, com crescente convicção, notamos que nada disso jamais se esquece, como se essas confissões nos estivessem gravadas na pele, como na *Colônia penal*. Há escritores, bem poucos na verdade, que são tão inteiramente eles mesmos que qualquer manifestação que se arrisque a seu respeito deve soar como uma verdadeira barbárie. Kafka foi um autor desse tipo, e, correndo o perigo de parecermos pouco independentes, não podemos deixar de ater-nos com máximo rigor às suas próprias declarações. Certamente se experimenta vergonha, quando se começa a penetrar na intimidade dessas cartas. Mas, em seguida, elas mesmas dissipam tal inibição. Pois em face delas percebemos que um conto como *A metamorfose* é ainda mais íntimo. Desse modo, aprendemos finalmente em que ele difere de quaisquer outras narrações.

Quanto a Felice, o mais importante era o fato de ela existir, de não ser necessário inventá-la, já que era impossível que Kafka a inventasse tal como era. Ela era tão diferente, tão ativa, tão compacta. Ao girar em torno de Felice a alguma distância, Kafka idolatra-a e atormenta-a. Acumula em cima dela suas perguntas, súplicas, angústias e minúsculas esperanças, na intenção de arrancar-lhe cartas. Afirma que aquilo que ela lhe concede em matéria de amor converte-se no único sangue que lhe atravessa o coração, porquanto não dispõe de outro. Quer saber se Felice não se dava conta de que ele, nas suas cartas, não a amava propriamente, visto que, em caso contrário, só deveria pensar nela e escrever acerca dela, ao passo que, na realidade, adorava-a e aguardava que ela de algum modo o abençoasse e lhe prestasse auxílio nas coisas mais absurdas. "Às vezes penso, Felice, que exerces tanto poder sobre mim que deverias transformar-me num homem capaz de realizar o que é natural." Num momento benigno, expressa-lhe sua gratidão: "Que sensação, essa de ter encontrado um refúgio em ti, a salvo deste monstruoso mundo que apenas ouso enfrentar em noites dedicadas ao ato de escrever".

Ele sente em si a mais mínima ferida infligida a outrem. Sua crueldade é a do não combatente, que experimenta a ferida *por antecipação*. Receia o choque; tudo fere *sua* carne, e nada ocorre ao inimigo. Quando em uma de suas cartas acha-se algo que possa ofender Felice, chama-lhe a atenção logo na próxima; obriga-a a descobri-lo, repete sua desculpa; ela, por sua vez, não repara em coisa alguma e, na maioria das vezes, ignora a que ele se refere. Mas, à sua maneira, Kafka acaba de tratá-la como inimiga.

Consegue resumir em poucas palavras a essência de sua indecisão: "Será que em algum momento tens conhecido a incerteza? Já viste como só para ti, sem consideração dos demais, abrem-se várias possibilidades, em diversas direções, e assim se cria praticamente uma proibição de te moveres?".

Não se pode subestimar a importância dessas "várias possibilidades que se abrem em diversas direções" e do fato de que ele aviste todas elas ao mesmo tempo. Elas explicam a autêntica relação que Kafka tem para com o porvir. Pois boa parte de sua obra compõe-se de tateantes passos rumo a sempre diversos futuros possíveis. Ele não reconhece tão somente *um* futuro. Há muitos deles. Sua multiplicidade paralisa-o e pesa sobre seu avanço. Unicamente quando escreve, quando, titubeante, aproxima-se de um deles, encara-o, excluindo os demais, mas nunca consegue identificar mais pormenores dele do que permite o passo seguinte. A verdadeira arte de Kafka consiste em ocultar o que fica mais remoto. É provável que seja esse avanço numa direção determinada, com o abandono de todas as outras possíveis, o que o torne feliz durante a criação literária. Medida da produção é o próprio ato de andar, a nitidez dos passos bem-sucedidos, sem que se omita nenhum, nem que algum, já realizado, permaneça duvidoso. "No fundo [...] não sei narrar, nem sequer sou capaz de falar. Quando conto qualquer coisa, tenho quase sempre aquela sensação que poderiam ter criancinhas que tentem os primeiros passos."

Frequentemente se queixa das dificuldades que tem para conversar, da taciturnidade no trato com outra gente. Descreve-as com assombrosa clareza: "Passei mais uma vez uma noitada inútil em companhia de várias pessoas [...] Mordi os lábios, no empenho de ater-me ao assunto, mas, por mais que me esforçasse, não estive presente, sem que estivesse, todavia, em outro lugar. Talvez não existisse durante essas duas horas. Deve ser assim, pois se tivesse dormido ali, na minha cadeira, minha presença teria sido mais convincente". "Creio realmente estar perdido para a convivência com seres humanos." Ele chega até a estranha asseveração de que, durante as semanas de suas viagens com Max Brod, não manteve sequer *uma única* conversa longa e coerente com ele, e na qual se salientasse todo o seu ser.

Sou mais suportável, quando me encontro num ambiente conhecido, em companhia de duas ou três pessoas igualmente conhecidas. Então me sinto livre. Não existe a obrigação de permanecer continuamente atento e de cooperar o tempo todo, mas sempre que eu tiver ganas poderei, se quiser, participar das atividades comuns, por muito ou pouco tempo, segundo a minha vontade, sem causar desagrado a ninguém. Se estiver presente um homem estranho, que fizer ferver meu sangue, melhor para mim: nesse caso posso tornar-me aparentemente bem vivo, por meio de forças emprestadas. Mas, quando me achar numa morada estranha, ao lado de várias pessoas estranhas ou de gente que se me afigure estranha, o recinto inteiro me oprimirá o peito e ficarei incapaz de mexer-me...

Descrições desse gênero são sempre usadas por ele à guisa de advertência, e, por numerosas que elas aos poucos cheguem a ser, Kafka renova-as uma que outra vez. "É que não repouso em mim. Nem sempre sou 'algo', e pelas ocasiões em que outrora talvez tenha sido 'algo' preciso pagar com meses de 'não ser'..." Compara-se com um pássaro, que em virtude de alguma maldição deva manter-se fora de seu ninho e volteie ininterruptamente ao redor desse ninho vazio, sem nunca perdê-lo de vista.

Sou um homem diferente daquele que eu era nos dois primeiros meses de nossa correspondência. Não se trata de uma nova metamorfose e sim de uma retransformação, que provavelmente será duradoura. [...] Meu estado atual [...] não é excepcional. Não te entregues a ilusões deste gênero, Felice. Não poderias conviver comigo nem dois dias [...] Afinal de contas, és uma moça e desejas ter um homem e não um verme mole, que se arrasta pelo chão.

Entre os contramitos que Kafka ergueu para sua proteção, e pelos quais tentou evitar a aproximação física de Felice e a penetração dela em sua vida, figura o da sua aversão a crianças. "Nunca terei um filho", escreve ele já muito cedo, em 8 de novembro, mas então ainda interpreta tal decisão como inveja a uma de suas irmãs, que acaba de dar à luz uma garotinha. Mais séria torna-se essa atitude em fins de dezembro, quando a decepção que lhe causou Felice intensifica-se durante quatro noites consecutivas em cartas cada vez mais sombrias e hostis. Já conhecemos a primeira: é a que contém aquele acesso de fúria contra Eulenberg. Tampouco ignoramos a segunda, na qual Kafka censura a Felice a falta completa de qualquer reação a seu livro *Contemplação*. Na terceira, transcreve uma frase de uma antologia de citações de Napoleão: "É terrível morrer sem filhos". Ao que acrescenta: "É preciso preparar-me para aceitar essa sorte, pois [...] nunca me será permitido expor-me ao risco de ser pai". Na quarta, escrita na noite de São Silvestre, sente-se abandonado como um cão e descreve de modo quase rancoroso o barulho da festa na rua. Ao fim da carta responde a uma frase dela, que reza: "estamos ligados um ao outro incondicionalmente". Afirma que isso é mil vezes verdadeiro e que nessas primeiras horas do ano-novo não nutre nenhum desejo mais veemente, mais aloucado, do que o "de estarmos atados indissoluvelmente pelos pulsos de tua mão esquerda e da minha direita. Não sei realmente dizer por que essa ideia me ocorre. Talvez seja por haver à minha frente um livro sobre a Revolução Francesa. Afinal existe a possibilidade de que [...] em alguma ocasião haja acontecido que um casal fosse assim levado ao patíbulo. [...] Mas, que coisas me passam pela cabeça! [...] Deve ser consequência do 13 no número do ano-novo [...]".

O matrimônio como patíbulo — com tal visão começara para ele o ano-novo. Não obstante tantas vacilações e ocorrências contraditórias, nada se alterou, sob esse aspecto, no decorrer do ano inteiro. O que mais o deve atribular na sua concepção do casamento é a impossibilidade de sumir em direção de algo pequeno; é indispensável estar presente. O medo a uma força superior é central em Kafka, e seu recurso para livrar-se dela é tornar-se pequeno. A sagração dos lugares e das condições, que nele produz resultados tão espantosos que devemos reputá-los coercitivos, não é outra coisa que não a sagração do ser humano. Cada sítio, cada momento, cada rasgo, cada passo é sério, é importante, é singular. À violação, que é injusta, cumpre subtrair-se, fugindo para muito longe. A gente converte-se em algo minúsculo, transforma-se num inseto, a fim de eximir os outros da culpa na qual incorreriam devido à ausência de amor e à matança. "Esfomeando-nos", distanciamo-nos deles, que não cessam de acossar-nos com seus asquerosos costumes. Não existe, porém, nenhuma instituição que mais impossibilite tal escape do que faz o matrimônio. Nele, sempre, queira-se ou não, será necessário estar presente, durante parte do dia e parte da noite, numa proporção que corresponde à do cônjuge e não pode ser alterada. Pois, do contrário, não haveria matrimônio. A posição do pequeno, que também existe lá, permanece, no entanto, ocupada pelas crianças.

Certa vez, num domingo, Kafka presencia em casa "a louca, monótona, incessante gritaria, sempre reiniciada com novo vigor e acompanhada de cantos e palmas", com que seu pai diverte de manhã um sobrinho de segundo grau e de tarde um neto. As danças dos negros parecem-lhe mais afins. Mas talvez, pondera ele, não seja a gritaria o que tanto o enerva; pois, de qualquer jeito, carece-se de uma boa dose de força para suportar crianças num apartamento. "Sou incapaz disso; não posso esquecer-me de mim mesmo; meu sangue recusa circular, coagula-se por completo." E, segundo constata, é precisamente essa exigência do sangue o que sói assumir a forma de amor às crianças.

Há, portanto, naquilo que Kafka sente em presença da criançada um quê de inveja. Porém se trata de uma espécie de inveja diferente da que talvez caiba esperar. A sua anda acasalada com reprovação. À primeira vista, as crianças parecem ser usurpadoras da pequenez, na qual o próprio Kafka gostaria de esconder-se. Verifica-se, contudo, que não são o pequeno autêntico, que deseja sumir, assim como quer ele. Elas são o falso pequeno, que fica exposto ao barulho e às penosas influências dos adultos, o pequeno que é induzido a crescer e por isso chega a almejar que isso aconteça, contrariando assim a tendência mais genuína da sua natureza, que seria fazer-se cada vez menor, mais leve, a ponto de desaparecer.

Quem então andasse à procura de possibilidades de felicidade ou pelo menos de bem-estar na existência de Kafka, ficaria surpreso ao ver, após tantas e tantas manifestações de desânimo, de obstinação, de malogro, que há outras que revelem vigor e determinação.

Temos, por exemplo, antes de mais nada, a solidão no ato de escrever. Em meio à redação da *Metamorfose*, pede Kafka a Felice que não lhe escreva de noite, na cama, em vez de dormir. Ela deve ceder-lhe tal ocupação noturna, que lhe outorga uma pontinha de orgulho; e, para comprovar que o trabalho noturno é em toda parte, até na China, apanágio dos homens, copia para ela um poeminha chinês, pelo qual tem uma predileção toda especial: ocupado com seu livro, um erudito esqueceu totalmente a hora de recolher-se. Sua bem-amada, que a muito custo reprimira até havia pouco sua cólera, arrebata-lhe a lâmpada e lhe pergunta: "Sabes que horas são?".

Assim enxerga Kafka seu trabalho noturno, quando ainda tudo vai bem, e, ao citar esse poema, nem se dá conta de qualquer picuinha dirigida contra Felice. Mais tarde, em 14 de janeiro, quando a situação já se modificou, quando Felice o desapontara e a criação literária começava a estancar, recorda-se novamente do poema chinês, mas dessa vez o utiliza para traçar uma divisa entre si e Felice:

> Outrora me escreveste que gostarias de estar sentada a meu lado, enquanto escrevo. Lembra-te, todavia, de que então eu não seria capaz de fazê-lo. [...] Pois escrever significa abrir-se em demasia. [...] Por isso, não há nunca suficiente solidão ao redor de quem escreve; jamais o silêncio em torno de quem escreve será excessivo, e a própria noite não tem bastante duração. Sendo assim, não pode jamais haver a nosso dispor o tempo adequado, visto que são extensas as distâncias e facilmente nos desviamos. [...] Amiúde ventilei a ideia de que para mim o melhor regime seria encerrar-me, provido de uma lâmpada e dos utensílios necessários para escrever, no mais remoto fundo de um vasto porão chaveado. Trar-me-iam a comida, porém sempre a colocariam no chão, atrás da porta mais externa, longe do lugar onde eu me encontrasse. A caminhada em busca dos alimentos, a percorrer, de roupão, todos os abobadados recintos do subterrâneo, seria meu único passeio. Em seguida, voltaria à minha mesa, para comer lenta e circunspectamente. Logo após, tornaria a escrever. E que coisas escreveria assim! De que abismos não as arrancaria!

Cumpre ler na íntegra essa carta prodigiosa. Nunca se disse nada mais puro, mais austero sobre a criação literária. Todas as torres de marfim desmoronam diante desse habitante de um porão, e o conceito da *solidão* do poeta, conceito frequentemente abusado, desprovido de conteúdo, readquire subitamente peso e significado.

115

Eis o que representa para Kafka a única, a verdadeira felicidade, em direção à qual ele se sente atraído com cada uma das suas fibras. Outra situação, de natureza bem diferente, mas que também lhe propicia contentamento, é a posição ao lado de outrem, quando observa o prazer alheio, experimentado por pessoas que não reparem na sua presença nem tampouco aguardem dele qualquer coisa. Assim, por exemplo, gosta de estar em companhia de homens que comam e bebam tudo quanto ele mesmo se nega:

> Quando estou sentado à mesa, em companhia de dez conhecidos, que bebem, todos eles, café preto, invade-me diante de tal espetáculo uma espécie de sensação de felicidade. Que a carne fumegue em torno de mim; que se esvaziem num trago canecos de cerveja; que todos os meus parentes cortem a meu redor [...] aqueles suculentos salsichões judeus! [...] Nada disso, nem tampouco coisas muito piores, produz em mim o menor sentimento de repugnância. Pelo contrário, causam-me satisfação. Absolutamente não se trata de alegria maliciosa [...] senão da tranquilidade totalmente isenta de inveja na contemplação do gozo alheio.

Pode ser que essas duas situações de bem-estar sejam precisamente as que esperaríamos descobrir no espírito de Kafka, ainda que a segunda se manifeste mais acentuadamente do que se imaginaria. Mas o que realmente nos surpreende é o fato de que a ele também tenha sido outorgada a felicidade da expansão, que se manifesta na *recitação*. Sempre que ele relata a Felice que acaba de ler para outros alguma obra sua, muda o tom da carta. Ele, que é incapaz de chorar, tem lágrimas nos olhos ao término da recitação da *Sentença*. A carta de 4 de dezembro, redigida logo após essa ocorrência, é realmente espantosa pela sua impetuosidade: "Querida, gosto terrivelmente de ler minhas obras em voz alta para outra gente. Alivia muito ao meu pobre coração introduzir-me aos berros nos ouvidos de um bem preparado, atento auditório. Mas, realmente, bramei com todo vigor, e simplesmente afastei com meu sopro a música que ressoava das salas vizinhas e desejava poupar-me o trabalho da leitura. Sabes que para o corpo não há maior satisfação do que comandar criaturas humanas ou pelo menos pessoas que acreditem em meu comando". Conta que poucos anos antes ainda sonhava com a oportunidade de ler em voz alta, num grande salão lotado, toda a *Éducation sentimentale*, de Flaubert, seu livro predileto, e de prosseguir nisso sem interrupção, durante tantos dias e noites quantos fossem necessários... "e as paredes reverberariam minha voz".

O que ele almeja exercer não é, na realidade, o "comando". Dessa vez, Kafka, arrebatado pela exaltação, que continua a vibrar nele, não se expressa com a precisão habitual. O que quer proclamar é a *lei*; uma lei finalmente consolidada; e, tratando-se de Flaubert, essa lei para Kafka vem de Deus, e ele é Seu profeta. Contudo, percebe o que existe de libertador e divertido nesse gênero de expansão: em plena descrição das misérias sofridas em fevereiro e março, encontra-se subitamente uma cena que relata a Felice: "Uma bela noite em casa de Max. Em frenesi li para o grupo um trecho de meu conto. [...] [Provavelmente se refere às páginas finais da *Metamorfose*.] Feito isso, divertimo-nos e demos boas risadas. Quando a gente cerra portas e janelas, para manter distante este mundo, torna-se possível obter aqui e ali a aparência e quase o começo da realidade de uma bela existência".

Por volta de fins de fevereiro, Kafka recebe uma carta de Felice, cujo conteúdo o assusta, porque soa como se ele nunca tivesse dito nada contra si e ela nada houvesse percebido, nada acreditado, nada compreendido. Ele não entra logo nos méritos da questão porém, em seguida, responde com inusitada aspereza.

Recentemente me perguntaste [...] pelos meus planos e perspectivas. A pergunta assombrou-me [...] Não tenho naturalmente nenhum plano, nenhuma perspectiva. Sou incapaz de caminhar rumo ao futuro. Posso atirar-me nele, rolar através dele, cambalear em sua direção, e o que melhor sei fazer é permanecer deitado. Mas realmente não tenho nem planos nem perspectivas. Quando vou bem, o presente me ocupa inteiramente; quando vou mal, logo amaldiçoo o presente e ainda mais o porvir.

Trata-se de uma resposta retórica, nada concreta, o que é comprovado pelo modo totalmente inverossímil com que expõe suas relações para com o futuro. É uma defesa de pânico. Alguns meses mais tarde, chegaremos a conhecer outras explosões retóricas do mesmo gênero, que contrastam singularmente com a costumeira forma equilibrada, justa, das suas frases. Mas, a partir dessa carta, tomava corpo a ideia de uma visita a Berlim, ideia essa já ventilada havia algumas semanas. Kafka deseja rever Felice, para apartá-la de si pelo espanto causado por sua pessoa, o que não conseguira por meio de suas cartas. Para a visita, escolhe a Páscoa, durante a qual dispõe de dois dias livres. A maneira como anuncia a visita é tão característica da sua indecisão que cumpre citar passagens das cartas escritas na semana anterior à Páscoa. Seria a primeira vez em mais de sete meses que ambos poderiam rever-se, o primeiro autêntico reencontro desde aquela única noite.

No dia 16, domingo precedente à Páscoa, escreve-lhe: "Dize-me com franqueza, Felice, se terias na Páscoa, isto seria domingo ou segunda-feira, qualquer hora livre para mim, e, se tivesses, acharias indicado que eu viesse ver-te?".

Na segunda-feira escreve: "Não sei se poderei viajar. Hoje tudo é incerto. Talvez seja certo amanhã. [...] Quarta-feira, às dez horas, poderias obter a confirmação".

Na terça-feira: "Na verdade, prossegue opondo-se um obstáculo à minha viagem. Receio que ele continue existindo. Porém, como obstáculo, perdeu importância, e, sob esse aspecto, eu bem poderia pôr-me a caminho. Eis o que quero comunicar-te a toda a pressa".

Na quarta-feira: "Vou a Berlim unicamente para dizer a ti que foste induzida a um erro mediante as minhas cartas e para mostrar-te quem realmente sou. Será que pessoalmente lograrei tornar isso mais claro do que consegui por escrito? [...] Onde posso então encontrar-te na manhã de domingo? Se, no entanto, houver algo que me impeça de viajar, telegrafarei sábado, o mais tardar".

Na quinta-feira: "[...] e às ameaças antigas acrescem agora outras, que se manifestam recentemente, erguendo possíveis obstáculos à minha viagenzinha. Nesta época da Páscoa, há geralmente — eu me esquecera disso — congressos de toda espécie de associações [...]". Talvez fosse necessário que ele participasse de um deles, como representante de sua companhia de seguros.

Na sexta-feira: "[...] E todavia continua ainda insegura essa minha viagem. Tudo se decidirá somente amanhã de manhã. [...] Se eu viajar, provavelmente me alojarei no Askanischer Hof [...] Mas deverei dormir bastante, antes de apresentar-me a ti".

Ele não despacha essa carta antes de sábado, dia 22. No envelope se lê, como última notícia: "Ainda incerto". Mas, em seguida, naquele mesmo dia, toma o trem para Berlim, aonde chega pelo fim da tarde.

No domingo de Páscoa, dia 23, já no Askanischer Hof, escreve-lhe: "Que aconteceu, Felice? [...] Agora estou em Berlim. Precisarei partir esta tarde entre as quatro e as cinco. As horas vão passando, e de ti nenhum sinal de vida! Por favor, envia-me uma resposta pelo mandalete. [...] Fico aguardando no Askanischer Hof".

Felice cessara de acreditar na vinda de Kafka, o que se compreende facilmente depois dos contraditórios anúncios que recebera no decorrer da semana. Durante cinco horas, ele permaneceu estendido no sofá do quarto de hotel, aguardando o incerto telefonema de Felice. Ela morava longe, mas, mesmo assim, Kafka reviu-a. Felice dispunha de pouco tempo. Ao todo, estiveram juntos duas vezes por poucos instantes. Eis o que foi o primeiro reencontro, após mais de sete meses.

Parece, porém, que Felice aproveitou muito bem esses breves lapsos de tempo. Toma sobre si a responsabilidade de tudo. Afirma que ele se lhe tornou indispensável. O resultado mais importante da visita é a decisão de se reencontrarem no Pentecostes. Dessa vez, a separação não devia durar sete meses, senão apenas sete semanas. Tem-se a impressão de que Felice acaba de fixar finalmente uma meta para ambos e tenta instalar em Kafka a força necessária para uma decisão.

Duas semanas depois do regresso, ele surpreende-a pela notícia de que trabalhou num subúrbio de Praga, assistindo um jardineiro, sob uma chuva fria, só de camisa e calça. Assevera que isso lhe fez bem. O desígnio essencial fora "livrar-se por algumas horas dessa mania de torturar-se a si próprio, em contraste com a fantasmagórica labuta no escritório. [...] Realizei assim um trabalho obtuso, honesto, útil, taciturno, solitário, saudável, cansativo". Desse modo, pretendia ganhar um sono um tanto melhor na noite seguinte. Pouco antes, juntara à carta a Felice uma que recebera de Kurt Wolff, na qual este pede a remessa do *Foguista* e da *Metamorfose*. É como se assim se reanimasse a esperança de ser valorizado por ela na sua qualidade de escritor.

Mas, já em 1º de abril, ele lhe escrevia uma carta bem diferente, uma daquelas "contracartas" que costumava anunciar com antecedência, a fim de sublinhar o caráter definitivo delas.

O que temo realmente — acho que será impossível dizer ou escutar algo mais sinistro — é que nunca serei capaz de possuir-te [...] que me manterei acomodado junto a ti, sentindo a meu lado a respiração e a vida de teu corpo, e no fundo estarei mais distante de ti do que agora no meu quarto [...] que para sempre permanecerei excluído de ti, por mais profundamente que te inclines sobre mim, e te porei em perigo. [...]

Essa carta indica o medo à impotência, mas não se deve atribuir excessivo valor a ela, convém interpretá-la apenas no sentido de um de seus múltiplos temores físicos, a cujo respeito já falamos detidamente. Felice nem sequer reage, como se não entendesse a que se refere Kafka ou como se, a essa altura, já o conhecesse bem demais para querer compreendê-lo.

Ora, durante os dez dias que Felice passa em Frankfurt, representando sua empresa numa feira, ele recebe poucas notícias dela, só cartões-postais e um telegrama despachado no pavilhão de festas. Também depois do regresso a Berlim, Felice escreve menos do que antes e suas cartas são mais breves. Talvez haja percebido que esse é o único recurso do qual dispõe para influenciá-lo, e por meio da privação de cartas tenta impeli-lo à decisão que aguarda dele. Kafka mostra-se alarmado: "Tuas últimas cartas são diferentes. Minhas coisas já não te interessam tanto, e o que é muito pior: deixaste de ter vontade de escrever-me". Discute com ela a viagem prevista para o Pentecostes. Deseja conhecer os pais de Felice. Alegando que sempre chega num estado deplorável, suplica-lhe que não o espere na gare de Berlim.

Em 11 e 12 de maio, Kafka revê Felice em Berlim. Dessa vez, passa mais tempo em companhia dela do que na Páscoa, e é recebido por sua família. Como escreve pouco depois, esta assumiu, quanto à sua pessoa, a atitude de completa resignação. "Eu me sentia tão pequeno, e todos me cercavam, gigantescos, com uma expressão fatalista nas fisionomias; o que estava de acordo com as circunstâncias. Eles possuíam a ti e portanto eram grandes, ao passo que eu não te possuía e portanto era pequeno [...]. Devo ter-lhes causado uma impressão muito feia. [...]" O que nos assombra nessa carta é a transferência dos conceitos de posse e poder para os de grandeza e pequenez físicas. A pequenez como equivalente à impotência é um aspecto que conhecem todos os que estão enfronhados na obra de Kafka. A imagem oposta apresenta-se-nos aos enormes, para ele superpoderosos, componentes do clã dos Bauer.

Mas o que o paralisa e assusta não é tão somente essa família, e nela, sobretudo, a mãe. Também o inquieta o efeito que acaba de produzir sobre a própria Felice:

> [...] pois tu não és eu. Tua índole é ação. És ativa, pensas com rapidez, notas tudo. Observei-te em teu lar, [...] vi-te em Praga, na presença de gente estranha. Sempre te mostraste participante e sempre segura. Mas, na minha companhia, perdes a vitalidade, desvias o olhar ou o fixas no capim, aturas minhas palavras bobas e meu bem fundado

silêncio, não queres saber nenhuma coisa séria a meu respeito. Apenas sofres, sofres, sofres [...].

Basta que Felice se encontre ao lado de Kafka para que se comporte como ele, emudeça, torne-se indecisa e mal-humorada. É, na verdade, muito provável que ele não tenha percebido o motivo real dessa insegurança. Felice não podia ter o sério propósito de ficar informada acerca dele, uma vez que sabia o que descobriria: novas e bem eloquentes dúvidas, às quais nada tivesse de opor, a não ser sua firme decisão de alcançar o noivado. Por outra parte, chama a nossa atenção até que ponto a ideia que Kafka faz dela ainda continua determinada por aquela única noite em Praga, "na presença de gente estranha". Talvez se explique assim por que alistamos ao começo tantos pormenores desse primeiro encontro. Mas, fossem quais fossem as novas apreensões originadas pelo jeito como ela se comportava ao lado dele, promete Kafka escrever ao pai da moça uma carta, que submeteria previamente à sua apreciação. Anuncia-se em 16 de maio; volta a fazê-lo no dia 18; em 23, alista meticulosamente o que ela deverá conter. Porém a carta não chega nunca. Kafka não consegue escrevê-la; não pode. Felice, por sua vez, serve-se da única arma de que dispõe, a saber, do silêncio, e o deixa sem notícias durante dez dias. Por fim recebe ele "o fantasma de uma carta", da qual se queixa com muita amargura e que cita em seguida: "Estamos todos reunidos aqui, no restaurante do Zoo, após termos passado o dia inteiro no zoológico. Estou escrevendo agora com o papel embaixo da mesa e ao mesmo tempo discuto planos de viagem para o verão". Ele lhe pede suplicantemente que escreva cartas iguais às de antes: "Queridíssima Felice, por favor, escreve-me novamente acerca de ti, como fazias em outros tempos, tratando do escritório, das amigas, da família, de passeios, de livros. Tu nem imaginas o quanto necessito disso para poder viver". Kafka deseja saber se Felice encontrou algum sentido na *Sentença*. Envia-lhe o recém-publicado *Foguista*. Ela lhe manda então uma só carta mais detalhada, e dessa vez manifesta suas próprias dúvidas. Para responder-lhe, Kafka prepara uma "memória", que, no entanto, ainda não está terminada. Depois dessa comunicação, porém, interrompe-se de novo o fluxo de cartas da parte dela. Em 15 de junho, desesperado pelo silêncio de Felice, escreve Kafka: "Afinal, que desejo de ti? Que me impele para seguir-te? Por que não desisto, por que não obedeço aos signos? Sob o pretexto de tentar livrar-te de mim, apego-me a ti [...]". Logo depois, em 16 de junho, despacha finalmente a "memória", em cuja redação labutou vacilantemente uma semana inteira. É a carta na qual lhe pede que se torne sua esposa.

É a mais esquisita de quaisquer propostas de casamento. Nela, Kafka acumula dificuldades; narra a respeito de si mesmo inúmeras coisas que complicariam a convivência num matrimônio, e exige dela que considere todos esses impedimentos. Nas cartas que se seguem a esta, acrescenta outros obstáculos. Nelas fica evidente sua oposição intrínseca ao convívio com uma mulher. Mas, com igual clareza, patenteia-se o fato de ele temer a solidão e pensar na força que lhe possa conferir a presença de outra pessoa. No fundo, estabelece condições irrealizáveis num matrimônio e conta com uma resposta negativa, desejando-a e provocando-a. Mas, ao mesmo tempo, confia em que haja, do lado de Felice, um forte, inabalável sentimento, que elimine todas as dificuldades, e, enfrentando-as, arrisque aceitá-lo. Imediatamente depois de ela haver pronunciado o "sim", percebe Kafka claramente que nunca deveria ter deixado a escolha da decisão em mãos de Felice. "As contraprovas ainda não estão esgotadas. Sua quantidade é imensa." Aparentemente leva o "sim" em consideração e a trata como sua "querida noiva. Mas, em seguida te digo que tenho um medo danado com relação ao nosso futuro e à desgraça que possa resultar da minha índole e culpa, ameaçando nossa convivência e ferindo especialmente a ti. Pois, na realidade, sou um homem frio, egoísta, insensível, e isso apesar de toda a minha fraqueza, que mais esconde do que atenua os meus defeitos".

E assim começa sua luta implacável contra o noivado, luta essa que durará dois meses e terminará com a fuga de Kafka. A frase que acabamos de citar caracteriza nitidamente a natureza de tal luta. Ao passo que ele anteriormente se descrevia — digamos: honestamente —, entra agora, com o crescente pânico, um tom retórico na correspondência. Kafka assume o papel de advogado contra si mesmo, que usa todos os meios, e não se pode negar que estes, em certos momentos, são vergonhosos. Por instigação de sua mãe, encarrega uma empresa berlinense de detetives de fazer diligências quanto à reputação de Felice, à qual relata depois "a informação tão horrorosa como ridícula que recebeu. Qualquer dia vamos rir-nos dela". Ela parece ter acolhido serenamente essa atitude, talvez por causa do tom humorístico, cuja falsidade não chega a notar. Mas, logo depois, no dia 3 de julho, Kafka lhe comunica que seus pais manifestaram o desejo de que também se esquadrinhasse a família dela e que ele mesmo dera seu consenso a esse propósito. Mas, com isso, ofende profundamente a Felice, que adora sua gente. Mediante argumentos sofísticos, Kafka defende seu ato. Invoca até a insônia e, muito embora não admita absolutamente ter feito qualquer coisa errada, pede desculpas por tê-la ferido e retira a seus pais a autorização dada. Toda essa história está tão pouco de acordo com seu caráter habitual que somente se explica pelo medo pânico que lhe inspiram as consequências do noivado.

Quando está em jogo a possibilidade de salvar-se do matrimônio, seu único recurso é a eloquência contra si mesmo. Reconhecê-la imediatamente é facílimo. Sua característica principal é a transformação de seus próprios temores em preocupações por Felice. "Não me retorço há meses diante de ti como um bicho venenoso? Não estou ora aqui, ora acolá? Ainda não sentes asco à minha presença? Ainda não percebes que preciso permanecer encerrado em mim mesmo para que se evite uma desgraça, tua, tua desgraça, Felice?" Ele a exorta a que induza seu pai a opor-se ao casamento, agindo como advogado do Diabo e, eventualmente, mostrando-lhe as cartas dele. "Sê sincera, Felice, sincera para com teu pai, muito embora eu não o tenha sido. Dize-lhe quem sou; mostra-lhe cartas; afasta-te com a ajuda dele do círculo abominável adentro do qual eu, obcecado pelo amor, como estava e continuo estando, arrastei-te por meio de minhas cartas, súplicas e conjuras." O estilo rapsódico, que ele emprega dessa vez, soa quase como o de Werfel, que Kafka bem conhecia e ao qual se sentia atraído com uma intensidade que hoje parece inexplicável. Não se pode duvidar da autenticidade de seus tormentos, e quando deixamos de focalizar Felice, que aqui já figura apenas como uma fantasmagoria, ouvimos de Kafka coisas acerca de si próprio que nos confrangem o coração. O conhecimento que tem de seu estado e de sua natureza é inexorável e horripilante. Dentre numerosas frases só reproduzo uma única, que se afigura a mais importante e a mais terrível, aquela na qual afirma que, junto com a indiferença, o medo é o sentimento principal que lhe inspiram outras pessoas.

A partir disso, poder-se-ia explicar a unicidade de sua obra, na qual *falta* a maioria dos afetos que tão gárrula e caoticamente pululam na literatura. Se refletirmos acerca desse fato com um pouquinho de coragem, verificaremos que nosso mundo se tornou tal que nele prevalecem o medo e a indiferença. Ao expressar--se sem indulgência, Kafka foi o primeiro a retratar *este* mundo.

Em 2 de setembro, após dois meses de tormentos incessantemente crescentes, Kafka subitamente anuncia sua fuga a Felice. É uma longa carta, redigida em duas linguagens, a da retórica e a do discernimento. Para ela, "a máxima felicidade humana", que obviamente não existe para ele e à qual renuncia em prol da criação literária. Para si, a lição que lhe deram seus modelos: "Entre os quatro homens que considero meus genuínos parentes de sangue, entre Grillparzer, Dostoiévski, Kleist e Flaubert, Dostoiévski foi o único a casar-se, e pode ser que somente Kleist, ao suicidar-se, compelido por apuros íntimos e exteriores, tenha encontrado a solução acertada". Acrescenta que sábado viajará a Viena, a fim de participar do Congresso Internacional de Pronto Socorro e Higiene e lá ficará provavelmente até o sábado seguinte. Em seguida, encaminhar-se-á a uma casa de saúde em Riva, onde se deterá por algum tempo, antes de talvez fazer, nos últimos dias, uma pequena viagem ao norte da Itália. Recomenda-lhe que aproveite esse tempo para acalmar-se, ao passo que ele, pelo preço da tranquilidade dela, renunciará a quaisquer cartas. É a primeira vez que Kafka deixa de pedir que ela lhe escreva, e também ele interromperá a troca de cartas. Por delicadeza, talvez, esconde a Felice que o Congresso de Viena que realmente o atrai é o Congresso Sionista. Decorrera exatamente um ano desde que ambos haviam projetado fazerem juntos uma excursão à Palestina.

Kafka passou dias terríveis em Viena. No estado lamentável em que se encontrava, o congresso e a multidão de pessoas que ali via lhe pareciam insuportáveis. Em vão tentou serenar por meio de algumas anotações no diário. Prosseguindo na viagem, foi a Veneza. Numa carta que dali dirigiu a Felice, a decisão de desistir de uma união com ela aparece mais firme. Seguem-se os dias da estada numa casa de saúde em Riva, onde chegou a conhecer "a moça suíça". Kafka travou rapidamente contato com ela, e disso resultou um namoro, que ele nunca negou, não obstante toda a delicadeza de sua discrição. Mas tal ligação não durou mais de dez dias. Tem-se a impressão de que a jovem o livrou temporariamente do ódio que Kafka sentia a si próprio. Durante seis semanas, entre meados de setembro e fins de outubro, esteve cortado o vínculo entre ele e Felice.

Já não lhe escrevia. Nessa época, tudo se lhe afigurava mais suportável do que o modo como ela insistia no noivado. Por não ter notícias dele, Felice enviou a Praga sua amiga Grete Bloch, pedindo que esta servisse de intermediária entre ambos. Dessa maneira, por intermédio de uma terceira pessoa, iniciou-se uma nova, muito estranha fase das suas relações.

Desde que Grete Bloch entra em cena, Kafka se divide. As cartas que no ano anterior dirigia a Felice daí por diante vão ao endereço de Grete Bloch. Agora é ela a cujo respeito Kafka quer saber tudo e faz as mesmas perguntas habituais. Deseja que lhe descreva seu estilo de vida, seu trabalho, o escritório, as viagens. Reclama respostas imediatas a suas cartas e, ao recebê-las às vezes com atraso, pede que se combine um intercâmbio regular, que ela, no entanto, recusa. Interessa-se pela saúde dela. Faz questão de saber o que lê. Sob certos aspectos, torna-se nesse caso mais fácil obter êxito do que no de Felice. Grete Bloch é mais flexível, mais receptiva, mais apaixonada. Por isso, corresponde a todas as sugestões dele, se bem que não leia logo tudo quanto lhe recomenda. Grava, porém, na memória os conselhos de Kafka e mais tarde volta a ponderá-los. Ainda que leve uma vida menos saudável e menos organizada que Felice, não deixa de refletir sobre as advertências de Kafka, e, desse modo, incita-o a que lhe faça reparos ainda mais enérgicos, evitando assim que ele repute totalmente infrutuosa a sua influência. Nessas cartas, Kafka mostra-se mais seguro e, se não se tratasse dele, poderíamos dizer: mais autoritário. É natural que a abreviatura da correspondência anterior lhe cause menos problemas do que outrora o intercâmbio original: trata-se de um teclado em cujo manejo já tem experiência. Nas cartas dirigidas a Grete Bloch depara-se-nos um tom brincalhão que jamais existia naquelas outras, e Kafka empenha-se indisfarçadamente em granjear a simpatia da moça.

Há, todavia, dois fatos fundamentalmente diferentes. Ele lamenta-se muito menos; quase que se mostra parco em matéria de queixas. Como Grete Bloch não tarda em fazer-lhe confidências e fala das suas próprias dificuldades, Kafka compadece-se das mágoas dela e consola-a. Aos poucos, Grete Bloch converte-se numa espécie de companheira de sofrimentos e até num *alter ego*. Ele tenta insuflar-lhe suas antipatias particulares, como, por exemplo, contra Viena, cidade que odeia desde a semana infeliz que lá passou no verão anterior e de onde lhe escreve. Faz todo o possível para afastá-la de Viena, e finalmente consegue-o. Com tudo isso, ela tem a boa sorte de ser muito hábil no que toca a negócios. Kafka, pelo menos, pensa que é. Eis o único traço que Grete Bloch tem em comum com Felice, e, como outrora, ele pode haurir forças dessa qualidade.

Mas Felice permanece assunto principal dessas cartas. Foi na função de sua emissária que Grete Bloch compareceu pela primeira vez em Praga. Desde o início, Kafka pode discutir francamente com ela tudo quanto nessa situação se refere a ele. Grete Bloch, por sua vez, sabe muito bem alimentar constantemente a fonte do interesse que Kafka toma por ela. Logo na primeira conversa que travam, comunica-lhe coisas sobre Felice que nele despertam repugnância, como, por exemplo, a história de seu tratamento dental; ainda ouviremos referências a recém-implantados dentes de ouro. Mas Grete Bloch também atua como conciliadora e, quando falham todos os demais recursos, logra arrancar de Felice um cartão-postal ou qualquer outra notícia. A gratidão que isso provoca em Kafka intensifica a afeição que sente por Grete Bloch. Mas ele deixa muito claro que seu interesse na pessoa dela não se restringe exclusivamente às relações que ligam ambos a Felice. Suas cartas tornam-se cada vez mais calorosas com respeito a Grete, ao passo que Felice nelas é tratada com ironia e distanciamento.

E todavia ocorre que justamente essa distância proveniente da correspondência com Grete Bloch e certamente também as conversas havidas com seu novo amigo, o escritor Ernst Weiss — que não gosta de Felice e desaconselha o casamento com ela —, sejam fatores que incrementavam a obstinação de Kafka, que então volta a cortejá-la. Dessa vez mostra-se decidido a transformar em realidade o noivado e o enlace. Para que tal aconteça, luta com uma resolução que ninguém esperaria dele, considerando seu comportamento anterior. Permanece plenamente consciente da culpa contraída no ano passado, quando inopinadamente abandonou Felice, no último instante antes da publicação do contrato de casamento, e viajou a Viena e Riva. Numa extensa carta de quarenta páginas, redigida entre fins de 1913 e princípios de 1914, até conta a Felice o episódio da moça suíça e, ao mesmo tempo, pede-lhe a mão pela segunda vez.

A relutância dela é não menos pertinaz do que a insistência de Kafka; atitude que dificilmente se pode levar a mal, depois da experiência que Felice tivera com ele. Mas é precisamente essa resistência o que produz nele maior segurança e tenacidade. Kafka atura humilhações e dolorosos golpes, uma vez que pode relatá-los a Grete Bloch, à qual comunica tudo imediata e meticulosamente. Uma parte considerável das torturas que aplica a si próprio converte-se em acusações contra Felice. Quem ler as cartas às vezes dirigidas num e no mesmo dia a

Grete e Felice não poderá duvidar qual das duas é alvo do seu amor. As palavras carinhosas que se encontram nas cartas a Felice soam falsas e implausíveis, ao passo que nas escritas a Grete Bloch é possível senti-las nas entrelinhas, não expressadas explicitamente, porém mais válidas.

Mas, durante dois meses e meio, Felice mantém-se inflexível e indiferente. Tudo quanto Kafka revelou no ano passado em matéria de fatos penosos quanto à sua pessoa, ela o devolve agora, reduzido a seu estilo primitivo. Porém, na maioria das vezes, nem sequer se manifesta. Por ocasião de uma repentina visita que faz a ela em Berlim, Kafka sofre, num passeio através do Tiergarten, o seu mais chocante vexame. Avilta-se perante Felice "como um cão", sem conseguir nada. O relato desse rebaixamento e do efeito que este produziu nele, subdividido em várias cartas a Grete Bloch, é importante, mesmo fora do contexto do caso do noivado. Torna evidente o profundo sofrimento que humilhações causavam a Kafka. A capacidade de reduzir-se a algo pequeno era certamente o seu dom mais singular, mas ele usava-o para diminuir o impacto de ultrajes, e a bem-sucedida mitigação deixava-o satisfeito. Sob esse aspecto, distingue-se marcadamente de Dostoiévski; comparado com este, Kafka é um homem sumamente altivo. Já que está impregnado de Dostoiévski e frequentemente se exterioriza no linguajar deste, corremos às vezes o perigo de interpretá-lo mal nesse ponto. Porém Kafka jamais se vê a si mesmo como verme sem se odiar por isso.

Mas, em seguida, Felice tornou-se insegura, em consequência da perda de seu irmão, moço bem-apessoado, ao qual muito admirava e que, segundo parece, teve de abandonar Berlim por causa de uma sórdida história financeira, para imigrar nos Estados Unidos. As defesas dela desmoronavam. Kafka apercebe-se logo da vantagem assim obtida, e, depois de outras quatro semanas, consegue finalmente obrigá-la a consentir o noivado. Na Páscoa de 1914, celebra-se em Berlim o compromisso não oficial.

Imediatamente após o regresso a Praga, Kafka descreve o acontecido numa carta a Grete Bloch: "Não recordo nada que eu tenha realizado com tamanha determinação". Mas existe ainda outra coisa que deseja dizer a ela o mais depressa possível: "Meu noivado ou meu casamento não modificam absolutamente nada nas nossas relações, que contêm, pelo menos para mim, belas e imprescindíveis possibilidades". Mais uma vez pede-lhe um encontro, tal como já lhe propusera em diversas outras ocasiões. Prefere que este se realize em Gmünd, a meio caminho entre Praga e Viena. Ao passo que antes tivera a ideia de encontrarem-se lá a sós numa tarde de sábado, para regressarem na de domingo a suas respectivas cidades, pretende agora um encontro do qual Felice participasse também.

O calor de seus sentimentos por Grete intensifica-se ainda mais a partir do noivado contraído na Páscoa. Kafka sabe muito bem que sem ela não o teria conseguido. Grete lhe conferiu força e interpusera certa distância entre ele e Felice. Mas, a essa altura, quando tudo está arranjado, ela se lhe torna ainda mais indispensável. Os rogos de Kafka no sentido de que haja continuação da amizade com Grete assumem um caráter que, tratando-se dele, pode ser qualificado de tempestuoso. Grete exige a devolução das cartas que lhe escreveu. Kafka recusa separar-se delas, já que as aprecia tanto como se proviessem de sua noiva. Ele, que na realidade não suporta nenhuma outra pessoa nem em seu quarto nem em sua casa, convida-a insistentemente para que venha visitá-lo no inverno, naquele lar que então ocupará junto com Felice. Suplica-lhe que venha a Praga e em seguida viaje com ele a Berlim para a celebração oficial dos esponsais, substituindo seu pai. Prossegue interessando-se, talvez ainda mais, pelos assuntos pessoais de Grete. Ela lhe comunica que foi ver, no Museu de Viena, à sala de Grillparzer, conforme ele lhe sugerira diversas vezes. Kafka agradece a notícia com as seguintes frases: "Foi muito amável da sua parte encaminhar-se ao museu [...] Era necessário para mim saber que esteve na sala de Grillparzer e desse modo se estabeleceu também entre mim e esse recinto uma relação física". Grete tem dores de dentes, ao que Kafka reage, fazendo muitas perguntas preocupadas e descrevendo, na mesma ocasião, o efeito que produzira sobre ele a "dentadura de ouro quase completa" de Felice:

Francamente, nos primeiros tempos tive de desviar o olhar; a tal ponto me assustava o fulgor desse ouro (esplendor realmente infernal num lugar tão pouco apropriado) [...] Mais tarde, porém, fixei-me nele propositadamente, sempre que possível, [...] a fim de atormentar-me e de convencer-me finalmente de que tudo isso era mesmo real. Num momento de desatenção, até perguntei a F. se não se envergonhava daquilo. Naturalmente, ela não sentia nenhuma vergonha, por sorte minha. Mas agora estou quase inteiramente conformado. Já não desejaria que os dentes de ouro sumissem, [...] no fundo, nunca o desejei verdadeiramente. Só que hoje quase que me parecem adequados, exatamente como devem ser [...] um defeito humano bem nítido, amável, sempre perceptível, que os olhos jamais podem negar; defeito esse que talvez me aproxime mais de Felice do que faria uma dentadura sadia, em certo sentido não menos horrorosa.

Com as imperfeições, que agora notava — e havia ainda outras, além dos dentes de ouro —, Kafka queria todavia desposar Felice. No ano anterior, apresentara-se a ela de maneira terrível, exibindo todos os seus próprios defeitos. Não lograra assustá-la com essa descrição de si mesmo, mas sua verdade passou a dominá-lo tanto que o fez fugir dela e de Felice, rumo a Viena e Riva. Lá, na solidão e na mais profunda aflição, topou com a "moça suíça" e sentiu-se capaz de amar, coisa que antes se lhe afigurava impossível. Com isso, ficou abalada a "construção" que fizera a seu respeito, para usarmos o termo que ele empregou posteriormente. Acho que nessa situação converteu-se para ele em questão de orgulho a obrigação de consertar seu fracasso e de obter, apesar dos pesares, a mão de Felice. Dessa vez, porém, percebeu que a descrição que ele mesmo esboçara de si produzira nela o efeito de tenaz resistência. Um compromisso somente seria viável se ele a aceitasse como sua esposa, com todas as imperfeições, que doravante procurava com avidez, e ela se conformasse com as faltas dele. Porém não se tratava de amor, se bem que Kafka lhe asseverasse o contrário. No decorrer da duríssima luta que travou por Felice, originou-se o amor pela mulher sem cuja ajuda ele não teria saído vitorioso do combate, o amor a Grete Bloch. O matrimônio não seria completo sem que ele a incluísse nos seus pensamentos. Todas as ações instintivas que Kafka empreendeu nas sete semanas entre a Páscoa e o Pentecostes seguem nesta direção. Certamente esperava ele contar igualmente com o auxílio de Grete nas penosas situações externas que em breve deveria enfrentar e das quais tinha medo. Mas outra ideia mais ampla também desempenhava um papel determinante, a ideia de que um matrimônio — que ele reputava uma espécie de dever, de proeza moral — sem amor não podia resultar em sucesso. Ora, pela presença de Grete Bloch, à qual o tributava, introduziria o amor na vida conjugal.

A propósito disso, cumpre assinalar que em Kafka, que no colóquio só raras vezes sentia-se livre, o amor sempre nascia da palavra escrita. As três mulheres mais importantes da sua vida foram Felice, Grete Bloch e Milena. Em todos os três casos, seus sentimentos brotaram de cartas.

Aconteceu então o que era de esperar: o noivado oficial, contraído em Berlim, transformou-se para Kafka num pesadelo. Na recepção que a família Bauer ofereceu em 1º de junho de 1914, ele sentiu-se "atado como um criminoso", não obstante a tão avidamente desejada presença de Grete Bloch.

> Se me tivessem atirado a um canto, com autênticas correntes, rodeado por guardas, para que só assim avistasse o que acontecia não teria sido pior. E isso eram meus esponsais! Todos se esforçavam por incutir-me vida, e, como não o lograssem, por suportar-me tal como era.

Eis o que anotou no diário poucos dias após. Numa carta a Felice, escrita quase dois anos depois, descreve outro susto pespegado naqueles dias, e do qual ainda não se refizera, a saber, o que experimentou quando ambos em Berlim tinham ido juntos

> comprar móveis para o lar de um funcionário público. Móveis pesados que, uma vez postos no lugar previsto, parecessem

inarredáveis. Tu apreciavas, antes de mais nada, justamente essa solidez. O aparador oprimia-me o peito, um perfeito cenotáfio ou um monumento à vida de um funcionário público de Praga. Se, durante a nossa estada na loja, dobrasse a alguma distância do depósito um sino fúnebre, não estaria impróprio.

Já em 6 de junho, poucos dias após a referida recepção, despachou, já de Praga, uma carta a Grete Bloch; carta essa que soa singularmente familiar aos leitores da correspondência do ano anterior:

> Querida srta. Grete, ontem foi mais um daqueles dias em que me senti completamente amarrado, incapaz de mexer-me, incapaz de escrever-lhe a carta, à qual me impelia tudo quanto ainda me restava de vida. Às vezes — por enquanto, você é a única a tomar conhecimento disso — simplesmente não sei como, sendo o que sou, posso assumir a responsabilidade de casar-me.

Mas a atitude de Grete Bloch para com ele alterara-se de modo decisivo. A essa altura, ela vivia em Berlim, onde não se sentia tão abandonada como em Viena. Tinha seu irmão, ao qual muito se apegava, além de várias pessoas que conhecia de outra época. Via também a Felice. Sua missão, na qual provavelmente confiara, a saber, a realização do noivado, lograra êxito. Mas, até pouco antes da sua instalação em Berlim, ainda aceitara as missivas de Kafka, que eram mal dissimuladas cartas de amor; respondera a elas; entre ambos existiam segredos relativos a Felice, e certamente se originara também nela um forte sentimento por ele. O vestido que Grete usaria na celebração dos esponsais foi discutido na correspondência, como se ela fosse a noiva. "Não corrija nada nele", escreve Kafka a *esse* respeito, "seja como for, ele será contemplado com os olhos... bem, com os olhos mais ternos." Essa carta foi escrita um dia antes da viagem e do noivado.

O contrato de casamento, no qual, apesar disso, ela não figurava como a noiva, deve ter causado um choque a Grete.

Quando, pouco depois, Kafka se queixava numa carta de que ainda faltavam três meses para as bodas, ela replicou: "Afinal de contas, você poderá muito bem aguentar esses três meses". Essa frase — uma das poucas que conhecemos dela — basta amplamente para comprovar os ciúmes que, sem dúvida alguma, atormentavam a Grete. Vivendo então perto de Felice, tinha de sentir-se especialmente culpada. Somente colocando-se ao lado da amiga conseguiria livrar-se dessa culpa. Assim, chegava subitamente a ser inimiga de Kafka. Punha-se a suspeitar da seriedade de sua decisão de casar-se. Ele, porém, continuava a escrever-lhe com plena confiança, descarregando cada vez mais nas suas cartas o temor que nele provocava o iminente enlace com Felice. Grete começava a espicaçá-lo. Kafka defendia-se, usando os habituais argumentos quanto à sua hipocondria. Uma vez que era ela a quem se dirigia, mostrava-se mais convincente, mais senhor de si do que nas cartas que no ano anterior enviara a Felice. Logrou alarmar a Grete, que, por sua vez, advertiu a Felice. Kafka foi então intimado a comparecer perante um "tribunal" em Berlim.

Devido a esse "tribunal", que se reuniu em julho de 1914, no hotel Askanischer Hof, produziu-se a crise da dupla relação para com ambas as mulheres. O rompimento do noivado, ao qual todo o seu ser impelia Kafka, aparentemente lhe foi imposto de fora. Mas era como se ele mesmo houvesse escolhido a dedo os componentes do grêmio. Preparara-os como nunca antes réu nenhum fizera. O escritor Ernst Weiss, que residia em Berlim, era, havia sete meses, seu amigo. Além das suas qualidades literárias, acarretava à amizade algo inestimável, do ponto de vista de Kafka, a saber, a sua inabalável aversão a Felice. Desde o começo, demonstrara hostilidade ao noivado. Durante todo esse tempo, Kafka empenhara-se em conquistar o amor de Grete Bloch. Enfeitiçara-a por meio de suas cartas e a atraíra cada vez mais para seu lado. Na fase decorrida entre o compromisso privado e os esponsais oficiais, suas cartas de amor tiveram por destinatário não Felice, e sim Grete Bloch. Esta foi assim colocada numa situação embaraçosa, da qual só podia sair mediante um único recurso: *ela* tinha de converter-se em juíza de Kafka. Grete ofereceu então a Felice os pontos da acusação: trechos das cartas recebidas de Kafka, e que sublinhara com tinta vermelha. Felice trouxe ao "tribunal" sua irmã Erna, talvez como "contrapeso" a seu inimigo Ernst Weiss, que participaria igualmente do julgamento. A própria Felice proferiu a acusação, que resultou dura e agressiva. Os escassos testemunhos de que dispomos não deixam claro se e em que sentido Grete Bloch também interveio. Mas ela estava presente, e Kafka considerava-a sua verdadeira juíza. Ele não disse nenhuma palavra. Não se defendia, e o noivado terminou despedaçado, assim como fora seu desejo. Partiu de Berlim e passou duas semanas numa praia de mar, em companhia de Ernst Weiss. No seu diário, descreve a paralisia que o acometera durante aqueles dias em Berlim.

Retrospectivamente, também pode parecer que Grete Bloch impediu desse modo uma união da qual sentia ciúmes. Igualmente podemos conjecturar que Kafka, numa espécie de previdente intuição, fê-la mudar-se para Berlim e ali, por meio de suas cartas, produziu nela um estado que lhe propiciasse a força — que a ele mesmo faltava — para redimi-lo do noivado.

Ora, esse modo de rompimento, sua forma concentrada à maneira de um "tribunal" — doravante, Kafka nunca usou outro termo a esse respeito —, exerceu sobre ele um efeito arrasador. Em princípios de agosto, sua reação começou a tomar forma. O processo, que até então, no curso de dois anos, acontecera nas cartas trocadas entre ele e Felice, transformou-se em seguida naquele outro *Processo*, que todos conhecem. Trata-se do mesmo processo. Kafka ensaiara-o. O fato de ele ter incluído no livro infinitamente mais do que poderíamos deduzir das cartas não nos deve iludir quanto à identidade dos dois processos. A força que antes procurara obter de Felice, ele a hauria agora do choque causado pelo "tribunal". Ao mesmo tempo, o Juízo Universal iniciou suas sessões: estalara a Primeira Guerra Mundial. O nojo que Kafka sentia por manifestações de massas, tais como as que acompanhavam a conflagração, aumentava seu vigor. Quanto às ocorrências privadas que nele se produziam, Kafka desconhecia aquele desdém que distingue escribas insignificantes de escritores autênticos. Quem pensar que possa separar seu mundo íntimo do mundo exterior simplesmente não possui o primeiro dos dois, e portanto é incapaz de separar qualquer coisa. Mas, no caso de Kafka, sucedia que a debilidade que o acometia, a ocasional interrupção de suas energias vitais, possibilitava apenas esporadicamente o ato de focalizar e objetivar suas experiências "privadas". A fim de alcançar aquela continuidade que ele considerava indispensável, necessitava de duas coisas: em primeiro lugar, um choque muito forte, ainda que de certo modo errado, tal como foi o desse "tribunal", que mobilizou para a defesa contra o mundo exterior toda a sua atormentadora exigência de exatidão; e, em segundo, o laço entre o inferno exterior do mundo com o íntimo, que ele trazia em si. Isso acontecia em agosto de 1914. Ele mesmo deu-se conta do fato e, à sua maneira, expressou-o claramente.

II

Duas ocorrências decisivas na vida de Kafka, e para as quais ele, segundo seu jeito, teria preferido um caráter especialmente privado, haviam decorrido sob a mais penosa publicidade. Refiro-me ao "noivado oficial", celebrado em 1º de junho no lar da família Bauer, e ao "tribunal", seis semanas após, em 12 de julho de 1914, no hotel Askanischer Hof, que resultou na ruptura do contrato de casamento. É possível comprovar que o teor emocional dos dois acontecimentos passou diretamente a deixar seus vestígios no *Processo*, cuja redação Kafka iniciou em agosto. Logo no primeiro capítulo, o noivado converte-se na detenção, ao passo que o "tribunal" ressurge no último, sob a forma da execução.

Algumas passagens dos diários tornam esse nexo tão evidente que podemos permitir-nos demonstrá-lo, sem que com isso infrinjamos a integridade do romance. Se fosse necessário incrementar sua importância, o conhecimento do epistolário em apreço seria um meio adequado. Felizmente, tal necessidade não existe. Mas a seguinte reflexão, apesar de ser em certo sentido uma intrusão, não priva de forma alguma o romance de seu mistério, que com o tempo se intensifica constantemente.

A detenção de Josef K. realiza-se num domicílio que ele conhece bem. Produz-se, quando ainda se encontra na cama, o lugar mais familiar para qualquer pessoa. Tanto mais incompreensível é o que se dá nessa manhã, quando um homem totalmente desconhecido planta-se à frente dele e outro, em seguida, comunica-lhe que está preso. Esta comunicação é, no entanto, provisória. O verdadeiro ritual da detenção sucede diante do inspetor no quarto da srta. Bürstner, onde nenhum dos presentes, nem sequer K., tem nada que fazer. Exige-se dele que, para a ocasião, use um traje próprio para solenidades. No quarto da srta. Bürstner acham-se, além do inspetor e dos dois guardas, três jovens, que K. não reconhece imediatamente, senão apenas mais tarde. São funcionários do banco, no qual ocupa um cargo diretivo. Do apartamento situado ao lado oposto da rua, gente estranha observa o que ocorre. Não se aduz nenhum motivo que justificasse a detenção, e o mais surpreendente é que, sem embargo de ela ter sido pronunciada, K. recebe licença para encaminhar-se ao banco e continuar a circular livremente.

Essa circunstância da liberdade de movimentos, depois da detenção, é o que, antes de mais nada, recorda o noivado de Kafka, celebrado em Berlim. Durante aquela cerimônia, tinha ele a sensação de que essa coisa absolutamente não lhe dizia respeito. Sentia-se amarrado e cercado por pessoas estranhas. O já citado trecho do diário, que se refere a esse acontecimento, reza: "Estava atado como um criminoso. Se me tivessem atirado a um canto, com autênticas correntes, rodeado por guardas, para que só assim avistasse o que acontecia, não teria sido pior. E isso eram meus esponsais! [...]". A qualidade embaraçosa que ambas as ocorrências têm em comum é o fato de sua publicidade. A presença das duas famílias no ato do noivado — para ele, sempre fora difícil manter a sua própria família à distância — impeliu-o cada vez mais a tomar refúgio em si mesmo. Devido à pressão que exerciam sobre ele, Kafka via nelas pessoas estranhas. Entre os presentes, havia membros da família Bauer, com os quais ele realmente ainda não travara conhecimento, e também outros convidados, que não conhecia, como, por exemplo, o irmão de Grete Bloch. Estavam lá ainda outros que talvez tivesse visto em uma ou duas ocasiões, rapidamente, mas até a mãe de Felice, com a qual já conversara, mesmo assim lhe despertava desconfiança. E, no que tocava a seus próprios parentes, tem-se a impressão de que perdera a faculdade de reconhecê-los, uma vez que eles participavam de tal espécie de coação.

Na cena da detenção de Josef K., depara-se-nos uma mescla semelhante de pessoas estranhas e de conhecidos mais ou menos próximos. Havia ali os dois guardas e o inspetor, personagens inteiramente novas; os habitantes da casa do lado oposto da rua, que ele talvez já tivesse avistado, sem que lhe dissessem respeito; e por último os jovens bancários, que, embora os visse diariamente, tornavam-se para ele estranhos no ato de sua detenção, do qual participavam pela sua mera presença.

Mais importante, porém, é o lugar da detenção, a saber, o quarto da srta. Bürstner. Seu nome começa com B, assim como Bauer, mas o mesmo B inicia também o sobrenome de Grete Block. No quarto há fotos da família, e na cremona da janela está pendurada uma blusa. Mulher alguma assiste à detenção, porém a blusa serve de conspícua substituta.

Mas a irrupção na habitação da srta. Bürstner, sem que ela saiba de nada, preocupa K. A ideia da desordem ali produzida preocupa-o. De tardezinha, ao regressar do banco a seu lar, tem uma conversa com a srta. Grubach, proprietária da casa. Não obstante as ocorrências da manhã, ela não perdeu a confiança nele. "Trata-se, afinal, da boa sorte do senhor" — começa uma das suas frases confortadoras. O termo "boa sorte", nesse contexto, tem um som esquisito; é uma intrujice; relembra as cartas a Felice, nas quais se falava de "boa sorte" unicamente de modo ambíguo e aquilo soava como se significasse ao mesmo tempo e antes de mais nada "má sorte". K. observa que deseja pedir desculpas à srta. Bürstner, por ter-se utilizado do

138

quarto dela. A srta. Grubach tranquiliza-o e lhe mostra o quarto, onde tudo já se encontra arranjado em perfeita ordem. "A própria blusa não mais estava pendurada na cremona da janela." Já é tarde, e a srta. Bürstner ainda não está em casa. A srta. Grubach sente-se induzida a proferir a respeito da vida particular da moça alguns comentários, que têm caráter um tanto irritante. K. aguarda a volta da srta. Bürstner. Enreda-a, um pouco a contragosto dela, num colóquio sobre os acontecimentos da manhã. Isso tem lugar no quarto da moça, e a descrição chega a tornar-se ocasionalmente tão ruidosa que, na peça contígua, alguém dá várias vezes pancadas enérgicas na parede. A srta. Bürstner sente-se comprometida e mostra-se aflita pelo ocorrido. K., como se quisesse consolá-la, beija-lhe a fronte. Promete-lhe assumir a culpa de tudo perante a senhoria. Mas ela não quer ouvir nada disso. Empurra-o à antessala. K. "agarrou-a e imprimiu-lhe beijos, primeiramente na boca, e em seguida em todo o rosto, como um animal sedento percorre rapidamente com a língua a vertente finalmente encontrada. Por fim, beijou-lhe o pescoço, no lugar da garganta, onde deixou longamente repousar os lábios". Depois de voltar a seu quarto, adormeceu logo, porém "antes de dormir refletia ainda um pouco sobre o seu comportamento, que lhe causava satisfação, e no entanto estranhava que não se sentisse mais satisfeito ainda".

É difícil evitar a sensação de que nessa cena a srta. Bürstner representa Grete Block. O desejo que Kafka experimentava por esta manifesta-se veemente e imediatamente. A detenção — derivada daquele atormentador processo do noivado com Felice — foi transferida para a morada da outra mulher. K., que na manhã ainda não tinha consciência de culpa alguma, tornou-se culpado por seu comportamento na noite seguinte, pela agressão à srta. Bürstner. Pois esta "lhe causava satisfação".

A situação complexa, quase inextricável, na qual Kafka se achava na época do noivado foi assim por ele descrita com deslumbrante nitidez no primeiro capítulo do romance. Almejara ele a presença de Grete Block no ato dos esponsais. Até demons-

139

trara interesse pelo vestido que ela usaria na ocasião. Não podemos excluir a possibilidade de que o dito traje se haja transformado na blusa branca, pendurada no quarto da srta. Bürstner. Apesar de todos os seus esforços feitos na continuação do *Processo*, K. não consegue ter uma conversa com a srta. Bürstner sobre o incidente. Habilmente, ela se esquiva, para o maior desgosto dele, e o assalto cometido naquela noite permanece entre ambos um segredo inviolável.

Também isso recorda a relação entre Kafka e Grete Block. O que se realizou entre os dois, fosse o que fosse, nunca cessou de ser segredo. Tampouco se pode supor que esse segredo tenha sido discutido perante o "tribunal" no hotel Askanischer Hof. A esse respeito, não existe sequer o menor indício. Ali se tratava da atitude ambígua que Kafka assumira quanto ao noivado. As passagens das cartas dirigidas a Grete Block, que esta revelou em público, referiam-se a Felice e aos esponsais. No verdadeiro segredo que existia entre Grete e Kafka, nenhum dos dois tocou. No volume das cartas que chegaram até nós, falta tudo quanto possa esclarecê-lo. É evidente que algumas peças da correspondência foram destruídas por Grete.

A fim de compreendermos como o "tribunal", que feriu Kafka com enorme impacto, converteu-se na execução narrada no capítulo final do *Processo*, é necessário evocar algumas passagens dos diários e da correspondência. Por fins de julho, Kafka empenhou-se em descrever rápida e provisoriamente, por assim dizer de fora, o decurso dos acontecimentos:

> A corte reunida no hotel [...] A fisionomia de F. Ela passa as mãos pelos cabelos; boceja. Subitamente se concentra e profere coisas bem premeditadas, longamente guardadas, hostis. O regresso com a srta. Bl... [...]
>
> Em casa dos pais. Umas poucas lágrimas da mãe. Recito a lição. O pai entende-a acertadamente sob todos os aspectos. [...] Eles me dão razão; nada ou muito pouco pode-se alegar contra mim. Diabólico em toda a inocência. Aparente culpabilidade da srta. Bl... [...]

Por que os pais e a tia fizeram sinais para mim na despedida? [...]

No dia seguinte, não fui ver os pais. Limitei-me a mandar um ciclista com uma carta de despedida. Carta insincera, coquete. "Não guardeis más recordações de mim!" Alocução que se faz no patíbulo.

Depreende-se disso que já nesse tempo, em 27 de julho, duas semanas após as ocorrências, o "patíbulo" gravara-se em sua mente. Com a palavra "corte", Kafka entrara na esfera do romance. Ao falar do "patíbulo", antecipou seu destino e seu fim. É notável a prematura fixação da meta. Ela explica a segurança com que se desenrola o *Processo*.

Em Berlim houve uma única pessoa que o tratou com "indescritível bondade". Kafka nunca se esqueceu disso. Era Erna, a irmã de Felice. Sobre ela lemos no diário a anotação de 28 de julho:

Penso no trajeto que nós dois, E. e eu, percorremos juntos rumo à gare de Lehrte. Não falávamos. Eu não pensava em outra coisa a não ser que cada passo se constituía num ganho para mim. E E. comportava-se gentilmente para comigo. Por incrível que pareça, acredita mesmo em mim, apesar de ter-me visto perante o tribunal. Notei até de vez em quando o efeito que esta fé me causa, sem, todavia, crer irrestritamente em tal sensação.

A bondade de Erna e os enigmáticos sinais dados pelos pais quando tudo já estava terminado condensaram-se na página final do *Processo*, pouco antes da execução, culminando nessa passagem maravilhosa que ninguém que a tenha lido jamais poderá olvidar:

Seus olhares fixavam-se no último piso da casa contígua à pedreira. Como uma luz que raiasse, abriam-se bruscamente os batentes de uma janela, e uma pessoa débil, delgada a essa distância e essa altura, inclinava-se de golpe muito para a frente, estendendo ainda mais os braços. Quem era?

Um amigo? Um homem bondoso? Alguém que se compadecesse? Alguém que desejasse acudir? Era um só? Eram todos? Será que ainda se podia esperar ajuda?

(Algumas frases mais adiante, lia-se na versão original: "Onde estava o juiz? Onde se encontrava a Alta Corte? Tenho algo que dizer. Levanto as mãos".)

No hotel Askanischer Hof, Kafka não se defendeu. Permaneceu calado. Não reconheceu o tribunal que o julgava, e pelo silêncio manifestou que o rejeitava. Esse silêncio prolongou-se por muito tempo: durante três meses, os laços entre ele e Felice estavam inteiramente cortados. Mas, às vezes escrevia ele a Erna, a irmã dela, a que confiava nele. Em outubro, Grete Bloch, recordando-se de seu papel original de mediadora, fez tentativas no sentido de restabelecer o contato. Não se conservou a carta que dirigiu a Kafka, ao contrário da resposta dada por ele: "Você afirma que a odeio, mas não é verdade", lê-se ali. "Admito que no Askanischer Hof atuava como juíza de minha pessoa, coisa abominável para você, para mim, para todos, mas isso era apenas aparente, pois, na realidade estava eu sentado em seu lugar, que não abandonei até hoje."

Fácil seria interpretar o fim dessa passagem como autoacusação; uma autoacusação começada havia muito e nunca terminada. Não creio, porém, que com isso se chegue ao fundo de seu significado. Muito mais importante afigura-se-me nessa frase o fato de ele depor Grete Bloch de seu cargo de juíza. Remove-a, para ocupar ele mesmo o lugar que ela se arrogou. Não existe nenhum tribunal exterior cuja autoridade Kafka reconheça. Ele é seu próprio tribunal inteiramente, e este sempre estará em sessão. Quanto à usurpação perpetrada por ela, não usa qualificação mais enérgica do que "era apenas aparente", e a maneira como mostra a Grete que "percebeu" sua pretensão nos faz sentir que, na realidade, ela nunca ocupou o assento de juíza. Em vez de deslocá-la pela força, demonstra-lhe que se trata de uma ilusão. Recusa-se a lutar com ela, mas atrás da nobreza de sua resposta esconde-se o pouco que lhe concede e que não inclui sequer o ódio do combate. Kafka tem consciência de submeter-se a seu próprio processo; nenhum outro tem o direito de instaurá-la, e, quando foi escrita essa carta, o julgamento estava ainda muito distante de seu fim.

Quinze dias após, na primeira, muito extensa carta endereçada a Felice, escreve Kafka que não fora por teimosia que se manteve calado no Askanischer Hof; asseveração não muito convincente. Pois já na frase seguinte lemos:

> O que disseste era perfeitamente claro. Não quero repeti-lo, mas havia lá coisas que deveriam ser impronunciáveis, mesmo que estivéssemos a sós [...] Nem sequer agora protesto contra o ato de teres feito com que a srta. Bl. te acompanhasse, pois na carta a ela dirigida quase que te humilhei, de modo que a ela cabia o direito de estar presente. Mas, que tenhas insistido na presença de tua irmã Erna, à qual eu então mal e mal conhecia, isso não consegui compreender [...]

O desenlace do caso, a ruptura do compromisso, correspondia ao que ele desejara. A esse respeito, somente podia sentir-se aliviado. Mas, o que o melindrava, o que o envergonhava profundamente, era a publicidade do ato. A ignomínia de tal humilhação, cuja gravidade só poderia ser avaliada à base de seu orgulho, permaneceu acumulada nele; germinou o *Processo* e desembocou integralmente no capítulo final. Quase em silêncio, quase sem nenhuma resistência, K. se deixa conduzir até a execução. Abandona subitamente por inteiro as tentativas de resistir, que, na sua obstinação, perfazem o enredo do romance. A caminhada através da cidade é como um resumo de todas as caminhadas anteriores, que visavam a defesa. "Então surgia diante deles, vinda de uma viela situada mais embaixo, a srta. Bürstner, encaminhando-se à praça. Não ficava certo se realmente era ela, mas a semelhança era grande." K. punha-se a andar, e dessa vez era ele quem determinava a direção. "Deter-

143

minava-a, segundo o caminho escolhido pela senhorita que ia à sua frente, não por querer alcançá-la, nem tampouco por desejar vê-la o maior tempo possível, senão a fim de não esquecer a advertência que ela representava para ele." Trata-se da advertência relativa a seu segredo e à jamais confessada culpa. Esta independe do tribunal, que se subtraíra a ele; independe da acusação que K. jamais chegou a conhecer. Mas confirma-o no abandono da resistência, nessa sua derradeira caminhada. Porém a humilhação da qual se falou prolonga-se mais ainda, até as últimas frases:

> Mas as mãos de um dos cavalheiros cingiram a garganta de K., enquanto o outro lhe enfiava a faca no coração e ali a faria dar duas voltas. Com os olhos já quebrados, via K. como os cavalheiros bem perto de seu rosto, face a face, observavam o desenlace. "Como um cão!" — disse; era como se a vergonha tivesse de sobreviver-lhe.

A derradeira humilhação consiste na publicidade dessa morte, que os dois carrascos, perto do rosto dele, espiavam, face a face. Os olhos quebrados são testemunhas dessa publicidade de sua morte. Seu último pensamento dedica-se à vergonha, que é suficientemente forte para sobreviver a ele; e a frase derradeira que pronuncia é: "Como um cão!".

Em agosto de 1914, como já foi dito, Kafka iniciou a própria redação. Conseguiu dedicar-se a ela diariamente durante três meses, interrompendo-a somente por duas noites, segundo relata, não sem orgulho, numa carta posterior. A maior parte do trabalho ficava devotada ao *Processo*, objeto verdadeiro de seu fervor. Mas, ao mesmo tempo, empreendia também outras coisas, pois evidentemente não lhe era passível ocupar-se sem cessar com o *Processo*. Em agosto, começou igualmente a elaborar a *Recordação da ferrovia de Kalda*, obra que permaneceu inconclusa. Em outubro, tirou duas semanas de férias, a fim de adiantar o romance; porém, em vez dele, escrevia então *Na colônia penal* e o último capítulo de *América*.

No decorrer dessas férias, houve da parte das mulheres tentativas no sentido de reatar as relações. A primeira delas era uma carta de Grete Bloch, que Kafka recebeu. Já citamos uma passagem de sua resposta, que parece "intransigente". Foi reproduzida no diário, com o seguinte comentário: "Sei que está escrito que eu permaneça sozinho". Relembra a aversão que Felice lhe causou "pelo jeito como dançava, baixando severamente o olhar, ou ainda como, pouco antes de sair da Askanischer Hof, passava a mão pelo nariz e pela cabeleira". Evoca "inúmeros momentos de total alheamento". Mesmo assim, essa carta absorvia-o a noite inteira; a obra ficava paralisada, ainda que ele se sentisse capaz de trabalhar. "Para nós todos seria melhor se ela não me respondesse, mas certamente responderá, e eu aguardarei sua resposta."

Logo no dia seguinte, tinham-se intensificado tanto a resistência como a tentação. Kafka escreve que viveu tranquilo sem nenhum contato real com Felice, sonhando com ela como se fosse uma defunta, que jamais pudesse voltar à vida, "e agora, quando se me depara uma possibilidade para aproximar-me dela, torna a ser o centro de tudo. Talvez até estorve o meu trabalho. E todavia, quando, às vezes, eu pensava nela nesses últimos tempos, sempre a julgava a pessoa mais remota de todas quantas já conheci [...]".

O "centro de tudo" — eis o que Felice não deve ser, eis o motivo por que ele não pode casar-se, nem com ela, nem com mulher alguma. A moradia que ela não cessa de almejar é ela mesma, é esse centro. Kafka só pode ser seu próprio centro ininterruptamente exposto a agressões. A vulnerabilidade de seu corpo e de sua cabeça é autêntica condição para seu trabalho literário. Por mais que se crie a impressão de que ele se empenhe em proteger-se e garantir-se contra tal sensibilidade, enganam todos esses esforços, pois, na realidade, necessita da solidão para continuar *desprotegido*.

Dez dias mais tarde chega uma resposta de Grete Bloch.

"Completamente indeciso quanto ao problema de replicar-lhe. Pensamentos tão sórdidos que nem posso anotá-los."

O que chama "pensamentos sórdidos" condensa-se nele, a ponto de produzir uma atitude defensiva cuja força dessa vez não convém menosprezar. Em fins de outubro, envia a Felice uma carta muito extensa, que anuncia previamente num telegrama. É uma missiva que revela espantoso distanciamento. Não contém quase nenhuma queixa. Proveniente de um homem como Kafka, só pode ser considerada sadia e agressiva.

Afirma nela que, na verdade, não teve a intenção de escrever-lhe. No Askanischer Hof ficara por demais evidente para ele a inutilidade de epístolas e de qualquer outra coisa escrita. De modo bem mais calmo do que nas cartas anteriores, declara que era seu trabalho que tinha de opor-se com toda a energia a ela como a sua máxima inimiga. Esboça uma descrição de sua vida atual, com a qual parece não estar descontente. Conta que vive sem nenhuma companhia na casa de sua irmã mais velha, que foi morar com os pais, uma vez que o cunhado está no *front*. Diz que habita três silenciosas peças, sem ver a ninguém, nem sequer a seus amigos, e está trabalhando todos os dias, durante o último trimestre, sendo essa noite apenas a segunda em que não o fazia. Admite não se sentir feliz, absolutamente não, mas em certas ocasiões experimenta satisfação por cumprir com seu dever tão bem como lhe permitem as circunstâncias.

Assevera que tal forma de vida é a que sempre pretendeu levar, ao passo que a Felice a ideia de uma existência desse gênero invariavelmente causou repugnância. Enumerando todas as ocasiões nas quais ela revelou tal aversão, cita como a derradeira, decisiva, a explosão de fúria no Askanischer Hof. A ele, que tinha a obrigação de salvaguardar sua obra, ficou claro que o que mais a ameaçava era a repulsa dela.

Como exemplo concreto das dificuldades existentes entre ambos, evoca a falta de concordância a respeito da moradia.

Teu desejo era uma coisa totalmente natural, a saber, um apartamento tranquilo, confortavelmente mobiliado, familiar, tal como o habitam as outras famílias do teu e também do meu padrão social. [...] Mas, o que significa o conceito que se criava em ti quanto a uma residência dessa espécie? Significaria que está de acordo com os outros, mas não comigo. [...] Quando esses outros contraem matrimônio, já saciaram sua fome quase por completo, e o casamento é para eles tão somente o último, grande e belo bocado. No que toca a mim, não é assim; não a saciei; não fundei nenhuma firma comercial que deva progredir cada vez mais, de ano em ano, durante a convivência matrimonial; não necessito de nenhuma moradia definitiva, em cuja paz ordenada me cumpra gerenciar dito negócio. Mas não apenas não preciso de uma habitação dessas; ela até me inspira medo. Tenho tanta sede de trabalhar. [...] Mas as condições que encontro aqui obstaculizam meu trabalho, e se, acomodando-me a elas, instalasse-me num apartamento tal como o desejas, isso significaria [...] tentar tornar definitivas as referidas condições, o que seria o pior que me possa acontecer.

Ao fim da carta, defende a correspondência mantida com Erna, irmã de Felice, à qual tenciona escrever no dia seguinte.

Sob a data de 1º de novembro, lemos no diário de Kafka, ao lado de outras anotações, uma frase muito singular: "Muita autossatisfação durante todo dia". Essa sensação refere-se certamente àquela longa carta que provavelmente já foi despachada. Kafka acaba de reatar as relações com Felice, sem, todavia, fazer-lhe a menor concessão. A essa altura, sua posição era clara e firme e, ainda que ele às vezes manifestasse quanto a isso certas dúvidas, permanecerá ela inalterada por muito tempo. No dia 3, anota: "Desde agosto, é este o quarto dia em que não escrevi coisa alguma. A culpa cabe às cartas. Vou tentar escrever nenhuma ou somente cartas bem breves".

Vê-se, portanto, que o que o estorva são *suas próprias cartas*. É uma percepção muito importante, totalmente plausível. Enquanto o preocupa o problema de apartar o *Processo* de Felice, dificilmente poderá dirigir-se outra vez a ela com tanta minuciosidade. Em consequência dela, o romance se enredaria. Qualquer análise mais intensa de suas relações faria com que voltasse à época anterior, ao início da elaboração da obra. Seria como solapar as próprias raízes. Assim, pois, evita doravante escrever-lhe. Dos três meses seguintes, até fins de janeiro de 1915, não foi encontrada nenhuma carta sua. Kafka concentra todas as suas energias no afã de trabalhar. Nem sempre o consegue, mas jamais cessam as tentativas. Em princípios de dezembro, lê aos amigos *Na colônia penal*, e não se sente "completamente insatisfeito". Como resultado desse dia, registra: "Absolutamente necessário que continue a trabalhar; tem que ser passível, apesar da insônia e do escritório".

Em 5 de dezembro, recebe ele uma carta de Erna sobre a situação da família, que piorou bastante devido à morte do pai, ocorrida poucas semanas antes. Kafka considera-se a si mesmo causa da perdição da família, muito embora se sinta inteiramente desvinculado dela.

> Unicamente a perdição prossegue atuando. Infelicitei Felice. Debilitei a capacidade de resistência de todos os que agora precisam dela. Contribuí para a morte do pai. Provoquei atritos entre F. e E., e terminei causando a infelicidade de E. também. [...] Somando tudo, recebi igualmente castigos bastante grandes; minha própria posição em face da família seria suficiente como punição; também sofri tanto que nunca me refarei totalmente, [...] mas, no momento, minha relação com a família causa-me poucos sofrimentos, em todo o caso menos do que F. ou E.

O efeito dessa culpa global que Kafka atribui — ele, como perdição de toda a família Bauer — foi, como era de esperar, tranquilizador. Não cabiam ali pormenores de sua atitude para com Felice. O contexto mais amplo da perdição geral da família abrange todos os fatos avulsos. Durante seis semanas inteiras, até 17 de janeiro, não aparecem, no diário ou nas cartas, os nomes nem de Felice, nem de Erna, nem de outro membro da enlutada família. Em dezembro, redige Kafka o capítulo "Na catedral", do *Processo*, e, ao mesmo tempo, inicia mais duas obras, *A toupeira gigante* e *O substituto do promotor público*. Em 31 de dezembro, faz no diário o balanço da produção do ano transcorrido; o que contraria completamente seus hábitos e nos recorda os diários de Hebbel:

"Labutei desde agosto, no conjunto nem pouco nem mal." A seguir, após algumas restrições e exortações dirigidas a si mesmo, tais como é incapaz de reprimir, alista as seis obras às quais se dedicou. Sem conhecimento dos manuscritos — inacessíveis para mim —, torna-se-me difícil determinar quantas páginas do *Processo* já se achavam escritas nessa época. Certamente já existia grande parte delas. Seja como for, a lista é impressionante, e não hesitarei em qualificar esses últimos cinco meses do ano de 1914 como o segundo grande período da vida do escritor Kafka.

Nos dias 23 e 24 de janeiro, realizou-se na localidade fronteiriça de Bodenbach um encontro entre ele e Felice. Somente seis dias antes dessa ocorrência, lemos no diário uma referência ao projeto de revê-la: "Sábado verei F. Se me ama, não o mereço. [...] Nesses últimos tempos fiquei muito satisfeito comigo mesmo e utilizei-me de muitos argumentos para minha defesa e autoafirmação contra F. [...]". Três dias depois, lê-se: "Cessei de trabalhar. Quando poderei voltar a fazê-lo? Em que estado lamentável vou ter com F. [...] Incapacidade de preparar-me para o encontro, ao contrário da semana passada, quando mal me podia desprender de pensamentos importantes a seu respeito".

Era a primeira vez, após o "tribunal", que Kafka revia Felice. Dificilmente ela lhe poderia ter causado pior recordação. Visto que o *Processo* já se desligara dela quase completamente, Kafka dispunha de maior distância e liberdade para avaliá-la. Mesmo assim, os vestígios que o "tribunal" deixara no seu espírito continuavam inextinguíveis. A impressão deixada por Felice acha-se registrada com certa reserva numa carta dirigida a ela, porém sem nenhuma mitigação no diário:

> Cada um diga de si para si que o outro é inamovível e desalmado. Eu não desisto de minha exigência de uma vida

excêntrica, devotada exclusivamente a meu trabalho, ao passo que ela, surda a todas minhas súplicas mudas, quer a mediocridade, o apartamento confortável, o interesse pela fábrica, a abundância de comida, o sono a partir das onze horas, o quarto bem aquecido, e acerta meu relógio que, há três meses, anda adiantado em uma hora e meia. [...]

Durante duas horas, estivemos a sós no quarto. A meu redor, nada a não ser tédio e desolação. Ao estarmos juntos, ainda não tivemos nenhum instante ameno que me permitisse respirar livremente. [...] Também li alguma coisa para ela; as frases misturavam-se de modo asqueroso, sem nenhum contato com a ouvinte, que estava deitada no sofá, de olhos cerrados, acolhendo o texto em silêncio. [...] Minha constatação era correta e foi aceita como tal: cada qual ama ao outro assim como esse outro é; mas crê não poder viver com ele tal e qual é.

A intromissão mais sensível da parte de Felice é para Kafka a que se refere ao relógio. O fato de seu relógio andar de modo diferente dos demais representa a seus olhos uma minúscula parcela de liberdade. Pondo certo o relógio, Felice sabotou inadvertidamente essa liberdade e a adequou a seu próprio tempo, ao do escritório e da fábrica. Mas a palavra "ama", na frase final, soa como uma bofetada na cara. Sem nada mudar, poderia dizer "odeia".

Dali por diante, o caráter das cartas altera-se radicalmente. Kafka não pretende de modo algum recair na antiga maneira de escrever. Evita envolver Felice novamente no *Processo*. Daquilo que sobra deste, quase nada pertence a ela. Decide escrever-lhe de duas em duas semanas, mas nem sequer a isso se atém. Das 716 páginas de cartas contidas no volume em apreço, 580 correspondem aos dois primeiros anos, até fins de 1914. As cartas escritas nos três anos de 1915 a 1917 ocupam, em conjunto, não mais de 136 páginas. Verdade é que se perderam umas poucas despachadas nesse período, mas, mesmo que se tivessem conservado, não modificariam fundamentalmente a proporção. Doravante, tudo se torna mais esporádico e também mais breve. Kafka começa a servir-se de cartões-postais. A maior parte da correspondência de 1916 utiliza esse meio de comunicação. Uma razão prática de tal alteração consistia no fato de essas missivas passarem mais facilmente pela censura então atuante na Áustria e na Alemanha. Mas o tom já não é o mesmo. A essa altura, quem se queixa muitas vezes de que ele não escreve é Felice. Sempre é ela quem corteja, enquanto Kafka resiste. Em 1915, dois anos depois da publicação do livro, ela até lê — que milagre! — a *Contemplação*!

O encontro em Bodenbach pode ser considerado o divisor de águas nas relações entre Kafka e Felice. Desde que ele conseguiu vê-la com a mesma implacabilidade com que julgava a si próprio, deixava de estar entregue, indefeso, à ideia que dela fazia. Após o "tribunal" colocara longe de si o pensamento na pessoa de Felice, porque sabia muito bem que este poderia a qualquer instante ser evocado outra vez por uma carta da moça. Porém, graças à coragem encontrada numa nova confrontação com ela, ocorreu uma mudança nas proporções das forças existentes entre eles. Gostaríamos de chamar esse novo período de *retificação*, pois Kafka, que outrora hauria vigor da eficiência de Felice, tenta, dali por diante, convertê-la em outra pessoa.

Pode-se perguntar se a história de cinco anos de tentativas de distanciamento é tão importante que cabe ocupar-se com ela tão detalhadamente. O interesse por um escritor pode ir muito longe, certo; e, quando os testemunhos conservados são tão abundantes como neste caso, a sedução de tomar conhecimento deles e de compreender seu nexo íntimo é capaz de tornar-se irresistível. Em virtude da grande quantidade de material, cresce a insaciabilidade do observador. O homem, que se considera gabarito de todas as coisas, ainda continua quase desconhecido. Seus progressos no campo do autoconhecimento são mínimos. Qualquer nova teoria a seu respeito obscurece mais do que ilumina. Unicamente a pesquisa imparcial, concreta, dedicada ao estudo de indivíduos leva-nos paulatinamente adiante. Uma vez que essa situação já se prolonga por muito tempo e os melhores espíritos sempre se deram conta desse fato, um ser humano que se ofereça tão integralmente à investigação será, sob todos os aspectos, uma dádiva da sorte. Mas, na pessoa de Kafka, sucede mais, e isso percebem todos os que se aproximem de sua esfera privada. Há algo profundamente emocionante nesse pertinaz esforço de um ser desamparado no sentido de subtrair-se ao poder sob todas as suas formas. Antes de descrevermos o transcurso ulterior das suas relações com Felice, parece-nos indicado mostrar até que ponto ele estava obcecado por *esse* fenômeno, que, na nossa era, tornou-se o mais urgente e o mais assustador. Entre todos os escritores, Kafka é o maior experto, no que toca ao poder. Experimentou e configurou todas as facetas dele.

Um dos seus temas centrais é o da humilhação. É também o que mais naturalmente se presta à observação. Já na *Sentença*, a primeira obra que conta para Kafka, podemos localizá-lo sem nenhuma dificuldade. Lá se trata de duas humilhações dependentes uma da outra, a do pai e a do filho. O pai sente-se ameaçado pelas supostas intrigas de seu filho; para pronunciar o discurso de acusação, coloca-se de pé sobre a cama e assim, tornando-se mais alto do que normalmente, em comparação com o filho, tenta inverter a própria humilhação — fazendo com que, pelo contrário, ela se transforme em rebaixamento do outro, ao qual então condena à morte por afogamento. O filho não reconhece a legitimidade da sentença, porém a executa em si mesmo e desse modo admite a amplidão do aviltamento que lhe custa a vida. A humilhação fica rigorosamente limitada a si própria. Por absurda que ela seja, do efeito que produz provém a força do conto.

Na *Metamorfose*, a humilhação concentrou-se no corpo que a sofre: seu objeto está concretamente presente desde o começo, pois, em lugar de um filho que alimente e sustente a família, aparece subitamente um besouro. Por essa transformação, vê-se irremediavelmente exposto a uma humilhação, já que uma família inteira sente-se desafiada a impingir-lhe ativamente. O vexame começa com certa hesitação, mas dispõe do tempo necessário para estender-se e intensificar-se. Aos poucos, todos participam dele quase involuntária e relutantemente. Realizam mais uma vez o ato preestabelecido desde o princípio: é a família que metamorfoseia Gregor Samsa, o filho, irreversivelmente num besouro, e este equivale, no contexto social, a um bicho nojento.

No romance *América*, há abundância de humilhações, que, no entanto, não são de natureza monstruosa ou irreparável. Fazem parte dos conceitos acerca do continente cujo nome figura no título da obra: a ascensão de Rossmann, promovida pelo tio, e sua queda igualmente repentina podem bastar como exemplo de muitas outras. A dureza das condições de vida no novo país é equilibrada pela grande flexibilidade social. Na pessoa humilhada sempre se mantém viva a esperança; a cada queda pode seguir nova ascensão. Nenhum dos golpes que ferem a Rossmann tem a fatalidade do definitivo. Entre os livros de Kafka, é este o mais esperançoso e o menos consternador.

No *Processo*, a humilhação emana de uma instância superior, infinitamente mais complexa do que a família da *Metamorfose*. Após ter dado prova de sua existência, o tribunal humilha por meio de seu ato de esquivar-se. Envolve-se num mistério que nenhum esforço consegue desvendar. A persistência no empenho apenas revela a inutilidade das tentativas. Qualquer pista que se segue resulta irrelevante. O problema de culpa ou inocência do tribunal, que deveria ser a única razão da existência do tribunal, permanece secundário. Até mesmo se evidencia que o incessante afã de alcançar o tribunal é o que cria a culpa. Mas o tema fundamental do rebaixamento, tal como ocorre entre criaturas humanas, recebe ainda variações, em diversos episódios. A cena em casa do pintor Titorelli, a cujo começo acontece a perturbadora zombaria das garotinhas, termina — enquanto K. teme sufocar pela falta de ar no minúsculo estúdio — com a apresentação e a compra de quadros sempre iguais. K. vê-se também forçado a assistir à humilhação de outrem: está presente quando o comerciante Block ajoelha diante da cama do advogado e ali se transforma numa espécie de cão; mas nem sequer esse ato, como todos os demais, leva, em última análise, a qualquer resultado positivo.

Já se falou em outro lugar do final do *Processo* e da vergonha da execução pública.

A imagem do cão, usada nesse sentido, reaparece continuamente nos escritos de Kafka, inclusive em passagens de cartas que se referem a ocorrências de sua vida. Assim lemos, por exemplo, numa carta a Felice uma passagem relativa a um incidente acontecido na primavera de 1914: "[...] quando eu corria atrás de ti no Tiergarten, tu sempre a ponto de afastar-te para sempre, e eu com a intenção de prestar-me [...] naquele estado de humilhação tal como cachorro algum sofre mais profundamente". Ao fim do primeiro parágrafo de *Na colônia penal*, a imagem do condenado preso com diversas correntes resume-se na seguinte frase: "O sentenciado aparentava, aliás, tamanha submissão canina que se tinha a impressão de que seria possível deixá-lo correr livremente pelas encostas e um simples assobio bastaria para que ele voltasse na hora da execução".

O *Castelo*, que pertence a um período muito posterior da vida de Kafka, introduz na sua obra uma nova dimensão de amplitude. Mas essa impressão de vastidão tem sua origem não apenas no elemento paisagístico, senão — e muito mais — no mundo que o romance apresenta, mundo mais completo, mais rico em seres humanos. Também nesse caso, como no *Processo*, o poder *esquiva-se*: Klamm, a hierarquia dos funcionários públicos, o castelo. Vemo-los, porém, sem termos em seguida certeza de que foram avistados; a verdadeira relação que existe entre a humanidade impotente, domiciliada ao pé do monte do castelo, e os funcionários públicos é da *aguarda do superior*. Mas jamais se faz a pergunta quanto ao porquê da existência desse superior. O que todavia parte dele, ampliando-se no meio das criaturas comuns, é a humilhação perpetrada através do domínio. O único ato de resistência contra ele, a saber, a recusa de Amália de entregar-se a um dos funcionários, tem por consequência que toda a sua família é expulsa da comunidade da aldeia. A compaixão do escritor pertence ao inferior, que aguarda em vão, e sua aversão dedica-se ao superior, que atua em meio à orgia das pilhas de dossiês. É possível que haja no *Castelo* aquele fator "religioso", que muitos pensam descobrir nele, mas somente *desnudo*, sob a forma de uma incompreensível, jamais saciada nostalgia do "em cima". Nunca se escreveu libelo mais claro contra a submissão ao superior, quer o qualifiquemos de poder supremo, quer o consideremos apenas terrestre. Pois ali *toda* a dominação converteu-se numa e na mesma coisa e parece condenável. A fé e o poder coincidem; ambos ficam duvidosos; a servilidade das vítimas que nem sequer chegam a sonhar com uma possibilidade de outras condições de vida deveria fazer um rebelde até a quem não tenham influenciado de modo nenhum as ideologias comumente papagueadas, muitas das quais já fracassaram.

Desde o começo, Kafka colocava-se ao lado dos humilhados. Muitos fizeram o mesmo e, para obterem resultados positivos, foram em busca de aliados. A sensação de força, que tal união provocava neles, privava-os em seguida da experiência direta da humilhação, cujo fim não se vislumbra e que se perpetua diariamente, a todo momento. Kafka isolava cada qual dessas experiências de outras do mesmo gênero e também das feitas por outrem. Não lhe era dado livrar-se delas, participando ou comunicando-se. Velava por elas com uma espécie de obstinação, como se fossem seu mais importante patrimônio. Estamos tentados a considerar essa obstinação seu dom mais genuíno.

Pode ser que pessoas de tamanha sensibilidade não sejam realmente muito raras. Mais excepcional é o grau de retardamento das contrarreações, que no seu caso se manifesta com particular intensidade. Ele menciona amiúde sua fraca memória, porém na realidade não deixa escapar coisa alguma. A precisão da memória revela-se pelo jeito como corrige e completa recordações inexatas de Felice, relacionadas com acontecimentos de anos passados. Por outro lado, nem sempre dispõe com total liberdade de suas próprias reminiscências. Sua obstinação recusa-lhas. Ele é incapaz de jogar irresponsavelmente com elas, à maneira de outros escritores. Essa obstinação segue suas próprias, duras leis. Poder-se-ia dizer que lhe permite economizar suas energias defensivas. Assim possibilita-lhe não obedecer

155

imediatamente a ordens recebidas, sentir, mesmo assim, seus aguilhões, como se houvesse obedecido, e servir-se deles depois, para revigorar a resistência. Quando, todavia, chega a obedecer, as ordens já não são as mesmas, visto que então as destacou de seu nexo temporal, ponderando-as sob todos os aspectos, debilitando-as através da reflexão e despojando-as assim de seu caráter perigoso.

Tal procedimento requereria um estudo mais pormenorizado. Necessário seria documentá-lo mediante exemplos concretos. Aduzo apenas um único, a saber, sua repulsa tenaz a determinados alimentos. Kafka mora a maior parte do tempo no lar de sua família, mas não se adapta aos hábitos desta em matéria de comida e os trata como se fossem ordens rejeitáveis. Desse modo, senta-se à mesa dos pais, isolado no seu próprio mundo gastronômico, o que lhe vale a mais profunda repugnância da parte do pai. Mas, nesse caso, a resistência igualmente lhe propicia a indispensável força para defender-se também em outras ocasiões e em face de outras pessoas. Na luta contra as ideias fatais que Felice tem a respeito do matrimônio, a acentuação dessas particularidades desempenha um papel cardinal. Passo a passo, Kafka resguarda-se do amoldamento que ela espera dele. Mas, logo após a ruptura do compromisso de casamento, também Kafka pode sentir-se livre para comer carne. Numa carta que dirige a seus amigos de Praga, a partir daquela praia do Báltico, aonde se encaminhou pouco depois do "tribunal" berlinense, descreve, não sem asco, seus excessos em matéria do consumo de carne. Diversos meses mais tarde, relata ainda a Felice, com evidente satisfação, que logo após o rompimento do noivado foi comer carne em companhia de sua irmã Erna. Se Felice estivesse presente, ele se limitaria a pedir amêndoas com casca. Dessa maneira, executa com atraso ordens, quando já não requerem submissão e ele cessou de achar-se sob a opressão da noiva.

A taciturnidade de Kafka, seu pendor para guardar segredos, pendor esse que se manifesta até mesmo perante o seu mais íntimo amigo, deve ser reputada a exercícios necessários à referida obstinação. Nem sempre ocorre que ele se dê conta de silenciar. Mas, quando suas personagens, no *Processo* e sobretudo no *Castelo*, abusam dos seus às vezes gárrulos discursos, percebe-se que se abrem as próprias comportas de Kafka: ele encontra a fala. Normalmente, sua obstinação somente lhe concede pouquíssimas palavras, porém, sob o aparente disfarce das personagens, autoriza-o subitamente a expressar-se livremente. O que se passa não é aquilo que conhecemos das confissões de Dostoiévski; a temperatura é diferente, muito menos cálida; não há tampouco nada amorfo, antes se nos depara alguma fluência no manejo de um instrumento nitidamente delimitado, tão somente capaz de produzir determinados sons, a agilidade de um virtuoso esmiuçador, porém inconfundível.

A história de sua resistência ao pai, e que não pode ser explicada à base das costumeiras interpretações banais, é também a história inicial dessa obstinação. Sobre esse assunto, foi dita muita coisa que parece totalmente equivocada. Lícito seria esperar que a soberana visão que Kafka teve da psicanálise contribuísse para apartar pelo menos a ele mesmo de tal âmbito restritivo. A luta contra o pai não foi jamais, na sua essência, algo diferente de uma luta contra um poder superior. O ódio de Kafka dirigia-se contra a família como um todo, e o pai não era outra coisa que não a parte mais poderosa desse clã. Quando estava iminente o perigo de uma família própria, a luta contra Felice provinha da mesma raiz e tinha o mesmo caráter.

Vale a pena recordar uma vez mais aquele mutismo no hotel Askanischer Hof. Trata-se do exemplo mais elucidativo da obstinação de Kafka. Ele não reage a acusações do modo como reagiria outra pessoa; não as revida por meio de contraincriminações. Considerando a extensão de sua sensibilidade, é quase indubitável que ele percebia e sentia tudo quanto se dizia contra ele. Tampouco o "reprime", como estaríamos tentados a dizer, usando um termo que nesse contexto se sugere. Guarda-o no seu íntimo, mas permanece consciente do acontecido e frequentemente o relembra; tão amiúde aquilo se intromete em seu espírito que poderíamos reputá-lo o oposto de qualquer repressão. O que continua refreado é qualquer reação exterior a revelar o efeito interno. Tudo o que ele dessa maneira conserva em si é afiado como uma faca. Mas, nem rancor nem ódio, nem ira nem sede de vingança jamais o induzem a abusar da faca. Aquilo prossegue separado dos afetos, qual ente autônomo. Porém, ao negar-se a eles, subtrai-se ao poder.

Deveríamos pedir desculpas pela utilização ingênua do termo "poder", se não fosse o próprio Kafka quem o usava tranquilamente, a despeito de toda a sua ambiguidade. Em sua obra, a palavra aparece nos mais diversos contextos. À aversão que ele tinha por palavras "grandes", exuberantes, devemos o fato de não haver nos seus livros nenhuma meramente "retórica". Por essa razão, jamais definhará sua legibilidade. O processo contínuo do esvaziamento e do reenchimento de palavras, processo esse que faz com que quase toda a literatura se torne obsoleta, nunca o poderá afetar. Mas em momento algum, Kafka sentiu tal aversão em face dos termos "poder" e "poderoso", ambos pertencem a seu vocabulário não evitado e inevitável. Certamente seria interessante compilar nas obras, no diário e no epistolário as passagens em que eles aparecem.

Não é, no entanto, apenas a palavra, senão também o conceito em si, a saber tudo o que ele contém em matéria de facetas infinitamente diversas. Kafka pronuncia isso com coragem e clareza sem par. Pois, porque teme o poder sob todas as suas formas, porque o objetivo essencial de sua vida consiste na tentativa de esquivar-se de todas as manifestações dele, nota-o, percebe-o, define-o ou configura-o em todos aqueles casos que outras pessoas aceitariam como naturais.

Numa cena descrita num dos contos reunidos no volume *Preparações de uma boda na campanha*, Kafka reproduz o que existe de animalesco no poder, criando em oito linhas uma monstruosa imagem do mundo:

Eu me achava indefeso, em face desse vulto, que estava sentado à mesa, calmo, o olhar fixo na tampa. Dei voltas a seu redor e senti como me estrangulava. Em torno de mim andava um terceiro, que se sentia estrangulado por mim. Em redor do terceiro caminhava um quarto, que se sentia estrangulado por ele. E tudo isso prosseguia até as órbitas dos astros e ainda mais além. Todos sentiam-se agarrados pelo pescoço.

A ameaça, as mãos cingindo o pescoço, tem sua origem no cerne mais intrínseco; é lá que nasce uma força de gravitação de estrangulamento, que mantém coeso um círculo em torno de outro, "até as órbitas dos astros e ainda mais além". A pitagórica harmonia das esferas converteu-se numa violência das esferas, sendo que nelas prevalece a gravidade dos homens, dos quais cada um representa sua própria esfera.

Kafka sente a ameaça dos dentes, sente-a a tal ponto que cada dente o "atenaza", sem necessidade do conjunto de suas duas fileiras:

Era um dia como outro qualquer. Ele mostrava-me os dentes. Senti-me atenazado por eles, sem poder desvencilhar--me, Não sabia de que modo me prendiam, já que não se cerravam. Tampouco os avistava sob a forma de duas fileiras da dentadura, senão apenas uns aqui e outros acolá. Queria segurar-me neles, a fim de saltar por cima, porém não o consegui.

Numa carta a Felice, formula a assustadora expressão do "medo à posição ereta". Explica um sonho que ela lhe relatou. Graças a seu comentário, não é difícil reconstruir o conteúdo:

Em compensação, interpretarei teu sonho. Se não te tivesses deitado no chão, em meio à bicharada, não terias tampouco avistado o céu e as estrelas e não poderias ser redimida. Possível é até que nem tivesses sobrevivido ao medo à posição ereta. Comigo sucede a mesma coisa: trata-se de um sonho que temos em comum e tu o sonhaste para nós dois.

Para ser redimido, é preciso deitar-se em meio à bicharada. A posição ereta é o poder que o homem exerce sobre os animais. Mas, justamente devido a ela, que lhe confere poder, ele se torna exposto, conspícuo, atacável. Pois esse poder é ao mesmo tempo culpa, e somente estendidos no chão, rodeados pela bicharada, podemos ver as estrelas, que nos redimem do assustador poder do homem.

Dessa culpa na qual o homem incorre com relação aos animais dá testemunho a passagem mais *rumorosa* da obra de Kafka. O trecho aqui reproduzido encontra-se no conto *Uma velha página*, da coleção intitulada *Um médico rural*:

Pouco tempo atrás pensava o açougueiro que poderia poupar-se à faina da matança. Trouxe, pois, certa manhã, um boi vivo. Que não repita isso! Conservei-me por uma hora ou mais nos fundos da casa, na oficina, estendido no chão, com todas as minhas roupas, cobertas e almofadas empilhadas em cima de mim, só para não ouvir os mugidos do boi, que os nômades assaltavam de tudo que era lado, a fim de lhe arrancarem com os dentes pedaços de sua carne quente. Havia muito, o silêncio se restabelecera, quando me atrevi a sair. Como borrachos ao redor de um tonel de vinho, aquela gente jazia, cansada, em torno dos restos do boi.

"Havia muito, o silêncio se restabelecera..." Cabe afirmar que o narrador se esquivou de algo insuportável, que voltou a encontrar a paz? Ora, após tamanho berreiro já não existe paz. É a posição do próprio Kafka, mas quaisquer roupas, cobertas, almofadas do mundo seriam incapazes de silenciar o bramido que ressoava em seus ouvidos. Ao subtrair-se dele, fazia-o apenas para, em seguida, ouvi-lo novamente, já que o barulho nunca parava. Verdade é que o verbo "subtrair-se", que acabamos de usar, é, com referência a Kafka, muito inexato, porquanto no seu caso significa que ele buscava o silêncio, para não escutar nada que tivesse menos volume do que o medo.

Confrontado em toda a parte como poder, dita obstinação às vezes lhe propiciava algum *sursis*. Mas, quando ela não era suficiente ou fracassava, Kafka exercitava-se na técnica de *desaparecer*. Nesse pormenor, mostrava-se útil o proveitoso aspecto de sua magreza, pela qual, como se sabe, ele frequentemente sentia desdém. Mediante a diminuição física, subtraía poder *a si mesmo*, e, desse modo, participava menos dele. Também esse ascetismo estava dirigido contra o poder. A mesmíssima tendência de desaparecer revela-se na sua relação com seu nome. Em dois dos seus romances, no *Processo* tanto como no *Castelo*, reduziu-o à letra inicial K. Nas cartas a Felice, acontece que o nome se torna cada vez mais minúsculo, até sumir por completo.

Existe um outro recurso ainda mais assombroso, do qual Kafka dispõe tão soberanamente como só o sabem fazer os chineses: é a façanha de metamorfosear-se em algo pequeno. Uma vez que ele detestava a violência, mas tampouco cria ter a força necessária para revidar, aumentava a distância que o separava do mais forte, reduzindo seu tamanho em comparação com este. Tal encolhimento proporcionava-lhe duas vantagens: ele escapava da ameaça, por tornar-se demasiado pequeno para ela, e livrava a si próprio de todas as reprováveis armas da violência; pois os bichinhos nos quais preferia transformar-se eram sempre inofensivos.

Uma das primeiras cartas a Brod lança muita luz sobre esse talento singular. Foi escrita no ano de 1904, quando Kafka tinha 21 anos. Chamo-a "carta da toupeira" e cito dela as passagens que considero indispensáveis à compreensão das metamorfoses de Kafka em algo diminuto. Mas antes gostaria de reproduzir uma frase que já se encontra numa carta dirigida no ano precedente a Oskar Pollack, amigo do jovem Kafka: "Que se honre à toupeira e a seu modo de viver, mas não a convertamos em nossa santa!". Isso ainda não é muito, mas, seja como for, a toupeira aparece ali pela primeira vez. Já se acentua com certa ênfase "seu modo de viver", e, quanto à advertência de que não convém convertê-la numa santa, não podemos deixar de perceber nela o prenúncio de sua futura importância. Mas na referida carta a Max Brod lemos o seguinte:

> Como a toupeira, cavamos caminho através de nós, e, ao sairmos de nossos montículos de areia desmoronados, todos enegrecidos, com as peles aveludadas, erguemos as pobres patinhas rubras à procura de compaixão. [...] No decorrer de um passeio, meu cão descobriu uma toupeira, que tentava atravessar a rua. Sempre se acercava dela num salto, mas em seguida soltava-a, pois era ainda um filhote um tanto temeroso. Inicialmente a cena divertia-me, e me agradava a excitação da toupeira que, totalmente desesperada, procurava em vão um buraco no solo duro da rua. Porém, de repente, quando o cão mais uma vez a golpeava com a pata estendida, deu um grito. Ks, Kss! — assim clamava. E então tive a impressão... Não, não tive nenhuma impressão. Foi apenas uma ilusão, pois naquele dia andava com a cabeça tão pesadamente abaixada que à noite notei com espanto que meu queixo se encravara no peito.

Convém comentar isso, constatando que o cão que caçava a toupeira pertencia a Kafka, e este era seu dono. Para a toupeira, que, com medo de morrer, procurava um buraco na dura rua, ele mesmo não existia. O bichinho só temia o cão, e seus sentidos não atendiam senão a seu perseguidor. Kafka, porém, que dominava toda a cena, graças à sua posição ereta, a seu tamanho e à posse do cão, que nunca poderia ameaçá-lo, ri-se inicialmente dos movimentos desesperados, inúteis da toupeira. Esta, por sua vez, não imagina que talvez se possa dirigir a ele, pedindo que a socorra. Não aprendeu a rezar, e tudo o que é capaz de proferir são seus gritinhos. São a única coisa suscetível de comover a divindade, pois nesse caso Kafka é o deus, o supremo, a culminância do poder, e, dessa vez, o próprio deus até está presente. Ks, Kss! — assim clama a toupeira, e, com tal clamor, o espectador converte-se nela. Sem ter de temer o cão, sente o que significa ser toupeira.

O grito inopinado não é o único veículo a conduzir à metamorfose em algo pequeno. Outro fator são "as pobres patinhas rubras", estendidas para cima, quais mãos que supliquem compadecimento. No fragmento *Recordação da ferrovia de Kalda*, escrito em agosto de 1914, encontra-se semelhante tentativa de aproximar-se de uma ratazana agonizante por meio da "mãozinha" dela:

Para os ratos que de vez em quando atacavam meus alimentos, bastava meu comprido facão. [...] Nos primeiros tempos, quando eu ainda observava tudo com grande curiosidade, certa feita espetei um desses animais e o mantive diante de mim, junto à parede, à altura de meus olhos. Somente enxergamos animais pequenos com exatidão quando se acham à altura dos olhos. Ao inclinarmo-nos sobre eles, até perto do chão, obtemos, a seu respeito, uma visão errada, incompleta. O que mais chamava atenção nesses ratos eram as garras grandes, um tanto ocas, porém pontiagudas nas extremidades e por isso muito apropriadas para cavar. No derradeiro embate, durante o qual a ratazana ficava suspensa à minha frente, junto à parede, o animal esticava as garras rigidamente, como que contrariando sua própria natureza. Elas se pareciam com uma mãozinha estendida em direção da gente.

Para vermos bichinhos diminutos com exatidão, é preciso que se encontrem à altura de nossos olhos. Isso equivale ao ato de alçá-los a um nível igual ao nosso. Inclinando-nos rumo ao chão, numa forma de rebaixamento, obtemos, com relação a eles, uma visão errada, incompleta. O processo de levantar animais menores até a altura dos olhos nos faz pensar no pendor de Kafka para engrandecer criaturas desse tipo: o besouro, na *Metamorfose*, ou uma espécie de toupeira, na *Toca*. A transformação em algo minúsculo torna-se mais patente, mais plausível, mais verossímil com o acercamento do animal e do aumento de seu tamanho.

O interesse por bichos muito pequenos, especialmente por insetos, e que possa ser comparado com o de Kafka, depara-se-nos unicamente na vida e na literatura dos chineses. Entre os animais prediletos dos chineses, figuravam, já em épocas muito remotas, os grilos. No período Sung surgiu o costume de criar grilos, que eram amestrados e incitados para lutarem entre si. As pessoas carregavam-nos sobre o peito, em nozes esvaziadas, providas de toda a mobília de que o animalzinho pudesse necessitar. O dono de um grilo famoso oferecia aos mosquitos sangue de seu próprio braço, e depois de estes terem chupado à saciedade, recortava-os, a fim de servir ao grilo o picadinho assim obtido. Mediante pincéis especiais, conseguia-se instigá-lo à agressão. Em seguida, os espectadores, agachados ou de bruços, contemplavam o combate dos grilos. Ao bichinho que se distinguisse por sua extraordinária valentia conferia-se o nome honorífico de algum estratego da história chinesa. Pois julgava-se que a alma desse general se tivesse radicado no corpo do inseto. Graças ao budismo, a fé na metempsicose era, para a maioria das pessoas, algo completamente natural, de modo que uma convicção de tal gênero não parecia absurda. Em todos os recantos do país, ia-se à procura de grilos adequados às exigências da corte imperial, e por exemplares promissores chegava-se a pagar preços muito elevados. Contam que na época em que o império dos Sung foi invadido pelos mongóis, o chefe supremo dos exércitos chineses estava deitado de bruços no chão, a olhar um combate de grilos, quando recebeu a notícia do cerco da capital pelo inimigo e do perigo iminente que a ameaçava. Mas ele não era capaz de afastar-se dos grilos, sem antes saber qual seria o vencedor. Caiu a capital, e assim terminou o império dos Sung.

Já muito antes, no período Tang, grilos eram criados em pequenas gaiolas, por causa do cri-cri. Mas, quer o dono os levantasse alto, a fim de observá-los melhor de perto, enquanto cantavam, quer os apertasse sempre ao peito, devido a seu elevado valor, e os retirasse somente para limpar-lhes cuidadosamente a habitação, sempre eram alçados à altura dos olhos, assim como recomendava Kafka. Eram considerados iguais ao observador, e, quando deviam lutar entre si, este acocorava-se ou deitava-se no solo ao lado deles. Mas as almas dos grilos eram as de célebres cabos de guerra, e o desenlace de seus combates podia parecer mais importante do que o destino de um grande império.

Entre os chineses, estão muito difundidas histórias protagonizadas por bichos pequenos. Sobremodo frequentes são aquelas nas quais grilos, formigas ou abelhas acolhem um homem em seu meio e o tratam à maneira de seres humanos. Não se pode deduzir das cartas de Kafka a Felice se ele leu ou não os *Contos chineses de fantasmas e amores*, de Martin Buber, um livro que contém vários exemplos desse tipo de histórias. (Seja como for, ele cita-o elogiosamente, e com desprazer — é a época de seus ciúmes de outros escritores — constata que Felice já adquiriu a obra por iniciativa própria.) Em todo o caso, porém, há algumas narrativas dele que o situam dentro da literatura chinesa. Desde o século XVIII, a europeia amiúde se apossou de temas chineses. Mas o único escritor chinês por índole que o Ocidente pode exibir é mesmo Kafka.* Numa anotação que poderia ser tirada de um texto taoista, resume ele o que lhe significa "o pequeno": "Duas possibilidades: tornar-se infinitamente pequeno ou sê-lo. A segunda é a perfeição, ou seja, a inatividade; a primeira, o início, ou seja, ação".

---

* Em apoio a esta opinião, gostaria de mencionar aqui que o melhor conhecedor moderno das literaturas orientais, Arthur Waley, concorda com ela e a comentou detalhadamente em numerosos colóquios. Talvez por isso seja Kafka o único prosador alemão a quem lia passionalmente, e cuja obra lhe era tão familiar como a de Pó Chü-I ou o romance budista do Macaco, traduzidos por ele. Nos referidos colóquios travados com Waley, muitas vezes se falou do taoísmo natural de Kafka, como também, para que não faltasse nenhum aspecto chinês, do colorido especial de seu ritualismo. Para Waley, isso era documentado de modo concludente pelos exemplos da *Recusa* e da *Construção da muralha chinesa*. Mas, no mesmo contexto, foram ainda mencionados outros contos.

Sei muito bem que com isso frisei apenas uma pequena parte daquilo que se poderia dizer sobre o poder e a metamorfose na obra de Kafka. Um esforço que visasse um trabalho mais completo e mais extenso somente seria viável no projeto de um livro mais amplo, ao passo que aqui me cabe terminar o relato da história da sua ligação com Felice, história essa da qual ainda cumpre narrar três anos.

De todos os áridos anos dessa relação, o de 1915 foi o mais estéril. Decorreu sob o signo de Bodenbach. O que Kafka certa vez formulara explicitamente, o que exprimira por escrito, continuava a atuar nele por muito tempo. Inicialmente, em consequência do embate, porém com intervalos mais espacejados, Felice recebeu ainda diversas cartas. Nelas se encontravam lamentações relativas à estagnação da obra literária — que realmente estava parada — e ao barulho nas novas moradias que Kafka passara a habitar. Sobre isso, escrevia mais detalhadamente, e essas são as passagens mais fascinantes. Torna-se-lhe cada vez mais difícil conformar-se com sua vida de funcionário. Entre as acusações que não poupa a Felice, a mais grave se refere à sua vontade de morar com ele em Praga. Não suporta essa cidade, e, para sair dali, até mesmo ventila a ideia de alistar-se. Quanto à guerra, o que mais o faz sofrer é o fato de não participar dela. Mas não se poderá excluir a possibilidade de que o convoquem. Em breve, chegaria a sua vez de ser recrutado. Pede então a Felice que rogue a que o considerem apto, assim como deseja. Mas, não obstante suas repetidas tentativas, isso não se realiza, e Kafka permanece no seu escritório de Praga, "desolado, que nem uma ratazana enjaulada".

Felice envia-lhe *Salammbô*, com uma dedicatória muito triste. A leitura dela deixa-o infeliz, e excepcionalmente Kafka empenha-se em escrever uma carta reconfortante: "Nada terminou, não há nem escuridão nem frio. Olha, Felice, somente ocorreu que minhas cartas se tenham tornado diferentes e mais raras. Qual foi o resultado das cartas anteriores, mais frequentes e distintas? Tu o conheces. Devemos começar de novo...".

Talvez fosse dita dedicatória o que o induzia encontrar-se

por ocasião do Pentecostes com Felice e Grete Bloch na Suíça Boêmia. Para ambos, este ia ser o único momento luminoso do ano. A presença de Grete Bloch talvez tenha contribuído para o bem-sucedido decurso desses dois dias. É provável que a essa altura se haja dissipado em seu espírito algo do petrificante horror, causado pelo "tribunal" que as duas mulheres tinham organizado contra ele. Felice estava com dor de dentes e permitiu a Kafka que a acompanhasse à procura de aspirina. Durante o passeio, ele podia "demonstrar-lhe sua afeição cara a cara". Deveria tê-lo visto — conta-lhe já de Praga, após o regresso —, como durante o longo trajeto evocava no ramo de lilases recordações dela e de seu quarto. Em nenhuma outra época, Kafka carregara consigo numa viagem objetos desse gênero. Não apreciava flores. E, logo no dia seguinte, escreve que receia ter-se demorado em demasia ali. Afirma que dois dias talvez tenham sido demais, visto que, depois de um dia, ainda seria fácil separar-se, ao passo que dois já criavam laços que eram dolorosos cortar.

Poucas semanas após, em junho, realizou-se outro encontro, em Karlsbad. Dessa vez foi mais breve, e tudo saiu mal. Não se conhecem pormenores, mas numa carta posterior fala-se de Karlsbad e da "viagem realmente horrorosa a Aussig". Tão pouco tempo depois da amena jornada de Pentecostes, a decepção deve ter sido especialmente grave, pois Karlsbad passou a ser incluída na lista das experiências mais penosas, logo ao lado do Tiergarten e do Askanischer Hof.

Doravante, Kafka quase que cessa de escrever a Felice ou apenas rechaça as queixas dela, provocadas por seu silêncio. "Por que não escreves?", diz de si para si. "Por que atormentas F.? Seus cartões-postais evidenciam que o fazes. Prometes escrever e não escreves. Telegrafas: 'Segue carta'; mas, na verdade, não segue, senão será enviada somente dentro de dois dias. Mocinhas talvez possam permitir-se tal procedimento, uma única vez e excepcionalmente [...]" A inversão é manifesta: ele inflige a Felice exatamente o que ela, anos atrás, lhe infligiu, e a referência a mocinhas que possivelmente tenham o direito de agir assim absolutamente não comprova que ele não se tenha dado conta desse fato.

De agosto a dezembro, Felice não recebe sinais de vida dele, e, quando mais tarde Kafka torna a escrever-lhe ocasionalmente, quase sempre o faz para rejeitar propostas de um novo encontro. "Seria bonito se estivéssemos novamente reunidos, mas acho melhor evitá-lo. Tratar-se-ia de algo provisório e coisas provisórias já nos fizeram sofrer bastante." "Somando todas essas considerações, é melhor que não venhas." "Enquanto eu não estiver livre, não quero ser visto nem quero ver a ti." "Acautelo-te e também a mim contra esse encontro. Pensa bem nos anteriores. Então deixarás de desejar que se repitam [...] Por isso, nenhum encontro."

A última dessas citações já data de abril de 1916, e no contexto da carta, da qual foi extraída, soa ainda muito mais dura. Excetuando-se o magro interlúdio do Pentecostes de 1915, a resistência de Kafka intensificou-se no decorrer de um ano e meio, e não há indícios de que isso se possa modificar. Mas, justamente nesse mesmo abril, aparece pela primeira vez num postal a palavra "Marienbad", que a partir de então ressurge regularmente. Kafka planeja uma viagem de férias. Tenciona passar três semanas em Marienbad e lá levar uma vida tranquila. Os postais sucedem-se então com maior frequência. Em meados de maio, ele está realmente lá, a serviço, e dali escreve logo uma carta detalhada e um cartão-postal a Felice:

[...] Marienbad é incrivelmente linda. Havia muito, eu deveria ter obedecido a meu instinto que me dizia que os mais gordos são também os mais inteligentes. Pois, para emagrecer não é necessário reverenciar fontes de águas medicinais, mas vagar através de bosques tão formosos só se pode aqui. Verdade é que atualmente a beleza fica aumentada pelo silêncio e pela solidão, como também pela receptividade de tudo quanto vive ou não vive, ao passo que o tempo nublado, ventoso, quase não a prejudica. Acho que, se eu fosse um chinês e tivesse de regressar imediatamente para casa (ora, no fundo sou chinês e regresso para casa), seria preciso que desse logo um jeito para voltar a este lugar. Certamente tu gostarias disso também!

Citei quase todo o texto desse postal, porque nele se encontram reunidos num espaço resumido tantas características e predileções dele: o amor aos bosques, o pendor por silêncio e solidão, o problema da magreza e o quase supersticioso respeito que tributa a pessoas gordas. Silêncio, solidão, o tempo nublado, ventoso, a receptividade do que vive ou não vive — tudo faz pensar no taoísmo e numa paisagem chinesa, e por isso topamos desta vez com a única paisagem na qual Kafka diz com respeito a si mesmo: "No fundo sou chinês...". A frase final é a primeira tentativa autêntica de acercar-se de Felice, depois de muitos anos, e dela se originam os dias ditosos de Marienbad.

As negociações — não podemos usar outro termo — acerca das férias em comum prolongam-se ainda por um mês inteiro. Animam a correspondência de forma assombrosa. Na intenção de amoldar-se ao gosto dele, Felice até propõe um sanatório. Talvez a recordação daquele sanatório de Riva, onde, três anos atrás, o contato com a "suíça" se mostrara benéfico, haja exercido uma vaga influência sobre a sugestão. Mas Kafka não gosta da ideia. Assevera que uma casa de saúde quase equivale a "um novo escritório a serviço do corpo". Prefere um hotel. De 3 a 13 de julho, Kafka e Felice passam juntos dez dias em Marienbad.

Ele deixou na mais perfeita ordem a repartição em Praga. Sentia-se feliz de poder abandoná-la. Afirma ter estado "disposto a lavar, ajoelhado, um a um os degraus da escada, desde o sótão até o porão, a fim de demonstrar-lhes desse modo a gratidão de poder sair". Em Marienbad, Felice aguardou-o na gare. Kafka passou a primeira noite num quarto feio, que dava para um pátio. Porém, no dia seguinte, transferiu-se para um "quarto extraordinariamente belo" no hotel "Balmoral". Lá, Felice e ele ocupavam peças contíguas, e ambos tinham a chave da porta de comunicação. A enxaqueca e a insônia eram terríveis. Durante os primeiros dias e sobretudo de noite, Kafka sentia-se atribulado e desesperado. Registrou no diário o seu péssimo estado. No dia 8, com tempo horrível, fez em companhia de Felice uma excursão a Tepl. Mas, em seguida, houve "uma tarde maravilhosamente leve e linda", e com isso realizou-se uma alteração total. Aconteceram cinco dias felizes com ela; como poderíamos dizer: um dia por cada qual dos cinco anos de sua relação. No diário, Kafka anotou:

> Nunca antes, a não ser em Zuckmantel, tivera eu contato íntimo com uma mulher. E depois ainda com a moça suíça em Riva. A primeira era mulher, e eu ignorava tudo; a segunda não passava de uma criança, e eu andava completamente confuso. Com F., só tivera intimidade através de cartas; pessoalmente, porém, há dois dias apenas. Aquilo ainda não fica inteiramente claro. Restam dúvidas. Mas, como é bela a mirada de seus olhos serenados, essa eclosão de profundezas femininas.

Na véspera da partida de Felice, Kafka começou a escrever uma longa carta a Max Brod. Somente a terminou mais tarde, quando ela já se fora:

> [...] Mas, nesse momento, vi a confiança no olhar de uma mulher e não pude permanecer insensível. [...] Não me cabe o direito de resistir a isso, tanto menos porque, mesmo que não ocorresse o que ocorre, eu o provocaria voluntariamente, nem que fosse apenas para receber outra vez aquela mirada. Ora, eu não a conhecia. Entre outros escrúpulos, refreava-me naquela época justamente o temor à moça que me enviava cartas. Quando, no grande salão, ela ia ao meu encontro, a fim de receber o beijo das esponsais, percorreu-me um calafrio. Cada passo da "expedição-noivado", em companhia de meus pais, era para mim um suplício. Nada me causava tanto medo como a ideia de estar a sós com F. antes das bodas. Agora, a coisa é diferente, e está bem. Nosso acordo, em poucas palavras: casamento depois do

fim da guerra; alugar duas ou três peças num subúrbio de Berlim; deixar nas mãos de cada um de nós a solução de seus próprios problemas econômicos. F. continuará trabalhando como antes, e eu, bem, eu ainda não sei. [...] Contudo, há atualmente nessa situação tranquilidade, segurança e por isso possibilidade de viver. [...]

Desde aquela manhã em Tepl, decorreram dias tão lindos, tão leves como jamais teria imaginado que me pudessem acontecer. Naturalmente houve em meio a eles algumas sombras, porém se impuseram a beleza e a despreocupação [...].

No último dia das férias de Felice, Kafka acompanhara-a a Franzensbad, a fim de visitar ali sua mãe e uma de suas irmãs. À noite, quando regressou a Marienbad, onde tencionava passar mais dez dias, seu quarto fora alugado a outros hóspedes, e ele teve de transferir-se para o muito mais ruidoso de Felice. Assim se explica que os primeiros postais escritos depois da partida dela estejam cheios de lamentações sobre o barulho, cefaleia e falta de sono. Mas, depois de cinco outros dias, acostumara-se ao quarto antes habitado por ela, e então, com o atraso próprio dele, expressam-se nos cartões certa ternura e uma sensação de felicidade, que comovem o coração do leitor, já por causa de sua raridade. Devemos considerar uma verdadeira sorte o fato de Kafka ter permanecido nos lugares por ambos frequentados, ainda depois da partida de Felice. Ele percorria os mesmos caminhos nos bosques de Marienbad. Comia nos mesmos restaurantes os pratos prescritos para que aumentasse de peso. De noite, estava sentado na sacada que fora dela, à mesma mesa, e escrevia-lhe à luz da lâmpada familiar a ambos.

Tudo isso se lê nos postais. Dia após dia, Kafka despachava um, e algumas vezes até dois. O primeiro começava ainda com as palavras: "Minha pobre querida...", pois Kafka continua sentindo-se mal. Sempre que a chama "pobre", refere-se a si mesmo: o pobre é ele. "Escrevo com tua caneta, tua tinta;

durmo na tua cama; estou sentado na tua sacada. [...] Isso não faria mal, mas, através da porta simples, que tenho agora, ouço o barulho do corredor e os ruídos dos casais vizinhos, à direita e à esquerda." Por enquanto, o barulho prossegue pior do que todo o resto, pois, do contrário, Kafka não teria equivocadamente afirmado que "isso não faria mal", logo após a descrição precedente. O postal termina com a frase: "Agora vou ao Dianahof, para pensar em ti, debruçado sobre o prato de manteiga".

Num postal posterior, comunica-lhe que, apesar da insônia e das dores de cabeça, está engordando e lhe envia "o cardápio de ontem". Lá se encontram, com indicação exata do horário, as coisas que esperaríamos vê-lo consumir, tais como leite, mel, manteiga, cerejas etc., porém às doze horas lemos, quase incrédulos, "carne cozida, espinafre, batatas".

Isso significa que Kafka realmente abriu mão de parte da resistência contra ela: o menu é importante nesse amor. Ele fica "gordo". Também come carne. Visto que, de resto, alimenta-se com todo gênero de coisas que já aprovava anteriormente, consiste o compromisso entre ambos na quantidade dos alimentos ingeridos e na "carne cozida". Naqueles dias da estada comum em Marienbad, aproximaram-se um do outro e reconciliaram-se entre si também com um acordo em matéria de comida. A rotina da vida na estação de águas acalma Kafka e livra-o do medo a Felice. Após a partida dela, prossegue no mesmo tipo de regime, nos mesmos locais, e comunica isso a ela como uma espécie de declaração de amor.

Mas também lhe presta homenagem de uma maneira menos íntima, mais elevada:

Imagina que nós nem chegamos a conhecer o hóspede mais distinto de Marienbad, quer dizer, aquele ao qual se tributa a maior confiança humana: trata-se do rabino de Belz, atualmente talvez o expoente principal do hassidismo. Está aqui há três semanas. Ontem juntei-me pela primeira vez às cerca de dez pessoas de seu séquito, por ocasião de seu passeio vespertino. [...] E como vais tu, minha hóspede suprema de Marienbad? Ainda não tenho notícias e me contento com aquilo que me contam as velhas veredas — por exemplo, hoje a alameda "Porfia e Segredo".

Certa feita, quando havia dois dias não tinham chegado cartas dela, lemos: "A vida em comum mimou-nos tanto: dois passos à esquerda bastavam para que a gente tivesse notícias". No segundo cartão do mesmo dia lê-se:

Querida, será que novamente exagero como outrora ao escrever-te demais? A título de desculpa: estou sentado na tua sacada, a teu lado da mesa, como se ambos os lados dela fossem pratos de balança. O equilíbrio existente nas nossas boas noitadas parece estragado, e eu, sozinho num dos pratos, estou na iminência de ir ao fundo. Ao fundo, porque estás distante. Por isso te escrevo. [...] A esta hora quase que reina aqui aquele silêncio que almejo. A lamparina ilumina a mesinha da sacada. Todas as outras sacadas estão vazias devido ao frio. Só se ouve, vindo da Kaiserstrasse, um monótono ruído, que não me incomoda.

Nesse instante, Kafka estava livre de angústia. Encontrava-se sentado ao lado da mesa antes ocupado por ela, como se fosse Felice. Mas o prato da balança baixava, por causa da distância dela, e por isso lhe escrevia. Quase que reinava o almejado silêncio. A lamparina iluminava tão somente a sua sacada, e o que o alimentava já não era indiferença. Todas as outras sacadas estavam vazias, em virtude do frio. O monótono murmúrio, procedente da rua, não o incomodava.

Aquela frase da época em que ainda não conhecia realmente a Felice, e que rezava que o medo, ao lado da indiferença, seria a sensação fundamental que lhe inspiravam os seres humanos, já não tinha a mesma força. Ao desfrutar a liberdade proporcionada pela lamparina, Kafka também sentia amor: "Alguém deve velar, dizem. Alguém tem de estar presente".

* * *

Qualquer vida que se conhece muito bem é ridícula. Porém, quando a conhecemos ainda melhor, torna-se séria e terrível. Ao regressar a Praga, Kafka iniciou um empreendimento suscetível de ser estudado a partir de ambos os seus aspectos. A imagem que se fizera da Felice de antes de Marienbad lhe fora insuportável, e ele se dedicou então à hercúlea tarefa de alterá-la. Já havia muito tempo, desde o encontro em Bodenbach, tivera dela uma visão, clara. Sem nenhuma consideração, explicara-lhe o que o desgostava nela. Mas apenas o fizera esporadicamente e sem esperança, porquanto nada existia que pudesse ser sugerido para modificá-la. Certo dia, em Marienbad, haviam conversado sobre o Lar Popular Judaico de Berlim, instituição que cuidava de refugiados e seus filhos. Espontaneamente, Felice manifestara o desejo de cooperar ali nas horas vagas. Kafka, que falara sobre isso sem expectativa nem intenção, alegrou-se ao perceber que ela "compreendia tão bem e tão desinibidamente a ideia do lar". A partir desse momento, começou a nutrir esperanças com respeito a ela, e mediante a tenacidade, que no seu espírito substituía a força, exortou-a em todas as cartas enviadas a Berlim a que transformasse em realidade o projeto de contatar o Lar Popular. Durante três ou quatro meses, até princípios de novembro, escrevia-lhe quase diariamente, e o tema mais importante, embora não o único, das cartas era o Lar Popular.

Hesitantemente, Felice tentou informar-se. Temia que talvez somente estudantes universitários fossem admitidos ao trabalho na instituição. Kafka, na sua resposta, estranha totalmente que nela se houvesse formado tal opinião. "Claro que foram universitários e universitárias, por serem na média as pessoas mais altruístas, mais decididas, mais inquietas, mais exigentes, mais esforçadas, mais independentes e mais perspicazes, os que deram início a esse movimento e são agora seus líderes, mas qualquer outro ser vivo também pode tomar parte nele." (Dificilmente encontraremos nos escritos de Kafka mais uma vez tantos superlativos juntos.) Colocar-se à disposição da obra será infinitamente mais importante do que ir ao teatro, ler Klabund ou qualquer outra coisa. Afirma que no propósito havia também um quê de egoísmo, pois não se trata de auxiliar e sim de buscar auxílio, já que desse trabalho se podia extrair mais mel do que de todas as flores dos bosques de Marienbad. Aguarda ansiosamente notícias sobre a participação de Felice. Adverte-a que não tenha receios quanto ao sionismo, do qual ela não tinha suficientes conhecimentos. Assevera que o Lar Popular podia desencadear energias e produzir outros efeitos que a ele, Kafka, interessam muito mais.

Ainda em Marienbad, Kafka lera um livro sobre a vida da condessa Zinzendorf, cujo espírito e cuja "obra quase super-humana" na administração da igreja da irmandade de Herrnhut ele admirava. Refere-se frequentemente a ela, e, em todos os conselhos que daí por diante dá a Felice, essa personalidade se lhe afigura um modelo, se bem que, na verdade, o julgue totalmente inalcançável. "Quando, depois das bodas, aos 22 anos, a condessa entrava em sua nova moradia em Dresden, que a avó de Zinzendorf mobiliara para os recém-casados de um modo muito confortável em comparação com o comum daquela época, prorrompeu em pranto." Em seguida, Kafka cita uma frase piedosa da moça quanto à sua inocência com relação a tais extravagâncias e reproduz sua súplica à graça divina para que esta dê segurança à sua alma e mantenha seus olhos afastados de todas as tolices mundanas. Acrescenta a isso: "A gravar numa placa, que deverá ser afixada acima da entrada da loja de móveis".

Com o tempo, essa influência degenera numa genuína campanha, e se torna evidente o que ele na realidade visa alcançar. Sua intenção é "desaburguesar" Felice, tirando-lhe da cabeça os móveis, que para ele representam o que há de mais terrível e odioso no matrimônio burguês. Ela deverá aprender quão pouco significam o escritório e a família, formas de vida provenientes da avidez, e Kafka contrapõe a elas a humilde atividade de cooperar num asilo de crianças refugiadas. Mas o modo como insiste revela um grau de despotismo espiritual que jamais esperaríamos atribuir a ele. Kafka exige relatórios sobre cada passo que a aproxime do Lar Popular e depois sobre todos os pormenores do trabalho que Felice lá executa, após ter sido admitida. Entre as cartas, há uma na qual faz quase vinte perguntas. Sua insaciabilidade intensifica-se, e ele nunca se cansa de ouvir detalhes; incita-a; critica-a; participa da elaboração de uma conferência que ela deverá fazer no Lar Popular, e, com esse fim, lê e estuda a *Doutrina da juventude*, de Friedrich Wilhelm Förster. Escolhe leituras para as crianças da instituição; até mesmo lhe envia de Praga edições juvenis de certas obras que julga especialmente adequadas; com exagerada meticulosidade, volta sem cessar a esse assunto; pede fotografias de Felice rodeada pelas crianças, que deseja conhecer de longe, pela observação atenta. Elogia fervorosamente a Felice, sempre que está contente com seu comportamento, e esses encômios soam tão intensos que ela tem de considerá-los manifestações de amor. Porém estes só aparecem quando Felice executa as indicações dele. Aos poucos, o que Kafka espera dela converte-se realmente numa espécie de subordinação e obediência. A retificação da imagem de Felice, a modificação de seu caráter, sem as quais ele não pode imaginar uma vida em comum com ela, transformam-se sucessivamente no ato de controlá-la.

Desse modo, Kafka toma parte nas atividades de Felice, para as quais — segundo confessa numa carta — a ele mesmo faltaria a necessária dedicação. O que ela faz, realiza-o em seu lugar. Ele, por sua vez, precisa cada vez mais da solidão. Em passeios dominicais busca-a nos arredores de Praga, inicialmente em companhia da irmã Ottla, a quem admira como a uma noiva. Um de seus colegas da empresa na qual trabalha pensa que Ottla fosse realmente sua noiva, e Kafka não vacila em contar isso a Felice.

Para as suas horas vagas, ele acaba de inventar um novo prazer, a saber, deitar-se na relva.

Faz pouco, estava eu estendido... quase que na valeta (pois, esse ano, o capim é muito alto e denso também ali). Ocorreu então que um cavalheiro bastante distinto, com o qual preciso estabelecer às vezes contatos oficiais, passasse pertinho numa carruagem puxada por uma parelha, indo a uma festa ainda mais distinta. E eu me espichava, saboreando as alegrias que me proporciona o fato de ser um degradado.

Num passeio que dá com Ottla, perto de Praga, descobre dois sítios maravilhosos, ambos "silenciosos como o Paraíso após e expulsão das criaturas humanas". Mais tarde, caminha também sem mais ninguém.

Será que conheces as delícias de estar sozinho, de passear sozinho, de ficar estirado sozinho sob o sol? [...] Já deste longas caminhadas sozinha? Ser capaz disso requer muita miséria antiga, mas também muita felicidade. Sei que na infância estive frequentemente sozinho, mas aquilo era sobretudo consequência de uma coação e não de alguma liberdade venturosa: ao passo que agora corro rumo à solidão como a água corre em direção ao mar.

E em outra ocasião escreve: "Dei um longo passeio, aproximadamente cinco horas, sozinho e não bastante sozinho, por vales desertos, porém não bastante desertos".

Enquanto, dessa maneira, preparam-se os pressupostos íntimos de uma vida campestre, tal como, um ano após, levará em Zürau, junto com Ottla, tenta Kafka amarrar Felice cada vez mais fortemente à comunidade do Lar Popular Judaico de Berlim. Durante a semana, prossegue dedicando-se a seu trabalho de funcionário público, que o enche de crescente asco, a tal ponto que ainda ventila a ideia de refugiar-se no *front*, a fim de fugir dele; pois, se fosse soldado, pelo menos não haveria necessidade de poupar suas forças. Entretanto, Felice justifica-o mediante as suas atividades no Lar Popular.

Mas, nas cartas redigidas nessa mesma época, Kafka menciona igualmente, muitas vezes, a sua produção literária. Visto que se trata de um período no qual ainda não se sente capacitado para nenhuma obra nova, as notícias referem-se ao destino de contos anteriores, a publicações e também a críticas. Já em setembro, comunica-lhe que recebeu um convite para Munique, onde deverá ler um de seus escritos. Gosta de ler suas obras em público e está com vontade de empreender a viagem. Quer que Felice esteja presente e rejeita suas propostas de encontrar-se com ela em Berlim ou Praga. Quanto a Berlim, atemorizam-no as recordações dos esponsais e do "tribunal", que, na verdade, só raras vezes evoca nas cartas: dois anos separam-no daqueles dias. Mas, sempre que a menção de algum sítio berlinense ressuscita as reminiscências, não hesita em fazê-la notar quão vivas continuam as dores originárias dessa época. Com relação a Praga, assusta-o a ideia de sua família: não se poderia evitar que Felice se sentasse à mesa dos pais, e sua inclusão intensificaria a hegemonia do clã, aquela supremacia contra a qual ele luta incessantemente com suas débeis forças. Ao manter Felice distante de Praga, age como um político desejoso de impedir a aliança entre dois inimigos potenciais. Sendo assim, apega-se tenazmente ao projeto de um encontro em Munique. Durante dois meses, a correspondência preocupa-se com ele. Kafka sabe que uma leitura pública representaria para si uma fonte de energias, e também Felice, solícita e obediente como se mostra a essa altura, dá-lhe alento. Ambas essas fontes de conforto deverão unir-se em Munique, incrementando-se mutuamente. Mas isso não altera de modo algum seu jeito particular de *tomar decisões*. Mais uma vez, assistimos àquele titubeio que já conhecemos: a viagem é provável, mas ainda não certa; existem ameaças externas que possam fazer com que fracasse. Depois de dois meses de deliberações, lemos, numa carta enviada cinco dias antes: "Com cada dia que passa, a viagem torna-se mais provável. Em todo caso, te mandarei quarta ou quinta-feira um telegrama, ou com as belas palavras: 'Vamos lá!'; ou com a triste palavra: 'Não!'". E, na sexta-feira, Kafka põe-se a caminho.

Uma peculiaridade imutável da índole de Kafka manifesta-se no fato de ele jamais tirar uma lição de seus erros. A multiplicação de malogros e mais malogros nunca tem por resultado qualquer êxito. As dificuldades permanecem sempre as mesmas, como se se tratasse de demonstrar a invencibilidade de sua natureza. Em inúmeros cálculos e reflexões, sistematicamente se omite aquilo que poderia levar a um fim favorável. A liberdade de fracassar, como uma espécie de lei suprema, fica sempre ressalvada. A ela cabe garantir em todas as encruzilhadas a possibilidade de escapar. Gostaríamos de qualificar isso de liberdade dos fracos, que procuram sua salvação através de derrotas. Na proibição de vitórias revelam-se a genuína índole de Kafka, tanto como sua posição particular em face do poder. Todos os cálculos têm sua origem na impotência e novamente conduzem a ela.

E assim, não obstante todas as experiências adquiridas nos precedentes encontros breves e malogrados, Kafka pôs em jogo a sua conquista dos quatro meses anteriores — o domínio sobre Felice, mediante o Lar Popular Judaico de Berlim —, o que fez naquele único sábado passado com ela em Munique. Ali ignorava tudo: os lugares; as pessoas; o decorrer da leitura de sexta-feira, após um dia inteiro de viagem de trem; a sequência dos acontecimentos do sábado. No entanto, assumia o risco, como se nele se escondesse uma secreta chance de liberdade. Numa "confeitaria abominável", houve entre ambos um atrito, a cujo respeito desconhecemos quaisquer pormenores. Parece que Felice, que por tanto tempo se empenhara em submeter-se a Kafka, acabou rebelando-se. É provável que nas suas repentinas explosões não tenha primado pela sutileza. Acusou-o de egoísmo; reproche já muito antigo. Kafka não o podia aceitar sem mais nada, porque o feria gravemente. Pois, como ele mesmo escreveu algum tempo após, a repreensão era justa. Mas, seu maior, seu máximo egoísmo provinha da *teimosia*, e esta somente permitia censuras que ele fazia a si. "Meu sentimento de culpa é sempre suficientemente forte; não precisa ser alimentado de fora, e meu organismo não dispõe de bastante força para poder engolir com frequência esse tipo de nutrição."

Com isso chegou ao fim a segunda florescência de suas relações. O entendimento sumamente estreito durara quatro meses. Esse lapso de tempo pode muito bem ser comparado com aquela primeira fase de setembro a dezembro de 1912. Ambos tinham em comum a esperança e o vigor que Kafka extraía à produção literária, ao passo que no segundo se visava à modificação do caráter de Felice e à possibilidade de adaptá-la aos valores próprios de Kafka. A decepção havida na primeira época tivera por consequência o estancamento da obra. Dessa vez, porém, o efeito do distanciamento de Felice foi justamente o oposto: a separação fez com que Kafka voltasse a produzir.

Ele retornou de Munique com novo ânimo. A leitura que dera ali resultara num "grandioso fracasso". Fora lido *Na colônia penal*.

> Cheguei lá, com meu conto como veículo de viagem, a uma cidade que, além de ser para mim lugar de encontro e de desoladoras reminiscências da juventude, absolutamente não me interessava; recitei ali minha sórdida história em meio à mais completa indiferença; nenhum cano de estufa vazia poderia estar mais frio. Em seguida, privei com gente estranha, o que aqui só raras vezes me sucede.

As críticas eram desfavoráveis, e ele lhes dava razão, dizendo que fora da parte dele uma "fantástica presunção" ler algo em público, após não ter escrito, segundo assevera com certo exagero, coisa alguma durante dois anos. (Mas, em Munique, também ficara sabendo que Rilke o apreciava muito e gostava especialmente do *Foguista*, trabalho que preferia à *Metamorfose* e a *Na colônia penal*.) Foi, todavia, tal presunção — a apresentação em público, o fato de existirem opiniões e em especial negativas, a derrota e a grandiosidade do fracasso em meio a pessoas desconhecidas — o que estimulou Kafka. Se a isso acrescentarmos o conflito com Felice, o qual lhe outorgava aquela distância íntima, indispensável para que pudesse escrever, compreenderemos seu renovado ânimo depois do regresso.

Logo se pôs à procura de um domicílio, e dessa vez teve sorte: numa casinha da Alchimistengasse, que Ottla alugara para si, ela o instalou num quarto bastante silencioso, feito para escrever. Lá Kafka sentiu-se imediatamente à vontade. Recusou ver Felice por ocasião do Natal, e, pela primeira vez, esta se queixou de dores de cabeça, que como que herdara dele. Quase desdenhosamente, Kafka refere-se ao Lar outrora tantas vezes discutido. A este caberia doravante cumprir sua função de segurá-la e mantê-la amarrada, mas nada mais.

Kafka passou momentos amenos na casa de Ottla. Andava melhor do que nunca antes nos dois anos precedentes. "Que coisa estranha cerrar a porta da casa nesta viela estreita, sob a luz das estrelas!" — "Que beleza morar ali! Como é lindo ir a pé para casa, descendo a velha escadaria do castelo, em direção à cidade!" Nesse ambiente originaram-se *Um médico rural, O novo advogado, Na galeria, Chacais e árabes* e *A aldeia vizinha*, que mais tarde foram incluídos no volume *Um médico rural*. Igualmente escreveu ali *A ponte, O caçador Graco* e *A cavalo no balde de carvão*. O que todos esses contos têm em comum são amplidão de espaço, metamorfose (já não em algo pequeno) e movimento.

Quanto à última fase da relação com Felice, muito pouco se pode deduzir das cartas dirigidas a ela. A carta escrita aproximadamente em fins do ano de 1916 — que expõe detalhadamente as vantagens e desvantagens de uma moradia no Palácio Schönborn e se trata de modo "calculista", como ele mesmo se reprocharia, apresentando seis pontos contra e cinco a favor —, essa carta presume ainda que depois da guerra ambos morariam juntos. Nessa habitação, que então estaria preparada para ela, Felice poderia repousar, pelo mínimo durante dois ou três meses. Verdade é que deveria renunciar à cozinha e ao quarto de banho. Não se pode afirmar que sua presença figure de modo muito convincente nos cálculos. Mas, seja como for, aparece neles, e o que talvez deva ser considerado ainda mais importante: Kafka pede-lhe que reflita cuidadosamente e lhe dê um conselho.

Dos primeiros meses do ano de 1917, em cujo decorrer, até agosto, certamente lhe escreveu de vez em quando, não se conservaram nem postais nem cartas anteriores a setembro. Em fevereiro, Kafka começou a habitar a morada no Palácio Schönborn. Lá nasceram outros contos do volume *Um médico rural*, bem como alguns trabalhos não publicados enquanto vivia, entre eles coisas muito importantes, tais como *A construção da muralha chinesa*. A essa altura, não se mostra insatisfeito, segundo consta numa carta enviada a Kurt Wolff em julho de 1917.

O que se deu entre ele e Felice no mesmo mês de julho, só podemos conjecturá-lo por meio de outras fontes. Por isso, a descrição não pode ser tão precisa como as anteriores. Esse julho é o mês do segundo noivado oficial. Verdade é que a guerra ainda estava longe de terminar, e, segundo parece, o projeto original sofreu alguma aceleração. Felice veio a Praga. Cabe supor que se tenha alojado no Palácio Schönborn, embora haja indícios em contrário. Kafka e Felice visitaram juntos diversos amigos, a fim de anunciarem oficialmente o compromisso dos esponsais. Brod assinala o caráter cerimonioso e levemente ridículo da visita que lhe fizeram. Mais uma vez, o casal se preocupou com a procura de uma moradia e a aquisição de móveis. É possível que Felice, descontente com o Palácio Schönborn, tenha insistido em que dispusesse desde o começo de uma cozinha e de um banheiro. Durante as suas caminhadas, levava na sua carteira a importância extraordinariamente alta de novecentas coroas. Numa carta dirigida à sra. Weltsch, trata-se da perda temporária dessa carteira, e, na mesma ocasião, Kafka menciona formalmente sua "noiva". As démarches oficiais e essa espécie de intitulações talvez exigissem dele um esforço excessivo. Já se disse que aprender de experiências passadas não estava de acordo com sua natureza. Mas, possivelmente, recorria ele, sem ter consciência disso, a adversidades desse gênero, só para *obrigar-se* a fugir de novo. Na segunda metade de julho, viajou em companhia de Felice à Hungria, para visitarem a irmã dela em Arad. No decorrer dessa viagem, deve ter ocorrido um sério atrito. Quiçá a confrontação com um membro da família de Felice fosse necessária para apressar o rompimento. Em Budapeste, Kafka abandonou Felice e retornou sozinho, via Viena, a Praga. Rudolf Fuchs, ao qual encontrou nessa ocasião em Viena, anota em suas memórias manifestações de Kafka que permitiam concluir que este já rompera definitivamente com Felice ou pelo menos tinha a intenção de fazê-lo. De Praga, ele escreveu-lhe duas cartas, que não chegaram até nós e nas quais provavelmente foi muito longe.

A essa altura, estava realmente decidido a realizar a ruptura. Como, porém, não confiasse nas suas próprias forças, indispensáveis para esse passo, acometeu-o uma hemoptise dois dias após a segunda dessas cartas, na noite de 9 a 10 de agosto. À base de uma descrição posterior, temos a impressão de que exagerou um pouco a duração desse ataque. No entanto, é indubitável que Kafka subitamente, a altas horas da noite, lançou da boca sangue dos pulmões e que tal fato manifesto, que, do ponto de vista poético, evocava a ideia de uma "ferida sangrenta", teve para ele consequências muito sérias. Ainda que em seguida se sentisse aliviado, foi ver seu médico, aquele doutor Mühlstein, que pelo "volume de seu corpanzil" produzia um efeito tranquilizador. Não é possível averiguar qual era a opinião real desse clínico, mas o relato de Kafka bastava para apavorar Brod. Decorreram ainda várias semanas, até que este conseguisse persuadir Kafka a consultar um tisiologista. Pois, desde o princípio, Kafka tinha certeza das verdadeiras causas de sua doença, e nem sequer a expectativa da liberdade, que para ele tinha maior importância do que todo o resto, tornava-lhe fácil a medida de entregar-se para sempre à medicina oficial, da qual desconfiava com tamanha teimosia. Com a visita ao especialista, em 4 de setembro, iniciou-se um novo período de sua vida. O veredicto dessa autoridade, cuja aceitação Kafka se coagia a impor-se, redimiu-o de Felice, do medo ao matrimônio e da muito odiada profissão. Mas, ao mesmo tempo, fazia com que ficasse continuamente amarrado à enfermidade, da qual morreria e que, naquele momento, talvez ainda não existisse.

Pois a primeira referência ao diagnóstico do especialista, que se encontra no diário de Brod, numa anotação que data do mesmo dia, nem soa extremamente grave. Fala-se lá de um catarro das pontas de ambos os pulmões e de uma *ameaça* de tuberculose. Como se verificou, a febre cessou completamente depois de pouco tempo. Mas as insólitas manipulações médicas resultaram num plano de fuga, tal como Kafka necessitava para sua salvação espiritual. Decidiu-se, portanto, que ele devesse domiciliar-se no campo, provisoriamente, por três meses. O sítio adequado estava previsto, inegavelmente, havia muito tempo. Era a granja de Ottla em Zürau. Passaram-se quatro semanas, sem que Felice ficasse sabendo de tudo isso. Somente quando cada passo fora organizado em definitivo, três dias antes do traslado para Zürau, em 9 de setembro, Kafka escreveu-lhe finalmente uma primeira carta, de conteúdo muito sério. Talvez pudesse ter-lhe comunicado já nessa oportunidade a dura decisão de romper para sempre as relações com ela. Mas, por ter guardado o prolongado silêncio, depois de ter recebido as duas cartas de agosto, Felice lhe escrevera em tom conciliante, como se nenhum fato grave existisse entre eles, e Kafka recebera suas cartas amáveis em 5 de setembro, num momento bem pouco propício, logo no dia subsequente à visita ao especialista. "Hoje", relata a Brod, "chegaram cartas de F., muito serenas, gentis, desprovidas de qualquer rancor, justamente assim como a vejo nos meus mais queridos sonhos. Desse modo, torna-se-me difícil escrever-lhe."

Porém, como já se disse, escreve-lhe em 9 de setembro, e conta de forma dramaticamente abreviada o que aconteceu a seus pulmões. Fala com insistência de sangue e expressamente de tuberculose. Para o seu próprio bem, não querem aposentá-lo. Ele permanece como funcionário público na ativa. Tirará uma licença de, no mínimo, três meses. Por enquanto, deve-se silenciar a esse respeito perante os pais. As únicas palavras que Felice poderia considerar, *à la longue*, ameaçadoras aparecem no fim da carta. Lá se lê: "pobre Felice querida" — e esse "pobre", que tão bem conhecemos da correspondência anterior, soa, agora que o assunto é a enfermidade, como se pela primeira vez não se referisse a si e sim a ela. "Deverá ser este o eterno epílogo de minhas cartas? Não é uma faca que apenas fira de frente. Ela dá giros e também fere de trás."

Num pós-escrito, acrescenta que após a hemoptise se sente melhor do que antes. Isso corresponde à verdade, mas talvez queira impedir assim que Felice, subitamente alarmada, venha ter com ele.

No dia 12 de setembro, inicia-se a estada em Zürau. Já a primeira carta a Brod dá a impressão de vir de um mundo diferente. Explica que no primeiro dia era incapaz de escrever, porque gostava em demasia de tudo e tampouco queria exagerar, como teria de fazer. Mas também na seguinte lê-se:

> Ottla realmente me carrega sobre asas através deste mundo difícil. O quarto está excelente, arejado, quente, e isso num ambiente doméstico totalmente silencioso. Tudo quanto devo comer cerca-me em abundância. [...] E a liberdade, antes de mais nada a liberdade!
>
> [...] Em todo caso, comporto-me, com relação à tuberculose, como uma criança se agarra à saia da mãe. [...] Às vezes me parece que o cérebro e os pulmões se tenham entendido sem o meu conhecimento. "Assim, as coisas não podem continuar", dissera o cérebro e, depois de cinco anos, os pulmões dispuseram-se a ajudar.

E a carta seguinte reza: "Com Ottla vivo num bom matrimoniozinho. Não num matrimônio no sentido habitual de um curto-circuito violento, senão num fluxo que vai, com pequenas sinuosidades, para a frente. Temos um lar bonito, que, segundo espero, agradará a vocês". Mas há algo que ensombra essa carta: "F. enviou-me umas poucas linhas, anunciando sua visita. Não a compreendo. É esquisita...".

Ela veio. A respeito da visita, encontra-se uma anotação no diário, da qual cito uma parte:

21 de setembro. F. esteve aqui. Para ver-me, fez uma viagem de trinta horas. Eu deveria ter impedido que isto acontecesse. Assim como imagino a situação, suporta ela, em grande parte por minha culpa, um máximo de desgraça. Eu mesmo não consigo sossegar. Fiquei completamente insensível e desajeitado. Penso na perturbação de meu conforto e, à guisa de uma única concessão, apresento-me numa espécie de comédia.

A penúltima carta a Felice, a mais longa, escrita dez dias após a sua visita a Zürau, é a mais penosa de todas quantas se conservaram. Custa algum esforço reproduzir passagens dela. Nesse ínterim, ela lhe escrevera duas vezes. Kafka não abrira as cartas e as deixara abandonadas em qualquer lugar. Eis o que logo de início comunica a ela. Acrescenta todavia que finalmente passou a lê-las. O conteúdo envergonha-o, porém ele se julga a si próprio com dureza ainda maior do que ela já faz há muito tempo. Tenta então explicar-lhe o espetáculo que oferece.

Aparece aqui o mito dos dois seres que se enfrentam dentro dele. É um mito indigno e falso. A imagem do combate não basta para captar as ocorrências que se realizam no seu íntimo. Desfigura-as mediante uma espécie de heroização daquela sua hemorragia, como se realmente tivesse acontecido uma luta sangrenta. Mas, mesmo que admitamos a validez dessa imagem, ela não deixa de induzi-lo imediatamente a uma inverdade — a saber, à asseveração de que o melhor dos dois combatentes, segundo escreve, pertence a ela. Afirma que nesses últimos dias absolutamente não duvidou disso. Sabemos, no entanto, que esta luta (ou como se queira chamar o conflito) já terminou há muito tempo e que a Felice nada mais pertence, e "nesses últimos dias" menos que isso. Devemos considerar tal afirmação falsa uma tentativa de consolá-la, algo parecido com cavalheirismo para com a mulher humilhada e rejeitada? Seja como for, segue-se, não muito longe dessa passagem, uma frase que bem merece ser citada como manifestação de Kafka: "Sou um homem mentiroso. De outro modo, não logro manter o equilíbrio. Meu barco é muito frágil". Essa frase serve de transição para um período extenso que resume o conceito que tem acerca de si. Está muito bem formulada. Merece ocupar seu lugar na literatura. Agrada tanto a Kafka que ele a reproduz literalmente numa carta a Max Brod e mais uma vez *ipsis verbis* no diário. Lá tem o direito de figurar, mas o leitor compreenderá por que prescindimos dela sob as circunstâncias em que se originou. Em seguida, lê-se mais um longo trecho sobre a acidentada sorte dos dois combatentes e o sangue derramado, e que conduz a uma questão que o preocupa seriamente: "Pois secretamente creio que esta doença na realidade não é nenhuma tuberculose e sim minha bancarrota geral". Mas o sangue e a luta ainda não alcançaram seu fim. Kafka tira deles ainda outras conclusões. Bem inopinadamente surge a seguinte passagem: "Não me perguntes por que levanto uma barreira. Não me humilhes tanto!". Nessas linhas, ele diz com todo o vigor que se desfaz dela inteiramente e que para esse ato não há nenhuma explicação. Se a carta se limitasse a essas duas frases, teria a força de uma elocução bíblica. Porém, logo após, Kafka atenua-a mediante um gesto vazio, mas, de súbito, depara-se-nos a verdade: "A autêntica ou pretensa tuberculose", escreve ele, "é uma arma, a cujo lado as quase inúmeras anteriormente usadas, desde a 'incapacidade física' até as alturas do 'trabalho' e o rebaixamento da 'avareza', expõem-se no seu sóbrio oportunismo e na sua índole primitiva" .

Finalmente Kafka revela a Felice um segredo no qual nesse momento ele próprio ainda não acredita, mas que, apesar disso, se confirmará um dia: não haverá cura para ele. Com isso, mata-se para ela e, mediante uma espécie de suicídio, subtrai-se-lhe no futuro.

Sendo assim, a maior parte do que contém essa carta foi ditada pelo empenho de esquivar-se a novas importunações de Felice. Visto que Kafka já não experimentava o menor sentimento por ela, não lhe era dado oferecer genuíno consolo. Da felicidade obtida em Zürau, que provinha da liberdade, não se poderia haurir arremedos de tristeza, e nem sequer de pesar.

A última carta a Felice data de 16 de outubro e lê-se como se já não se endereçasse a ela. Kafka distancia-a. Suas frases vítreas não a contêm. Parecem dirigidas a uma terceira pessoa. Começam com uma citação de uma carta de Max Brod, que escreveu que as cartas de Kafka manifestam grande serenidade e demonstram que ele está feliz na sua desgraça. Para confirmar essa opinião, Kafka faz um relato da última visita de Felice. Pode ser que nele haja alguma inexatidão, mas certamente ele é mais frio do que gelo. "Sentiste-te infeliz devido a essa viagem absurda, à minha conduta incompreensível, a tudo enfim. Eu não me senti infeliz." Toda essa miséria atingia-o menos, porque a enxergava, reconhecia e se mantinha calmo em face de tal percepção, que o levou a cerrar "firmemente, muito firmemente", os lábios. A maior parte da carta consiste numa reprodução da resposta a Max Brod, citada de memória, e que fora despachada ao amigo quatro dias antes. Em seguida, afirma que seu estado físico está excelente, mas que mal ousa indagar quanto à saúde dela. Acrescenta que, com argumentos muito detalhados, pediu a Max, Felix e Baum que não o visitem — o que se constitui numa advertência a ela para que não volte a fazê-lo.

O último parágrafo reza: "Não conheço Kant, mas aquela frase, segundo me parece, aplica-se somente a povos e a guerras civis; dificilmente se refere a conflitos íntimos, porque neles existe apenas a paz que se almeja às cinzas".

Com isso, refuta um desejo de paz que Felice encobrira com uma citação de Kant. Pela referência à paz que se almeje às cinzas, Kafka toma refúgio na morte, ainda mais insistentemente do que ao fim da carta anterior. Na vasta correspondência que, na mesma época, mantém com seus melhores amigos, jamais se fala de cinzas.

O fato de ter-se convertido em verdade a doença inicialmente usada como um recurso não pode ser admitido como justificativa. Esta encontra-se numa nova série de anotações, contida no "Terceiro caderno em oitavo", que Kafka iniciou dois dias depois da derradeira carta a Felice. O diário, que soía escrever antes, fica interrompido por vários anos. Da penúltima anotação, por assim dizer atrasada, que nele se nos depara, constam as seguintes frases: "Até agora não registrei o mais decisivo; por enquanto, flutuo em duas direções. O trabalho que me aguarda é enorme".

ACESSOS DE PALAVRAS
Palestra proferida na Academia de Belas-Artes da Baviera

Seria pretensão e por certo também ocioso de minha parte dizer-lhes o que devemos à língua. Eu sou um mero hóspede da língua alemã, que só aprendi quando contava oito anos, e o fato de os senhores me darem hoje as boas-vindas nesta língua significa para mim muito mais do que se eu tivesse nascido dentro de seus domínios. Não posso nem mesmo reivindicar o mérito de ter perseverado nela, quando há mais de trinta anos cheguei à Inglaterra e decidi ali permanecer. Pois o fato de ter continuado a escrever em alemão na Inglaterra era-me tão natural quanto respirar ou caminhar. Não poderia ter sido de outra forma, não cheguei sequer a aventar outra possibilidade. De resto, era prisioneiro voluntário de alguns milhares de livros que tivera a sorte de trazer comigo, e não duvido que estes me teriam expulsado de seu meio como desertor, tivesse ocorrido a menor mudança em meu relacionamento para com eles.

Mas talvez possa dizer aos senhores o que acontece com a língua diante de tais circunstâncias. Como se põe ela em defesa contra a pressão constante do novo ambiente? Há alguma modificação em seu estado de agregação,* em seu peso específico? Torna-se despótica, mais agressiva? Ou fecha-se em si e oculta-se? Torna-se mais íntima? Pode até ser que se torne uma linguagem secreta, que só se utiliza consigo mesmo.

Bem, a primeira coisa que ocorreu foi ter ela passado a ser tratada com outra espécie de curiosidade. Faziam-se mais comparações, especialmente quanto ao seu uso cotidiano, quando as diferenças tornavam-se mais visíveis e palpáveis. Das con-

---

* O autor utiliza-se de expressões químicas: *Aggregatzustand* (estados líquido, sólido e gasoso) e peso específico. (N. T.)

frontações literárias resultaram confrontações, concretas, com a linguagem corrente. A língua primeira ou principal tornava-se cada vez mais interessante, e, aliás, em suas particularidades. Nela *tudo* chamava a atenção; antes, eram apenas umas poucas coisas.

Ao mesmo tempo, podia-se perceber uma redução da autossatisfação. Isso porque se tinha diante dos olhos os exemplos daqueles escritores que se haviam dado por vencidos e, por motivos práticos, passado para a língua do novo país. Estes viviam agora, por assim dizer, da vaidade de seu novo empenho, que só teria sentido se tivessem êxito. Quantas vezes não cheguei a ouvir de pessoas com e sem talento, de um orgulho quase pueril: "Agora estou escrevendo em inglês!". Quem, no entanto, continuava escrevendo na língua antiga sem qualquer perspectiva de alcançar uma meta externa, devia sentir-se como se tivesse abdicado à publicidade. Não podia medir-se com mais ninguém, estava sozinho e era até um pouco ridículo. Encontrava-se na situação mais difícil, aparentemente desesperadora: entre os seus companheiros de destino, era como se fosse um tolo; e, entre a gente do país, em meio à qual, afinal, tinha de viver, era já como se não fosse ninguém.

É de se esperar que, sob tais circunstâncias, muita coisa se torne mais privada e íntima. Fala-se muito para si mesmo, coisas que normalmente não nos teríamos permitido exprimir. A convicção de que jamais acontecerá algo com aquilo que se exprime, que deverá permanecer na esfera privada — a existência de leitores já não é mais concebível —, proporciona um singular sentimento de liberdade. Em meio a toda essa gente que diz suas coisas cotidianas em inglês, tem-se uma língua secreta só para si, língua que não serve mais a nenhum objetivo externo, de que se faz uso quase que solitariamente, apegando-se a ela com uma obstinação crescente, como seres humanos se apegam a uma crença que todos ao seu redor desaprovam.

Esse é, porém, o aspecto mais superficial da questão: há também um outro, que só aos poucos vai se tornando mais claro. Uma pessoa com interesses literários tende a assumir que são as obras dos poetas que representam a língua. Claro que isso também é correto, e, em última instância, nos alimentamos dessas obras; contudo, entre as descobertas que se fazem vivendo no domínio de uma outra língua, uma possui um caráter todo especial: a de que são as próprias palavras que não nos abandonam, as palavras isoladas em si, para além de todo contexto espiritual mais amplo. Experimenta-se o poder e a energia singular das palavras, e do modo mais forte, quando se é com frequência obrigado a substituí-las por outras. O dicionário do estudante aplicado, que se esforça por aprender outra língua, é subitamente virado do avesso: tudo quer ser designado como o era antes, e propriamente; a segunda língua, que agora se ouve todo o tempo, torna-se óbvia e banal; a primeira, que se defende, ressurge sob uma luz particular.

Recordo-me de que na Inglaterra, durante a guerra, enchia páginas e páginas com palavras alemãs. Estas não tinham nada a ver com aquilo em que eu estava escrevendo na época. Não se encaixam absolutamente em frases, e, naturalmente, sequer figuram em minhas anotações daqueles anos. Eram vocábulos isolados, dos quais não resultava sentido algum. De repente, como que tomado por um furor e fulminante como um raio, cobria algumas páginas de palavras. Muito frequentemente eram substantivos, mas não exclusivamente: havia também verbos e adjetivos. Eu ficava envergonhado com esses acessos, escondendo as folhas de minha mulher. Com ela, eu falava alemão, pois viera comigo de Viena. Além desses papéis, não saberia dizer muitas outras coisas que tivesse algum dia escondido dela.

Eu tinha a impressão de que esses acessos de palavras eram patológicos e não queria inquietá-la com eles — havia já naqueles anos, e para todas as pessoas, motivos suficientes de inquietação que não se deixavam ocultar. Talvez eu devesse mencionar também que me contraria muito partir ou desfigurar de algum modo as palavras: sua configuração é, para mim, algo intocável, eu as deixo intactas. Seria, portanto, difícil imaginar uma ocupação menos espirituosa que esse inventário de palavras incólumes. Quando eu pressentia que um desses acessos de palavras estava prestes a ocorrer, trancava-me sozinho, como se fosse trabalhar. Peço desculpas por aludir a semelhante tolice privada diante dos senhores, mas tenho de acrescentar ainda que me sentia particularmente feliz nessa ocupação. Desde essa época, não resta para mim a menor dúvida de que as palavras estão carregadas de uma espécie particular de paixão. Elas são, na verdade, como os homens; não se deixam negligenciar nem esquecer. Como quer que sejam guardadas, elas conservam sua vida, e surgem repentinamente, exigindo seus direitos.

Acessos de palavras dessa espécie são, por certo, sinal de que a pressão sobre a língua tornou-se demasiadamente forte, de que, não só se conhece bem o inglês — nesse caso — mas de que ele se impõe com frequência cada vez maior sobre a pessoa. Houve uma transposição na dinâmica das palavras. A frequência daquilo que é ouvido leva não apenas à sua fixação, mas também a novas motivações, iniciativas, movimentos e contra-movimentos. Muitas das velhas e familiares palavras da língua antiga embotam-se na luta com suas rivais. Outras alçam-se acima de qualquer contexto e resplandecem em sua intraduzibilidade.

É preciso ressaltar que não se trata aqui da aprendizagem de uma língua estrangeira na terra natal, numa sala de aula com um professor, com a retaguarda de todos aqueles que na própria cidade, a todas as horas do dia, falam como se está acostumado a falar; trata-se, ao contrário, de estar entregue à língua estrangeira *no domínio desta*, onde todos estão do lado dela e, juntos, com aparente razão, golpeiam — despreocupada, decidida, ininterruptamente — a pessoa com suas palavras. Trata-se também de uma situação na qual se sabe que se permanecerá no novo país, que não se voltará mais à terra natal — nem em semanas, nem em meses, nem em anos. Assim, é importante entender tudo o que se ouve; de início, isso é, como se sabe, sempre o mais difícil. Então, passa-se a imitar até que se possa fazer-se entender. Mas, além disso, ocorre algo que se refere à antiga língua: é preciso tomar cuidado para que esta não se apresente fora de hora. Dessa forma, ela vai aos poucos sendo acuada: é posta em cativeiro, amansada, encabrestada, e, mesmo que secretamente afagada e acariciada, em público ela se sente como que abandonada e renegada. Não espanta que por vezes se vingue, atacando de surpresa com seus bandos de palavras, que permanecem isoladas, não formam nenhum sentido, e cujo assalto pareceria a outros tão ridículo que apenas obriga a se fazer dele um segredo ainda maior.

Pode parecer completamente despropositado fazer tanto caso desses fatos linguísticos privados. Numa época em que tudo se torna cada vez mais enigmático; em que está em jogo a existência não mais de grupos isolados, mas literalmente da humanidade; em que nenhuma decisão se mostra como solução pois existem inúmeras possibilidades conflitantes entre si sem que ninguém esteja em condições sequer de pressentir a maioria delas — os acontecimentos se multiplicam, cedo demais se tem notícia deles, mas, antes que se os tenha apreendido, tem-se já notícia de outros. Numa época, pois, que é rápida, ameaçadora e profusa, e que se desenvolve, com a ajuda dessa ameaça, em profusão cada vez maior — numa tal época, seria de se esperar de um ser humano, que apesar de tudo se atreve a pensar, algo bem diferente de um relato sobre o *agon** de palavras que se sucedem independentemente de seu sentido.

Assim, se falei um pouco justamente sobre essa questão, devo aos senhores uma explicação. Parece-me que o ser humano hoje, em sua fascinação pelo coletivo, cada vez mais entregue à própria sorte, busca uma esfera privada que não lhe seja indigna, que se diferencie nitidamente do coletivo, mas na qual este se espelhe por completo e com maior precisão. Trata-se de uma espécie de tradução de uma esfera para a outra, não uma tradução que se escolhe como um livre jogo do espírito, mas uma que é tão interminável quanto necessária, imposta pelas

---

* Em grego, jogo, concursos, ou luta, combate, conflito. Por extensão, peça de teatro, representação teatral. (N. T.)

circunstâncias da vida exterior, e que, no entanto, é mais que uma imposição. Há muitos anos que me ocupo dessa tradução: a esfera privada na qual, todavia, ainda não me instalei confortavelmente, e onde tudo deve caminhar com conscienciosidade e responsabilidade, é a língua alemã. Se conseguirei satisfazê-la dessa maneira, eis algo que não sou capaz de dizer. Mas tomo a honra que os senhores me prestam hoje, e pela qual lhes agradeço, como um presságio favorável de que ainda seria possível consegui-lo.

(1969)

HITLER, POR SPEER

GRANDEZA E DURABILIDADE

Os projetos arquitetônicos de Hitler, tal como relatados por Speer, são talvez o que há de mais impressionante no livro deste último. Foram eles que causaram maior sensação, pelo fato de serem apresentados em desenhos e por estarem em flagrante oposição a tudo aquilo pelo que se empenha a arquitetura moderna. Esses projetos tornam-se inesquecíveis para qualquer um que tenha lançado mesmo um rápido olhar sobre eles.

Contudo, ninguém pode dar-se por satisfeito com tais constatações ordinárias. Não se pode confiar que tais fenômenos só ocorram uma única vez. É preciso encará-los mais atentamente e definir em que *consistem*, a partir de que exatamente se constituem.

Em primeiro lugar, é evidente — o que já foi, aliás, sublinhado pelo próprio Speer — a proximidade entre construção e destruição. Os projetos para a nova Berlim originaram-se em tempos de paz. Sua conclusão estava programada para 1950. Mesmo para Speer — o taumaturgo que conquistou a confiança de Hitler pela rapidez de seus feitos — não teria sido fácil terminá-los dentro desse prazo. Mas a paixão com que Hitler se dedicava a esses projetos torna impossível duvidar de sua seriedade. Ao mesmo tempo, porém, desenvolvia-se o plano para a conquista do mundo. Passo a passo, de sucesso em sucesso, revelavam-se a extensão e a seriedade também desse propósito. Sem guerra, ele seria impensável; portanto, a guerra já fazia parte dos cálculos desde o início. Por mais forte que pudesse ser a posição alcançada sem guerra, acabar-se-ia, no final, necessariamente recorrendo a ela. O Reich, que sob a preponderância dos alemães, e talvez também de todos os "germânicos", deveria conduzir à escravização do restante da terra, só podia operar por meio do terror; *tinha* de correr muito sangue. Foi assim que, consequência lógica, ele se envolveu numa guerra. A simultaneidade desse envolvimento e dos prazos para a realização dos projetos de construção faz despertar a suspeita de que, por meio desses, Hitler pretendia ocultar suas intenções belicosas. Essa é uma hipótese suscitada pelo próprio Speer, embora ele mesmo não se dê por satisfeito com ela. Deve-se dar razão a Speer quando aceita como dadas as duas faces da natureza de Hitler, não subordinando uma à outra. Ambas — a volúpia de construir e a destruição — são prementes em Hitler, e atuam lado a lado.

Mesmo a forte impressão causada por esses projetos de construção sobre o observador de hoje é determinada pela proximidade desses dois fatores. Ao se contemplar esses planos, tem-se consciência da terrível destruição das cidades alemãs. O fim já é conhecido; agora, subitamente, apresenta-se o início, em toda a sua dimensão. É na proximidade entre construção e destruição que reside o verdadeiramente impressionante de um tal confronto. Ele se mostra enigmático e inexplicável; mas é a expressão concentrada de algo que inquieta e vai além de Hitler! No fundo, tal confronto é o único resultado indiscutível e sempre recorrente de toda a "história" até os dias de hoje.

Esse confronto nos obriga a investigar, de todas as maneiras possíveis, a súbita radicalização da história — assim se pode contemplar o surgimento de Hitler. É impossível dar as costas a tudo com aversão e nojo, como seria natural. Entretanto, não basta também dar-se por satisfeito com os meios usuais de investigação histórica. Que estes não são suficientes, é evidente. Onde está o historiador que teria sido capaz de prognosticar Hitler! Mesmo se tivesse alcançado hoje uma história especialmente conscienciosa, que tivesse conseguido afastar de vez de sua circulação sanguínea o encanto inerente pelo poder, ela só teria condições de, na melhor das hipóteses, advertir-nos de um novo Hitler. Mas como ele surgiria em algum outro lugar, teria um aspecto também diferente, e tal advertência seria ociosa.

Novos instrumentos são indispensáveis para uma verdadeira compreensão desse fenômeno. É necessário descobri-los, buscá-los e deles fazer uso, onde quer que se apresentem. Não há ainda possibilidade de que novos métodos para uma tal investigação surjam. O rigor das disciplinas especializadas mostra-se, nesse caso, superstição. O que lhes escapa é justamente o que importa. Uma visão não fragmentada do próprio fenômeno é o pressuposto máximo. Toda arrogância do conceito formulado, onde quer que ele possa ter sido corroborado, torna-se prejudicial.

As construções de Hitler destinam-se a atrair e reter as grandes massas. Ele chegou ao poder pelo engendramento de tais massas, mas sabe com que facilidade elas se inclinam à desagregação. À exceção da guerra, só existem dois meios de reagir a essa desagregação das massas: um é o seu *crescimento*; o outro, a *repetição* regular. Empirista da massa como poucos, Hitler conhece suas formas tão bem quanto seus meios.

Em locais enormes, tão grandes que dificilmente podem ser preenchidos, é dada à massa a possibilidade de crescer — o espaço permanece aberto para ela. Sua paixão — que é o que mais importa para Hitler — aumenta de acordo com seu crescimento. Tudo o mais que contribui para a formação de tais massas (bandeiras, música, unidades perfilando-se como se fossem cristalizações da massa, mas, particularmente, a prolongada espera pela figura principal) era bastante conhecido por Hitler e seus auxiliares. Não é necessário descrevê-lo aqui em detalhes. O importante, no que se refere à especificidade desses projetos arquitetônicos, é remeter à existência — e percebê-la — nesse espaço aberto para as massas, a possibilidade de elas crescerem.

Para a *repetição* regular, prestam-se as edificações de caráter cultural. Seu modelo é fornecido pelas catedrais. Planejado para Berlim, o "Kuppelberg" deveria abrigar dezessete vezes mais espaço do que a Basílica de São Pedro. Afinal de contas, esses edifícios deveriam servir a massas *fechadas*. Qualquer que seja o seu tamanho projetado, uma vez cheios, a massa não pode mais

198

crescer — ela depara com limites. Assim, em vez do crescimento contínuo, trata-se, nesses edifícios, de apelar para a regularidade. A massa, que se dissolve ao deixar tais espaços, deve aguardar com confiança a próxima oportunidade para se reunir.

Nos eventos esportivos, a massa se reúne em forma de círculos fechados (ou também em semicírculos); inúmeras pessoas sentam-se frente a frente, a massa *se vê*, enquanto acompanha os acontecimentos que se desenrolam em meio a ela. Tão logo dois partidos se constituem, surge um sistema de duas massas, instigado pelas disputas que se lhes apresentam. Os modelos desta forma de organização provêm da Antiguidade romana.

Uma outra forma assumida pela massa, que caracterizo como *vagarosa*, forma-se em procissões, desfiles e paradas. Não quero repetir aqui o que expus sobre isso em *Massa e poder*. Mas Hitler tinha certamente consciência de sua importância. A uma tal forma presta-se particularmente, em seus projetos, uma rua pomposa, com 120 metros de largura e cinco quilômetros de extensão.

Esses edifícios e instalações — que já no papel têm algo de frio e esquivo, devido ao seu tamanho — estão, na mente daquele que os projeta, repletos das massas, as quais se comportariam de forma diferente, de acordo com o tipo do "recipiente" que as contém e com o modo pelo qual se lhes delimita o espaço. Para se dar uma ideia precisa dos fenômenos que, seria de esperar, daí decorrem, se faria necessário descrever — do começo ao fim, e em cada detalhe — o transcorrer de um evento de massa em cada uma dessas instalações. Não pode ser essa a nossa tarefa aqui. Basta-nos destacar, em linhas bem gerais, o tipo de vida que se pretendia dar a esses edifícios e instalações.

Trata-se de um tipo de vida que se prolonga para além da morte de seu idealizador: "Seu marido", diz Hitler solenemente à mulher de Speer na noite em que a conhece, "erigirá para mim edificações tais como já não se fazem há quatro milênios". Ao dizê-lo, ele pensa nos egípcios, particularmente nas pirâmides, não só devido à sua grandeza, mas também porque elas perduraram ao longo desses quatro milênios. Não teria sido possível dissimulá-las, e não é possível escondê-las por meio do que quer que seja; nenhum acontecimento foi capaz de causar-lhes dano; é como se elas tivessem convertido em perenidade os milênios que já acumularam em si. Foi sua dimensão pública, assim como sua permanência, que impressionou Hitler de forma mais duradoura. Talvez ele não tivesse uma consciência clara de que as pirâmides, pela natureza de sua origem, funcionam também como símbolos de massa, embora deva tê-lo pressentido, considerando-se seu instinto para tudo o que se referisse à massa. Carregadas e montadas pelo esforço conjunto de incontáveis seres humanos, as pirâmides são o símbolo de uma massa que não mais se desagrega.

Mas as edificações *de Hitler* não eram pirâmides, e destas últimas deveriam assumir apenas a grandeza e a permanência. Elas continham em si um espaço que deveria ser preenchido a cada nova geração por massas vivas. Deveriam ser erigidas com a mais resistente das pedras, em parte por causa da permanência, mas em parte também para estabelecer um vínculo com a tradição do que havia resistido até a época de Hitler.

Vistas sob a ótica do espírito de seu idealizador, a compreensão dessas tendências não oferece nenhuma dificuldade. Certamente, a questão da permanência é uma questão sobretudo precária, que só poderia ser pensada a partir de sua natureza e valor. Depois de pressuposto, no entanto, que um homem esteja impregnado dessa avidez pela permanência, e de uma forma tão impulsiva que impeça o reconhecimento do sentido ou não dela, parece bem plausível depreender daí que esse homem se expressa por meio de seus planos.

As massas, cujo incitamento fez Hitler chegar ao poder, deveriam poder ser continuamente incitadas, mesmo quando ele próprio já não estiver presente. Como seus sucessores não serão, como ele, capazes de fazê-lo — pois Hitler é único —, ele lhes lega os melhores meios, todo um aparato pré-construído que sirva à continuidade dessa tradição de incitamento da massa. O fato de que esse aparato componha-se de *suas* construções confere a estas uma aura particular: ele espera viver o suficiente para inaugurá-las e ainda, durante alguns anos, impregná-las da sua pessoa. A lembrança de seus servos, das massas por ele próprio ali incitadas, deve servir de ajuda para sucessores menos hábeis. É possível, e até mesmo provável, que eles não mereçam essa herança; de qualquer forma, assim se sustenta o poder que conquistou por meio de suas massas.

É do poder que se trata aqui, em última instância. Aos "recipientes de massas" acrescenta-se aquilo que se poderia chamar de corte, a sede do poder: a chancelaria do Reich — seu palácio — e, não longe dali, as sedes dos ministérios, que dele recebem seu poder. Num capricho pessoal, Hitler pensa em preservar o antigo edifício do Reichstag. A própria diferença de proporções talvez o estimule nesse intento: como o antigo Reichstag ficará pequeno perto dos novos colossos!

Seu desprezo pela época de Weimar — cujo único significado consistiu em tê-lo ajudado em sua ascensão — transmitir-se-á a todos os que observarem o Reichstag anão à sombra de seus monumentos gigantescos: éramos tão pequenos, e nos tornamos tão grandes graças a Hitler! Mas para essa preservação contribui também um quê de piedade para com sua própria história: muita coisa importante para Hitler desenrolou-se nesse mesmo Reichstag e, assim, o edifício deve ser incluído entre os aparatos consagrados ao culto de sua pessoa.

Hitler tem uma veneração supersticiosa por sua própria ascensão. Não lhe basta que cada fase do processo seja registrada oficialmente — como naturalmente espera de uma historiografia servil —, ele mesmo o comenta em sua corte, junto aos círculos mais próximos e mais distantes. Estende-se sobre o assunto por horas a fio, e repetidas vezes. As histórias de suas privações, assim como da virada do destino, são tão bem conhecidas pelos ouvintes que estes poderiam continuar a narrá-las, se ele se calasse. E, de fato, às vezes ele se cala e adormece.

Hitler tem uma afeição particular pela cidade de sua juventude, Linz. Não pode esquecer-se de nada. E, portanto, lembra-se também do desprezo com que Linz era tratada pelo governo de Viena. Nutre ainda o mais profundo ressentimento contra

Viena, cidade em que passou maus momentos, e mesmo a sua entrada triunfal ali, em maio de 1938, não o reconciliou com ela: agora como antes, interessa-lhe apenas o Ring, com suas construções suntuosas. Acha imperdoável que o Danúbio tenha ficado à esquerda na disposição espacial de Viena. Linz, ao contrário, deve tornar-se uma segunda Budapeste, com edifícios grandiosos em ambas as margens do Danúbio. Ela será a cidade de sua velhice; ali, quer erigir seu mausoléu. Por fim, Linz se tornará mais importante que Viena e vingará as humilhações de sua juventude com suas novas e imponentes edificações. Fazer com que Linz *supere* Viena é um de seus pensamentos prediletos.

Já que a palavra foi mencionada, parece ser tempo de falar sobre o papel desse superar em Hitler. Ela oferece talvez a melhor oportunidade de observar mais de perto os mecanismos de seu espírito. Cada um de seus empreendimentos — mas também os seus desejos mais profundos — é ditado pela compulsão de superar. Pode-se mesmo chegar ao ponto de caracterizá-lo como um *escravo do superar*. Nesse aspecto, contudo, ele não está sozinho. Se alguém fosse chamado a caracterizar a essência de nossa sociedade com um único traço, só poderia deparar com este: a compulsão de superar. Em Hitler, essa compulsão alcançou uma tal amplitude que não se pode deixar de esbarrar nela, ininterruptamente. Seria possível pensar que essa compulsão expressa algo do seu vazio interior, vazio para o qual Speer encontra palavras dignas de nota, no final de seu livro.

Tudo é mensurável e se mede na luta; aquele que supera é um assíduo vencedor. A ideia da imprescindibilidade da luta, e da legitimação, por meio da vitória, de toda espécie de direito, está tão profundamente arraigada em Hitler que ele, mesmo jamais levando em conta a possibilidade de uma derrota, aprova, caso ela ocorra, a ruína e o aniquilamento de seu próprio lado. O mais forte é o *melhor*; o mais forte merece vencer. Enquanto for possível, ele conquista vitórias sem derramamento de sangue, apenas ludibriando o adversário. Encara-as como um fortalecimento para a verdadeira decisão, que deve ser sanguinária: sem derramamento de sangue, nada é legítimo. Ri até as lágrimas dos acordos tão rapidamente rompidos que Ribbentrop negociou, e dos quais este tanto se orgulha. Acordos não pode levar a sério, pois eles não custam sangue, e considera decadentes os políticos adversários que se fiam em acordos, porque recuam temerosos diante da guerra.

Mas Hitler não manifesta o prazer de medir forças e superar os inimigos apenas na guerra. Ele está literalmente infectado por ambos: o superar é exercitado constantemente e de todas as formas possíveis, usado como uma espécie de panaceia para todos os males. Ele considera importante confiar a mesma tarefa a duas pessoas diferentes, a fim de que elas procurem superar uma à outra.

Em toda a terra, não há nada de notável que ele não se sinta estimulado a superar. Napoleão é indubitavelmente a figura que mais fortemente provoca rivalidade. Os Champs Elysées, que conduzem ao Arc de Triomphe, têm dois quilômetros de extensão; sua majestosa rua, porém, será não apenas mais larga, mas terá, além disso, cinco quilômetros de extensão. O Arc de Triomphe tem cinquenta metros de altura; seu arco do triunfo terá 120. A unificação da Europa foi a meta de Napoleão: ele, Hitler, vai conquistá-la, e a sua conquista será duradoura. A campanha na Rússia foi-lhe prescrita por Napoleão. A energia empregada por ele nessa empreitada, a teimosia em manter as posições conquistadas que se mostravam insustentáveis, a despeito dos conselhos em contrário e de informações mais abalizadas sobre a situação, são também explicáveis pela compulsão de sobrepujar Napoleão. A intenção de manter o Cáucaso como base para um ataque à Pérsia coincide com os planos de Napoleão com relação à Índia. Que Napoleão, por sua vez, se sentisse estimulado por Alexandre, o Grande, é uma prova daquela única tradição histórica aparentemente indestrutível: a do constante surgimento de homens que se empenham em superar outros.

Há ainda obras mais triviais que lhe chamam a atenção. A tribuna de honra em Nuremberg é coroada por uma figura cuja altura excede em catorze metros a Estátua da Liberdade de Nova York. Ainda em Nuremberg, o "Grande Estádio" comporta duas ou três vezes mais pessoas do que o "Circus Maximus" em Roma. Todt projeta uma ponte pênsil para Hamburgo que deveria superar a Golden Gate Bridge de San Francisco. A estação central de Berlim deveria desbancar a Grand Central Station em Nova York. Sob a cúpula do gigantesco palácio de convenções, haveria espaço suficiente para abrigar diversas vezes o Capitólio de Washington, ou a Basílica de São Pedro de Roma e muito mais. O próprio Speer não esconde absolutamente o seu papel nesses "sobrepujamentos". Estava, como ele mesmo diz, embriagado com a ideia de produzir em pedra testemunhos da história: "Mas eu também entusiasmava Hitler quando conseguia provar-lhe que havíamos 'batido' obras arquitetônicas historicamente de grande projeção, pelo menos no que diz respeito às dimensões". É claro que havia sido contaminado pela megalomania de Hitler e não conseguia resistir à confiança crescente que este depositava nele. Mas, já à época, Speer faz uma observação cuja importância talvez só lhe tenha ficado inteiramente clara mais tarde: "Sua paixão por construções destinadas à eternidade fazia com que se desinteressasse completamente por redes de tráfego, zonas habitacionais e áreas verdes: a dimensão social lhe era indiferente".

Como mostrei em *Massa e poder*, o delírio da superação se liga à ilusão do *continuar crescendo*. Esta, contudo, é sentida como uma espécie de garantia para o continuar *vivendo*. Portanto, esses planos de Hitler devem ser vistos, na verdade, também como um meio de prolongar a sua própria vida. Nesses anos, ele manifesta constantemente dúvidas acerca de quanto tempo viverá: "Não viverei por muito tempo. Sempre pensei que poderia dar tempo aos meus planos. Eu mesmo preciso executá-los!". Em sua coloração particular, esses temores são característicos e uma natureza paranoica. Na fragilidade — aparente ou real — do corpo, manifestam-se outros perigos que se relacionam com a inexpugnável pretensão à grandeza. No caso

Schreber*, cuja paranoia era muito mais desenvolvida, essa relação podia ser demonstrada de forma bem nítida. Temores dessa espécie certamente não significam que a pretensão à grandeza abdique de metas menores. Há, na realidade, uma ação recíproca "propícia" entre temores e pretensão. Os planos, por cuja realização se teme porque o tempo de que se dispõe frequentemente parece curto demais, conservam sua grandeza ou crescem visando *forçar* um prolongamento da vida. Hitler *precisa* viver até 1950 — quando os planos para a nova Berlim ter-se-ão tornado realidade — e ainda por mais alguns anos — a fim de que possa impregnar de si próprio suas construções, em prol de seus seguidores mais fracos, a fim, portanto, de eternizá-las por sua função.

De resto, a ação dessas metas perseguidas com grande intensidade é espantosa, mesmo sobre homens menos ambiciosos. Pode-se admitir a hipótese de que, se não tivesse havido a guerra (que trouxe a mudança catastrófica em seu destino), Hitler teria vivido para ver sua nova Berlim em 1950, a despeito de todos os temores e fragilidades físicas.

O ARCO DO TRIUNFO

De todas as construções planejadas para Berlim, o Arco do Triunfo é — ao lado talvez do enorme "Kuppelhalle" — o que mais toca o coração de Hitler. Ele o esboçou em 1925; uma maquete com quase quatro metros de altura, feita segundo esse esboço, é a surpresa de Speer para o quinquagésimo aniversário de Hitler, em abril de 1939. Poucas semanas antes suas tropas marchavam sobre Praga. A ocasião parece particularmente oportuna para um Arco do Triunfo. Hitler fica bastante comovido com o presente: é atraído por ele a cada instante, contempla-o longamente e o exibe a seus convidados; uma foto que comprova o seu fascínio pela lembrança foi incluída nas *Memó-*

---

* Veja-se *Masse und Macht* [*Massa e poder*], pp. 500 e segs.

rias de Speer. Jamais um presente tocou tão profundamente o coração daquele que o recebeu.

Conversas anteriores entre Hitler e Speer já haviam muitas vezes tido esse Arco do Triunfo como tema. Sua altura deveria atingir 120 metros, com o que teria sido duas vezes maior que o Arc de Triomphe de Napoleão em Paris. "Este será, pelo menos, um monumento digno de nossos mortos na guerra. O nome de cada um de nossos 1,8 milhão de homens que nela tombaram será gravado em granito!" São palavras de Hitler, transmitidas por Speer. Não há nada que condense tão bem a essência de Hitler. A derrota da Primeira Guerra não é reconhecida, mas transformada em vitória. Essa vitória será comemorada com um Arco do Triunfo duas vezes maior do que aquele que se concede a Napoleão por todas as suas vitórias. Com isso, a intenção de superar essas vitórias é claramente anunciada. Concebido para durar eternamente, o Arco do Triunfo será feito da pedra mais resistente. Na realidade, porém, consistirá em algo mais precioso: de 1,8 milhão de mortos. O nome de cada um deles será gravado em granito. Com isso serão homenageados, mas também comprimidos lado a lado, mais do que jamais o seriam em meio à massa. Em número tão gigantesco, constituirão o Arco do Triunfo de Hitler. Eles não são sequer os mortos da nova guerra, planejada e desejada por Hitler, mas os da Primeira Guerra, na qual ele próprio serviu como todos os outros. *Ele* sobreviveu à guerra, mas permaneceu-lhe fiel e jamais a renegou. Na consciência desses mortos, obteve força para jamais reconhecer o resultado daquela guerra. Eles foram a sua massa quando ainda não dispunha de outra; percebia terem sido eles que o ajudaram a conquistar seu poder: sem os mortos da Primeira Guerra Mundial, ele jamais teria existido. Sua intenção de reuni-los num Arco do Triunfo é o reconhecimento dessa verdade e de sua dívida para com eles. Não obstante, este é o *seu* Arco do Triunfo e carregará o *seu* nome. Dificilmente alguém lerá muitos dos outros nomes: mesmo que seja realmente possível gravar 1,8 milhão de nomes, a maioria esmagadora deles jamais será notada. O que ficará na memória é o número, e esse número gigantesco pertence ao *seu* nome.

O sentimento em relação à massa dos mortos é decisivo em Hitler. Esta é a sua *verdadeira* massa. Sem esse sentimento, não é absolutamente possível entendê-lo: nem seu início, nem seu poder, nem aquilo que empreendeu com esse poder, nem a que conduziram seus empreendimentos. Sua obsessão, cuja vitalidade mostrou-se sinistra, são esses mortos.

VITÓRIA! VITÓRIA!

Vitória! Vitória! Se há uma fatalidade que em Hitler estava acima de todas as outras, esta é a crença na vitória. À medida que deixam de vencer, os alemães passam a não mais ser o seu povo, e ele lhes subtrai sem maiores cerimônias o direito à vida. Os alemães mostraram-se os mais fracos, e não se deve ter pena deles: Hitler deseja-lhes a ruína que merecem. Se tivessem continuado a vencer — como era costumeiro nele —, seriam um outro povo a seus olhos. Homens vencedores são outros homens, ainda que sejam os mesmos. Não o impressiona que muitos ainda acreditem nele, embora suas cidades estejam em ruínas e praticamente nada os proteja dos ataques aéreos do inimigo. O fracasso de Göring, após tantas promessas vazias (do que Hitler tem plena ciência, pois o insulta por isso), será, em última instância, imputado novamente à massa dos alemães, pois não estão mais em condições de vencer.

É fato que esbraveja contra o Exército a cada pedaço de terra conquistada que este cedia. Enquanto pode, Hitler resiste a ceder o que quer que seja, indiferente ao número de vítimas que isso venha a custar, pois sente como parte de seu próprio corpo tudo o que foi conquistado. Sua decadência física ao longo das últimas semanas em Berlim (descrita com emoção por Speer, apesar de tudo o que Hitler empreende contra ele) não é senão a contração de seu poder. O corpo do paranoico é seu poder: cresce ou encolhe de acordo com este. Até o último momento, Hitler preocupou-se em impedir a degradação de seu corpo pelo inimigo. De fato, ordena a última batalha por Berlim para morrer lutando — um clichê extraído da lata de lixo da história, de que se nutre o seu espírito. Mas diz a Speer: "Não vou lutar. O perigo de ser apenas ferido e cair vivo nas mãos dos russos é muito grande. Não quero que meus inimigos maltratem meu corpo. Dei ordens para que me incinerem". Assim, enquanto os outros combatem, ele sucumbe sem combater; e, o que quer que possa acontecer aos que combatem por ele, sua preocupação é que nada aconteça a seu corpo morto, pois este para ele se identificava com seu poder: continha-o.

Goebbels, que morreu próximo a ele, conseguiu contudo superá-lo na morte, obrigando sua mulher e filhos a morrerem junto com ele: "Minha mulher e meus filhos não devem sobreviver a mim. Os americanos apenas os adestrariam para fazer propaganda contra a minha pessoa". Essas são as suas palavras, tal como nos conta Speer. A este não é permitido que se despeça *sozinho* da mulher de Goebbels, de quem era amigo: "Goebbels permaneceu teimosamente ao meu lado. [...] Só próximo do fim é que ela insinuou o que realmente a comovia: 'Como estou feliz de que pelo menos Harald (filho de seu primeiro casamento) esteja vivo'". O último ato de poder de Goebbels consiste em impedir que seus filhos sobrevivam a ele. Teme que possam ser adestrados para o ofício que era o seu próprio, para a propaganda — contra ele. O fato de que ao final de sua vida ainda se vingue *desta* sobrevivência não deve ser entendido falsamente como uma expiação de sua atividade profissional: esta culmina nesse ato.

A partir da exposição de Speer, a indiferença de Hitler pelo destino de seu povo — cuja grandeza e expansão afirmava ser o verdadeiro sentido, o propósito e o conteúdo de sua vida — torna-se evidente de uma maneira tal que provavelmente inexiste exemplo comparável. Agora é Speer quem, subitamente, assume aquele que, antes, era o suposto papel de Hitler: ele procura salvar o que ainda pode ser salvo para os alemães. Demanda respeito a obstinação de sua luta contra Hitler, que já se decidiu pela derrocada total dos alemães e que, em virtude de sua força de comando, tem ainda poder suficiente para fazer com que Speer se submeta às suas ordens. Hitler não faz o menor segredo de sua intenção: "Se perder a guerra", diz a Speer,

> também o povo estará perdido. Não é preciso preocupar-se com as bases materiais de que o povo precisa para sua sobrevivência mais primitiva. Pelo contrário, é melhor destruir essas coisas, pois o povo alemão se mostrou o mais fraco, e o futuro pertence exclusivamente ao povo oriental, o mais forte. De qualquer modo, o que resta depois desta luta são os inferiores; os bons tombaram!

Aqui, a vitória é expressamente declarada a instância suprema. Já que seu povo, impelido por ele próprio à guerra, se mostra o mais fraco, também o que dele resta não deve sobreviver. A motivação mais profunda para isso é que Hitler não quer que sobrevivam a ele. Não pode impedir que os inimigos, vencedores, o façam, mas pode muito bem destruir o que resta de seu próprio povo. Após tê-lo provado bem, declara-o inferior, pois "os bons tombaram". A seus olhos, os que ainda vivem estão a ponto de se tornarem parasitas. Mas nem é necessário levar a cabo o processo de depreciação; basta, para ele, declará-los inferiores, como antes todos os doentes mentais. Tudo o que ele exterminou está desperto nele. *A massa dos que foram assassinados clama por sua multiplicação.*

É da grandeza do número dessa massa que Hitler tem plena consciência: que o fato e a forma de seu aniquilamento tenham sido mantidos em segredo — só conhecido por aqueles que nele estavam envolvidos — fortalece a ação desse número sobre Hitler. Os mortos tornaram-se uma massa imensa da qual ele dispõe, e constituem uma massa manipulável, mas um segredo seu. Como toda massa, também eles clamam por multiplicar-se. Impossibilitado de acrescentar a essa massa novos inimigos (pois estes estão agora em vantagem), Hitler sente a compulsão de multiplicar-lhe o número entre seu próprio povo. O maior número possível de pessoas deve morrer, antes e depois dele. Desconhecendo a coerência interna desses acontecimentos — dos quais uma parte era-lhe ainda obscura —, Speer sentia a mais profunda indignação com as manifestações por meio das quais paulatinamente se revelavam. O que significavam as ordens destrutivas de Hitler era evidente. Mas o que as *fundamentava* levou Speer, opondo-se a Hitler, a desejar-lhe a morte. Hoje, é difícil compreender porque nem todo alemão que soube dessas ordens não sentiu e reagiu como ele.

Pelo conhecimento posterior desses fatos, no entanto, todos nós — alemães e não alemães — nos tornamos desconfiados com relação a ordens. Nós *sabemos* mais: aquele mais terrível dos exemplos ainda está demasiado próximo de nós, e mesmo os que ainda são capazes de acreditar em ordens pensariam duas vezes antes de obedecê-las. Naquela época, acrescente-se, as pessoas eram educadas, precisamente por Hitler, a ver a máxima virtude na obediência cega de suas ordens. Não havia nenhum valor acima deste: a destruição de todos os valores, estabelecidos no decorrer de um longo espaço de tempo e reconhecidos como uma espécie de bem comum da humanidade, fora alcançada com incrível rapidez. Pode-se muito bem dizer que foi a consciência dessa destruição que uniu — na mais surpreendente das coalizões — a humanidade para lutar contra Hitler. Em seu desdém por esses valores, na depreciação de seu significado para todos os seres humanos, Hitler demonstrou uma cegueira sem igual. Só por essa razão, mesmo que tivesse vencido — o que é impensável —, seu poder teria se desintegrado rapidamente. Em todos os confins de seu império haveria rebeliões que acabariam por contagiar seus próprios adeptos. Ele, que foi buscar a confiança em si nas vitórias de Napoleão, não foi capaz de aprender com as derrotas deste. Seu ímpeto mais profundo era superar as vitórias de Napoleão. Como já disse, é improvável que Hitler tivesse insistido na conquista da Rússia, se Napoleão não houvesse fracassado ali. O espírito de Hitler estava entregue, indefeso, a todas as vitórias da história. Por isso, precisava transformar em vitórias inclusive as derrotas de seus modelos, para, assim, superá-los.

Hitler tivera na derrota da Primeira Guerra Mundial e no Tratado de Versalhes seu ponto de partida. Conquistou suas primeiras massas e, por fim, o poder na Alemanha por meio da luta contra Versalhes. Passo a passo, conseguiu tornar sem efeito as cláusulas do Tratado. A partir do momento de sua vitória sobre a França — o que significava a inversão do Tratado —, ele estava *perdido*. Pois, a partir de então, estava convencido da possibilidade de converter *qualquer* derrota, mesmo a de Napoleão na Rússia, em vitória.

A VOLÚPIA DO NÚMERO CRESCENTE

Hitler se julgava capaz de tudo: a tarefa mais difícil é a que lhe convém — se é *ele* quem dela se incumbe, deverá necessariamente obter êxito. Tal êxito envolve decisões, surpresas, dissimulações, exigências, ameaças, promessas solenes, rompimento de tratados, pactos momentâneos de não agressão, enfim, guerras; mas envolve também uma espécie de onisciência, e principalmente uma onisciência voltada para áreas especializadas.

Sua memória para números é um caso à parte. Para ele, os números desempenham um papel diferente do que para os outros homens. Eles têm algo das massas que se multiplicam aos montes. Sua paixão mais violenta diz respeito ao número de alemães que se aglomerarão em seu Reich. A volúpia do número crescente ecoa em seus discursos. O meio mais poderoso para instigar a massa é dar-lhe uma ilusão de crescimento. Enquanto pressentir seu aumento, a massa não terá de se desagregar. Quanto maior o número que lhe dizem poderá alcançar, tanto mais ela se impressiona consigo mesma. Mas é preciso também que se provoque nela um sentimento premente de como é possível chegar a esse número. A excitação crescente eleva-se às alturas: 60, 65, 68, 80, 100 milhões de alemães! Sem esses milhões, nada é possível: Hitler experimentara em si o vigor desse número. Ele conseguirá reuni-los todos. A massa, impressionada com esses números, sente-se como se tivesse experimentado um crescimento súbito. Dessa forma, sua intensidade atinge o mais alto grau imaginável. Ninguém que tenha sido atingido conseguirá desvencilhar-se interiormente dela: tornar-se-á presa de um vício inextirpável, que busca reencontrar esse estado de intensidade também no plano exterior.

Os outros meios empregados em tais ocasiões são conhecidos, e não é deles que se falará agora. De qualquer forma, é digno de nota o instinto aguçado que Speer demonstrou, no início de sua carreira, para o desenho de bandeiras gigantescas e para a forma singular de dispô-las.

Todavia, quanto ao sentimento de Hitler com relação aos grandes números, ele não se limitou aos seres humanos, mas transferiu-se para muitas outras coisas. Via com prazer os enormes custos de suas construções em Berlim: quer que sejam os mais altos possíveis. O exemplo de Ludwig II da Baviera não o assusta; pelo contrário, encanta-o. Imagina que se possa atrair turistas americanos com a cifra de 1 bilhão, que foi o que custou o seu "Kuppelberg" em Berlim, e diverte-o pensar que, para agradar esses turistas, poder-se-ia elevar a soma a 1 bilhão e meio. Hitler gosta particularmente de registrar os números necessários para se superar alguma coisa; eram seus números prediletos.

Assim que a guerra muda de rumo, tem de lidar com outros números. Como não é permissível que se lhe esconda nada — ele se reserva o direito de traçar o quadro geral da situação, bem como de tomar todas as decisões —, torna-se dever de seus ministros mantê-lo informado sobre os números da produção de seus inimigos. Em seu aumento crescente, estes possuem uma semelhança fatal com os seus próprios números — aqueles mesmos que anos antes costumava empregar para seus objetivos. Ele os teme e se nega a tomar conhecimento deles. O vigor dos números crescentes lhe é por demais familiar. Como agora se voltam contra ele, Hitler sente a sua hostilidade e procura fugir de seu contágio, desviando deles o olhar.

VISITAS RECUSADAS

Quando as grandes cidades alemãs começaram, uma a uma, a cair em ruínas, Speer não foi o único a achar aconselhável, e mesmo necessário, que Hitler as visitasse. Todos tinham diante dos olhos o exemplo de Churchill. Frequentemente, este se *apresentava* às vítimas da guerra que não tinham participação direta nos combates. Não lhes mostrava apenas o seu destemor, mas levava-lhes também a sua assistência. Apesar dos afazeres que o sobrecarregavam, encontrava tempo para essas pessoas e demonstrava-lhes, com sua presença, o quanto se dependia delas e como eram importantes. Churchill exigia muito mais da população civil, mas em compensação a levava a sério. É possível que, não fosse esse comportamento de Churchill, o moral dos ingleses tivesse sofrido um perigoso abalo durante o ano em que se viram sozinhos diante de um inimigo mais forte e que vencia em toda parte.

Hitler, ao contrário, recusava-se obstinadamente a se deixar ver nas cidades bombardeadas. Dificilmente se pode admitir que lhe tivesse faltado coragem física para que se decidisse a fazê-lo — pelo menos nos estágios iniciais desses ataques. Suas tropas mantinham grande parte da Europa ocupada e não lhe passava absolutamente pela cabeça dar-se por vencido naquele momento. Mas, à exceção dos homens que aguardavam por suas ordens, e dos outros poucos que compunham a sua pequena corte, Hitler não tinha o costume de se apresentar senão às massas, e estas eram de uma espécie bastante definida.

Ele havia adquirido o domínio completo da *acusação* como instrumento para instigar seres humanos a formarem uma massa, e este foi seu verdadeiro instrumento ao longo dos anos de ascensão. Ajudado pela massa a conquistar o poder, fez, por alguns anos, o melhor que pôde para satisfazer-lhe as expectativas e se assegurar de sua alegre dependência. Era a época de suas viagens triunfais pela Alemanha, da atmosfera de júbilo espontâneo, de um júbilo que não era mais meramente fabricado. O efeito retroativo dessa atmosfera sobre o próprio Hitler foi descrito por Speer: ele se considerava o homem mais amado pelo povo em toda a história da Alemanha. Desde Lutero, não teria havido ninguém a quem os camponeses, em todos os lugares, afluíssem tão espontaneamente. A partir disso e de suas medidas organizacionais, Hitler juntou forças para proceder à investida em direção ao exterior. Começa então a sequência de vitórias fáceis, por isso mesmo vistas como verdadeiros milagres, pois conquistadas sem derramamento de sangue. Era, assim, considerado um triunfador antes que se tivesse disparado um único tiro; e continuou a sê-lo ao se dispararem os primeiros. Parecia-lhe natural a posição de ser aclamado vencedor. Essa aclamação punha em marcha justamente a espécie e composição de massa à qual estava habituado desde o início. A massa, que agradecia a seu *Führer*, tornara-se mais forte, mas era exatamente a mesma espécie de massa que ele havia mobilizado e com a qual sempre havia operado.

A imagem que tinha de si mesmo era determinada por essa massa, e ele era incapaz de se expor a qualquer outra espécie que fosse. Não desejava e considerava prejudicial mudar ou ampliar a imagem que o público fazia dele. Assim como zelava pelas fotos suas que eram veiculadas, assim como mantinha em segredo a existência de Eva Braun, para não perder a afeição das mulheres alemãs por ele — o homem sozinho —, da mesma forma não queria ter sua imagem associada às cidades alemãs destruídas. A imagem de "eterno vencedor" sofreria com isso, e sua capacidade de conduzir à vitória final perderia credibilidade. Preferia manter a sua imagem intacta, não comungando com qualquer outra, intocada pela destruição no interior de seu Reich.

Não é fácil decidir, considerando-a a partir de seu ponto de vista limitado, se estava errado nessa questão. A fé em armas milagrosas, que se manteve até o final, pode também estar relacionada à intangibilidade de sua imagem de "eterno vencedor". Enquanto não tomou conhecimento da destruição em seu país, enquanto não permitiu que essa destruição o atingisse, a Alemanha — que, em seu delírio, era corporificada em sua pessoa — parecia imbatível.

214

No entanto, é preciso dizer também que Hitler não teria absolutamente sido capaz de visitar homens que tivessem motivos verdadeiros para a tristeza e a queixa. Com que palavras poderia se dirigir a eles? Compaixão não sentia por ninguém, a não ser, nos últimos estágios, por si próprio; a quem, pois, teria podido demonstrar convincentemente sua condolência pela infelicidade alheia? Não tinha capacidade sequer para fingir sentimentos "mais frágeis", que desprezava, que dirá então para senti-los. Hitler entre queixosos é inimaginável. A falta de tudo aquilo que constitui efetivamente um ser humano — as emoções que, sem interesse e cálculo, sem intenção de alcançar sucesso e influência, dizem respeito a um outro, ainda que desconhecido, ser humano —, essa privação total, esse vazio terrível ter-lhe-iam revelado em desamparo e impotência. Certamente em nenhum momento Hitler cogitou de se expor a uma tal situação.

SEGREDO E SINGULARIDADE

O círculo mais próximo de Hitler em Obersalzberg — algumas poucas pessoas entre as quais passa grande parte de seu tempo — é de uma pobreza espantosa. Consiste do experimentado fotógrafo, do motorista, do secretário, da amante, de duas secretárias, da cozinheira e, finalmente, de um homem de um tipo totalmente diferente, o seu arquiteto particular. Com exceção deste último, todos os outros foram empregados segundo o princípio da utilidade mais primitiva. Não só dependem inteiramente dele, como são incapazes de qualquer opinião a seu respeito. Em seu meio, Hitler sempre se sente seguro de sua enorme superioridade. Nada sabem acerca daquilo que realmente o preocupa, acerca de seus planos e decisões. Assim, pode viver para o seu segredo sem o menor incômodo: a segurança desse segredo é para ele a suprema necessidade de sua existência. Trata-se do segredo do grande Estado a seu exclusivo comando, e Hitler pode muito bem justificar a si mesmo a necessidade da manutenção desse sigilo absoluto. Percebe com suficiente frequência que não confia em ninguém, nem mesmo nas mulheres, e, como não permite mulheres pensantes perto de si, é-lhe fácil aferrar-se em seu desprezo por elas. Sente-se muito bem neste círculo onde ninguém pode aproximar-se dele; ali, vive a intangibilidade do ser singular que ele mesmo se considera. Como ninguém tem direitos em relação a ele, sente-se também protegido de qualquer pedido de clemência que lhe pudesse ser endereçado. A seus olhos, sua integridade reside em sua rigidez. Jamais se desvia de sua concepção de poder: hauriu todo o poder de seus modelos históricos e vê a razão de seus sucessos como uma consequência de sua preservação.

No entanto, Hitler tem plena consciência de que não pode exercer o poder sem a ajuda daqueles poucos que participaram de sua ascensão, dando mostras de suas capacidades. Muito permite a estes, desde que o sirvam e acatem suas decisões sem a menor resistência. Possuía um olho apurado para as fraquezas deles, que chegam à corrupção. Contanto que as *conheça*, que nada delas lhe seja oculto, ele as admite: a onisciência também em relação a elas é uma de suas exigências fundamentais. Cuida em reservar para si essa onisciência, mantendo rigorosamente separadas umas das outras as esferas do poder dos outros. *Ele* tem de estar informado sobre tudo, e ninguém mais além dele. Considera-se mesmo um mestre na separação das incumbências que determina a cada um de seus assistentes. Toma cuidado para não tê-los constantemente perto de si, porque dessa forma poderiam ficar a par de mais coisas do que lhes é concedido. Nesse sentido, seu instinto demonstra-se apurado, pois a única pessoa que sempre está a seu lado — Bormann, que pela natureza de seu cargo como secretário fica sabendo de muita coisa — alcança realmente, através dessa proximidade, um certo poder.

Tem-se a impressão de que Hitler *precisa* justamente das fraquezas daqueles aos quais delega poder. Assim, não só os tem mais facilmente nas mãos, e não precisa perder muito tempo à procura de motivos ao afastá-los, mas goza também, em relação a eles, de um sentimento de superioridade moral. Para Hitler, constitui uma necessidade poder dizer a si próprio que está livre de todas as fraquezas correntes, como a cobiça, a luxúria e a vaidade, bem como de tudo aquilo que comumente faz parte da vida "mesquinha". Se controla sua imagem perante o público, tem motivos políticos para tanto. Causa-lhe grande preocupação, por exemplo, o fato de que possa vir a engordar, mas isso nada tem a ver com vaidade: um *Führer* barrigudo é algo impossível. Suas gigantescas construções devem impressionar e tornar mais dóceis outros potentados. Mas, acima de tudo, são pensadas, como diz, para a eternidade: devem fortalecer a autoconsciência de seu povo, quando Hitler já não estiver vivo. Tudo o que empreende, mesmo o mais desmedido, serve a essa sua tarefa; e, como é abundantemente dotado do talento do paranoico para *fornecer razões*, não encontra em si nada que não possa justificar de maneira convincente, tanto diante dos outros quanto de si mesmo.

No pequeno círculo inofensivo que o cerca, Hitler discorre livremente sobre seus auxiliares, não se constrangendo nem um pouco ao fazê-lo. É divertido, mas também instrutivo, ler em Speer como se expressa sobre eles, Zomba de Göring por sua paixão pela caça: como é fácil abater animais à distância! Matar animais é tarefa de açougueiro. Sobre matadores de homens, não se manifesta. Poderia considerá-los realmente mais perigosos? Considera incompreensível a *Filosofia* de Rosenberg. Não possui opinião alguma sobre ela, mas tem-se a impressão de que inveja-lhe a divulgação, as enormes tiragens do livro. É certo que as tiragens de seu próprio livro são muito maiores, mas não gosta de nada que se aproxime dele, qualquer que seja o campo, roçando-lhe ainda que apenas de longe a singularidade. A germanofilia de Himmler ataca-lhe os nervos. Deve-se lembrar ao mundo que os germanos habitavam casebres de barros já na época do Império Romano? Hitler parece envergonhar-se dessa condição dos antigos germanos, que viviam sem arte e sem cultura: ele, que tem sensibilidade para Grützner e para o Ring de Viena, sente-se muito superior a eles. Fala de Himmler com certa mordacidade quando este chama Carlos Magno de "carniceiro dos saxões". Hitler *aprova* a carnificina dos saxões, pois por intermédio dos Francos a cultura teria chegado à Alemanha. O fato de aprovar o massacre da Saxônia germânica já é como que um prenúncio de sua indiferença posterior quanto ao destino dos alemães. Por outro lado, não deixa que nada seja imputado a Carlos Magno, justamente porque o considera um precursor. No fundo, só respeita os germanos a partir do Sacro Império Romano: a força de atração dos impérios sobre ele, que está a ponto de fundar *seu* império universal, é irresistível.

Seu relacionamento com Speer distingue-se substancialmente de qualquer outro. Como o próprio Speer reconheceu. Hitler vê nele sua própria juventude. Não apenas porque a ambição de construir de sua juventude se realiza inteiramente por meio dele, mas também porque, na convivência com Speer, Hitler recupera algo do entusiasmo que, no passado, preenchera-lhe a solidão. Talvez pressinta nele também algo da relativa pureza daqueles primeiros anos de projetos laboriosos, sem perspectiva de realização, pureza que era expressão de uma admiração pelo *alheio*, pelo já existente. Provavelmente, não havia nada que Hitler admirasse tanto quanto a "grande" arquitetura. Mas não seria capaz de perceber que, pela realização daqueles projetos, destruiria a única coisa valiosa dessa admiração: seu caráter de sonho e adoração. Toda "realização" passa a adquirir sobre ele uma espécie de poder furioso, ao qual submete tudo o que preservou de emoção em sua vida.

DESTRUIÇÃO

O duplo prazer, de permanência e destruição, que é característico do paranoico já foi discutido detidamente no "Caso Schreber". A ameaça à própria pessoa, que é sentida de forma tão aguda como se existisse continuamente, é combatida em duas direções: em primeiro lugar, pela expansão por sobre espaços enormes que são como que incorporados à própria pessoa; e, em segundo, pela obtenção da permanência "eterna". Para uma paranoia já totalmente desenvolvida, a fórmula do "império milenar" não pode ser caracterizada como imodesta. Elimina-se ou subjuga-se tudo o que a pessoa não é, processo no qual a subjugação constitui apenas uma solução provisória, facilmente transformável em aniquilamento completo. Toda resistência encontrada no âmbito do próprio poder é sentida como insuportável: a resistência, diz Speer, podia provocar em Hitler uma fúria extrema. Ele só é flexível ali onde ainda não logrou alcançar um poder absoluto, pois aí está ainda às voltas com os processos para alcançar esse poder. A expansão do império representa a própria pessoa, finalmente não mais ameaçada; e, enquanto não se alastrar por toda a terra, ela não poderá efetivamente sossegar. Disso naturalmente faz parte o afã de permanência, e não faltam testemunhos de ambas as coisas nas *Memórias* de Speer.

Acima do "Kuppelberg" de Hitler em Berlim, a 290 metros de altura, deve haver uma águia. No início do verão de 1939, ele se manifesta a respeito para Speer: "Aqui a águia não deve pairar sobre a suástica, mas dominar o globo terrestre! O coroamento da maior edificação do mundo tem de ser a águia sobre o globo terrestre!".

Dois anos antes, já em 1937, dissera, quase de passagem, numa discussão sobre o Grande Estádio: "Em 1940, os Jogos Olímpicos se realizarão ainda uma vez em Tóquio. Mas depois disso realizar-se-ão para sempre na Alemanha".

Os livros com os quais se ocupa mais detidamente tratam de guerra ou de arquitetura — constituem sua leitura predileta. Nessas disciplinas, surpreende até especialistas com seus conhecimentos precisos; e, com a memória que tem, torna-se fácil derrotá-los em discussões a respeito.

Sua arquitetura só é compreensível pelo afã de permanência "eterna": ele odeia tudo o que não é de pedra, e o vidro — por trás do qual não pode esconder-se, e que, além disso, é quebradiço — suscita nele a mais profunda aversão, como material para grandes construções.

De início, Hitler mantém bem escondido seu prazer pela destruição, tornando ainda mais monstruoso o seu efeito ao se manifestar. Em fins de julho de 1940, três dias depois de declarado o armistício na França, leva consigo Speer e alguns outros para uma visita a Paris, onde nunca esteve antes. Em três horas visita a Ópera, mostrando-se ser profundo conhecedor ("Vejam como entendo bem disso!"), a Madeleine, os Champs Elysées, o Arc de Triomphe, a Tour Eiffel, os Invalides, onde faz referência a Napoleão, o Panthéon, o Louvre, a Rue de Rivoli e, finalmente, o Sacré Cœur em Montmartre. Passadas essas três horas, diz: "Era o sonho de minha vida poder ver Paris. Não posso dizer o quanto estou feliz por tê-lo realizado".

Na mesma noite, de volta a seu quartel-general, num pequeno cômodo de uma casa camponesa, incumbe Speer de retomar as construções em Berlim, e acrescenta: "Não era bela Paris? Mas Berlim tem de tornar-se muito mais bela! Eu refletia frequentemente se não se deveria destruir Paris; mas, quando tivermos concluído Berlim, Paris será apenas uma sombra. Para que então destruí-la?". Speer fica chocado com o fato de que Hitler possa falar com tanta calma da destruição de Paris, "como se se tratasse da coisa mais natural do mundo". Aqui se revela a proximidade entre superação e destruição. Superação significa vitória, e se esta é alcançada com rapidez, adia a destruição. A vitória fácil sobre a França salvou Paris provisoriamente. Paris deve ainda continuar existindo, para servir como sombra à nova Berlim.

Logo depois, no mesmo ano de 1940, Speer presencia um jantar, na chancelaria do Reich, no qual Hitler "falando, embriaga-se cada vez mais com a ideia de destruição":

Já examinaram os senhores alguma vez o mapa de Londres? Tudo é construído em tão pouco espaço que um único foco de incêndio seria suficiente para destruir toda a cidade, como já ocorreu uma vez, há mais de duzentos anos. Göring quer produzir esses focos nas mais diferentes regiões de Londres, por meio de inúmeras bombas incendiárias com um efeito totalmente novo. Em toda parte haverá focos de incêndio. Milhares deles. Então, eles se juntarão numa gigantesca fogueira. A ideia de Göring é a única correta nesse caso: bombas explosivas não funcionam, mas com bombas incendiárias pode-se fazê-lo — destruir Londres completamente! O que poderão fazer os bombeiros, uma vez começado o incêndio?

Sem o menor pejo, o prazer de destruição endereça-se aqui a uma cidade de 8 milhões de habitantes, e é precisamente o número desses seres humanos que pode ter contribuído para aumentar esse prazer. A unificação de milhares de focos num incêndio gigantesco é apresentada de modo semelhante ao da formação das massas. O fogo, aliás, serve frequentemente como símbolo de massa para massas destruidoras. Hitler não se contenta com o símbolo: transforma-o na realidade que representa, e utiliza-se do fogo como massa para a destruição de Londres.

Essa embriaguez de destruição, que a princípio só existia na cabeça de Hitler, retroagiu de duas maneiras diferentes sobre a própria Alemanha. O que planejou para Londres, e fracassou, tornou-se realidade nas cidades alemãs. É como se Hitler e Göring tivessem seduzido e convencido seus inimigos a usarem as mesmas armas que eles mesmos haviam descoberto. Mas o segundo ponto (e não menos terrível) é que Hitler estava tão habituado à ideia da destruição total que esta já não mais podia impressioná-lo o bastante. Já não via mais com surpresa o que há de mais terrível, pois ele próprio o concebera e já havia muito o tinha em mente. As destruições de cidades inteiras tiveram início em sua mente, e já se haviam tornado uma tradição da guerra quando se voltaram seriamente contra a Alemanha. Como todo o resto, era preciso "suportá-las". Hitler recusava-se a tomar conhecimento delas testemunhando-as com seus próprios olhos, e nem a destruição de Hamburgo ou Berlim poderia tê-lo levado a ceder um palmo do território conquistado na Rússia.

Assim, cristalizava-se a situação, que hoje nos parece monstruosa, na qual o seu Reich ainda se estendia territorialmente por uma boa parte da Europa, enquanto caíam em ruínas, uma a uma, as grandes cidades da Alemanha. A invulnerabilidade de sua pessoa, em sentido estrito, estava garantida; em sentido mais amplo, porém, sua pessoa expandia-se por toda a extensão do Reich.

Não se pode ter uma ideia satisfatória de como ocorre a destruição na mente de um paranoico. Seu trabalho na direção oposta, visando à própria expansão e eternização, volta-se justamente contra essa infecção pela destruição. Mas a destruição está no paranoico, é uma parte dele; e, se aparece subitamente no mundo externo, onde quer que seja, não poderá absolutamente surpreendê-lo nem causar estranhamento. A veemência do que se passa em seu próprio interior é o que ele impinge ao mundo como visão. Seu espírito pode ser tão insignificante quanto o de Hitler, ele pode, por assim dizer, não ter nada a apresentar que uma instância imparcial julgue de valor — e, no entanto, a intensidade de seus processos destrutivos internos confere-lhe a imagem de um visionário ou profeta, um salvador ou um *Führer*.

DIVISÕES, ESCRAVOS, CÂMARAS DE GÁS

A alegria de Hitler com a massa impetuosa ao seu redor diminui rapidamente ao longo da guerra. Hitler acostumou-se a atingir pelo rádio a sua massa, a maior possível — vale dizer, a todos os alemães. Já não tem mais, também, oportunidade de falar do crescimento pacífico da população alemã. Sua ocupação é a guerra, que considera, ao lado da arquitetura, seu verdadeiro ofício. Agora ele opera com divisões. Estas estão perfiladas em prontidão, sob o seu comando; com elas, pode fazer o que bem entende. Seu objetivo principal é manter os generais sob seu controle. Os especialistas da guerra são as pessoas a quem agora deve convencer. Consegue, a princípio, fazê-los dóceis, por meio de vitórias fáceis e surpreendentes. As vitórias, às quais conclamara as massas e com cuja promessa obtivera êxito na formação destas, tornam-se realidade: passa, então, à etapa seguinte.

Para Hitler, nada é tão importante quanto estar com a razão diante das ponderações dos especialistas. Cada previsão correta torna-se uma parte inerente de sua autoconsciência. Tendo duas faces, a paranoia põe uma, a da perseguição, provisoriamente de lado e subsiste apenas com a outra, a da grandeza.

A mente de Hitler jamais está livre das massas, mas tanto a sua composição quanto sua função modificaram-se. Tendo conquistado seus alemães, agora conquista *escravos*. Estes são úteis, e haverá muito mais deles que de alemães. No entanto, assim que a condução da guerra esbarra em dificuldades — na Rússia, portanto — e assim que suas próprias cidades são ameaçadas pelas bombas, uma outra massa aguça-lhe a mente: a massa dos judeus a serem aniquilados. Ele os reuniu; agora pode exterminá-los. Antes, já dissera de forma suficientemente clara o que tencionava fazer com eles; mas, no momento em que se trata seriamente da aniquilação, cuida para que ela permaneça em segredo.

Era possível estar muito próximo, como Speer, da fonte do poder e não ser confrontado diretamente com esse extermínio. Aqui, o testemunho de Speer parece-me de particular importância. Da etapa da escravidão, do trabalho forçado, ele não apenas sabia, como incluía-a em sua própria esfera de trabalho. Parte de seus planos era nela fundamentada. Do aniquilamento, no entanto, só veio a saber muito mais tarde, numa época em que a guerra já parecia perdida. As revelações sobre os campos de concentração colhem-no, por fim, quando já em luta contra Hitler, e só exercera-o completo efeito sobre ele em Nuremberg. Isso é tanto mais verossímil na medida em que o leva a postular uma culpa coletiva de todo o comando. A firmeza de seu posicionamento, sob circunstâncias difíceis — Speer teve de impor-se contra os coacusados, os quais o viam como traidor —; a sinceridade de suas afirmações, que nada atenuam; seu empreendimento principal, ao escrever durante anos suas memórias na prisão, cujo objetivo era tornar impossível a formação de uma lenda em torno da figura de Hitler — tudo isso pressupõe o choque tardio diante daquelas revelações.

De um modo geral, portanto, Hitler conseguiu manter distante da consciência da maioria dos alemães sua empresa mais monstruosa: as câmaras de gás. Mas, na sua consciência, isso foi tanto mais eficaz. A partir daí, fecharam-se-lhe os caminhos de volta. Não havia para ele mais nenhuma possibilidade de concluir um acordo de paz. Só restava uma única saída: a vitória, e quanto mais parecia impossível, tanto mais era ela a única saída.

DELÍRIO E REALIDADE

Em Hitler, delírio e realidade são difíceis de separar, pois interpenetram-se ininterruptamente. Nisso, porém, ele pouco se diferencia dos outros. A diferença reside na força de seu delírio, que, ao contrário do que ocorre com a maioria das pessoas, não se contenta com pequenas satisfações. Fechado em si mesmo, seu delírio é-lhe primordial, e Hitler não está disposto a sacrificá-lo em um mínimo que seja. Tudo o que se apresenta na realidade é relacionado ao delírio como um todo. O conteúdo deste é de uma tal natureza que só pode ser alimentado por uma coisa: êxitos. O fracasso não pode propriamente abalá-lo, mas tem a única função de instigar a novas receitas que levem ao sucesso. Hitler vê nessa imperturbabilidade de seu delírio a sua própria solidez. Tudo o que um dia empreendeu permanece, não desmorona. Nenhum edifício que alguma vez pensou erigir possui fundações tão sólidas quanto as de seu delírio. Este não é um delírio que lhe permita recolher-se a si mesmo e viver à margem do mundo: é de tal índole que necessariamente deve impingi-lo ao mundo que o cerca. O seu caminho não é aquele que outros trilham, em casos apenas aparentemente semelhantes — inventores, por exemplo, ou criadores particularmente obstinados —, caminho que consiste em persuadir indivíduos isolados ou em produzir obras, às quais, por assim dizer, confiam a tarefa da persuasão. Esse caminho seria não apenas muito longo, mas também não corresponderia ao conteúdo de seu delírio. Desde o desenlace catastrófico da Primeira Guerra Mundial, Hitler está tomado pela massa de soldados alemães, que para ele não podem ter tombado em vão e que, por isso, de uma forma que é própria apenas dele, permanecem vivos. Quer transformá-los de novo na massa que compunham anteriormente à eclosão da guerra. É essa massa que constitui a sua força: com a ajuda dela, e à medida que remete incessantemente a ela, é capaz de despertar novas massas e reuni-las à sua volta. Logo toma consciência da eficácia dessa força e, após exercícios e progressos ininterruptos, transforma-se em um mestre das massas. No que depender delas, percebe que lhe será perfeitamente possível transformar seu delírio em realidade. Descobriu, por assim dizer, o ponto fraco da realidade, aquela parte em que ela é mais fluida, e ante a qual a maioria, que teme a massa, recua horrorizada.

O respeito de Hitler pela outra realidade, a *estática*, não se torna maior por isso. O poder que se alimenta das massas, o poder em estado bruto, permanece por muito tempo o único de que dispõe, e, embora cresça rapidamente, não é este que ele, na verdade, deseja: seu delírio exige o poder político absoluto no Estado. Uma vez alcançado, pode atacar seriamente a realidade. É perfeitamente capaz de distingui-la de seu delírio. Seu senso de realidade, que tem em alta conta, reside no exercício do poder. Emprega esse poder para impingir, paulatinamente, o conteúdo de seu delírio àqueles que o cercam, seus instrumentos. Enquanto tudo correr bem, é impossível, e também indesejável para estes, que reconheçam o verdadeiro caráter dessa estrutura em que se incluem e da qual participam. Apenas com os fracassos começa a se tornar mais nitidamente visível a intransigência irremovível, o caráter de delírio, precisamente do empreendimento. Ampliou-se então o abismo entre delírio e realidade, e a firmeza da crença de Hitler em si mesmo, em sua época de felicidade, revela-se agora a infelicidade da Alemanha — da mesma forma que, desde o início, fora a infelicidade do restante do mundo.

De qualquer maneira, ele insiste no seu direito de fazer previsões. Só a ele, e a mais ninguém, é permitido predizer o que acontecerá. O acerto de suas previsões foi suficientemente comprovado. A realidade futura lhe pertence: ele a inclui em sua esfera de poder. Encara as advertências como um obstáculo a seu futuro: elas o irritam, mesmo que partam dos mais qualificados de seus auxiliares. Rechaça-as com rigor, como se fossem uma espécie de insubordinação. Agora, suas previsões assumem para ele o caráter de ordens que dita ao futuro.

A clarividência, de que compartilham em igual medida o paranoico e o detentor do poder, começa a revelar seu caráter delirante. Fora-lhe útil na avaliação dos inimigos: pôde perceber suas intenções quando ainda estavam totalmente ocultas. Remete, portanto, juntamente com suas predições corretas, ao seu "sexto sentido". Agora, porém, em que se vê acuado, revela-se quão falsa clarividência pode ser. Por muito tempo, Hitler considera o desembarque na Normandia um embuste: para ele, o verdadeiro desembarque deve-se dar na região de Calais. As medidas que toma contra o inimigo são determinadas por essa falsa clarividência, da qual nada pode dissuadi-lo e à qual inabalavelmente se aferra, até que seja tarde demais.

O atentado fracassado de 20 de julho tem como consequência o último fortalecimento efetivo de seu sentimento de poder. Ele sobreviveu como que por um milagre; *é* um milagre. Subitamente, Stálin torna-se seu modelo. Hitler aprova o aniquilamento dos generais russos e, embora nada saiba de fato sobre a traição destes, assume que provavelmente devem ser culpados, pois odeia seus próprios generais. Ordena uma perseguição implacável a eles, e os manda executar da forma mais abjeta. De sua execução aufere a forma mais primitiva de poder, a da sobrevivência aos inimigos. Saboreia os filmes dessas execuções, e os faz apresentar em seu círculo íntimo. Conserva, porém, algumas vítimas para mais tarde e, de tempos em tempos, dependendo das circunstâncias e de suas necessidades, ordena novas execuções.

A 12 de abril de 1945, dezoito dias antes de sua morte, Hitler faz chamar Speer com urgência: "Ao ver-me, precipitou-se sobre mim como um obcecado, com uma vivacidade que lhe era incomum, tendo na mão uma notícia de jornal: 'Leia aqui! Aqui! O senhor jamais acreditaria! Aqui!' Suas palavras atropelavam-se: 'Aqui está o grande milagre que eu sempre predisse. Quem tem razão agora? A guerra não está perdida. Leia! Roosevelt está morto!' Ele não conseguia se acalmar de modo algum".

O prolongamento da guerra até essa data parece justificado. Os acontecimentos do fim da Guerra dos Sete Anos, quando Frederico foi salvo de extremo perigo pela morte de sua pior inimiga, parecem repetir-se. Pouca coisa contribuiu tão fortemente para o prolongamento totalmente sem sentido da guerra quanto essa ideia de uma virada no destino histórico. Frederico, o Grande, fora um dos poucos modelos *permanentes* de Hitler; ao final, era o único.

Em seu *bunker*, que Speer compara a um cárcere — com nada mais que ruína a seu redor e russos às portas de Berlim, da qual muito pouco ainda resiste — Hitler é capaz ainda de esperar por uma virada na guerra a partir da morte de *um inimigo pessoal*. Até o último instante, o verdadeiro desenrolar dos acontecimentos tem, para ele, lugar em meio a alguns poucos poderosos: tudo depende deles, o curso do mundo depende de quem dentre eles sobreviverá aos outros. Nada nos oferece um testemunho mais claro da devastação que a ideia do poder e o desmoronamento dessa ideia operaram em seu espírito. Agora, sua última esperança reside no desaparecimento daquele mesmo Roosevelt, o "paralítico", que tanto desprezava e ironizava.

Quanto à ação dos modelos históricos e sua periculosidade ainda e sempre incompreendida, seria aconselhável incluir as palavras de Speer sobre essa cena no *bunker* em todos os manuais didáticos do mundo. Para o momento, resta-nos pouco mais do que contrapor à ação inabalada desses modelos fatais os seus opostos — modelos de uma verdade plena. A vergonha que pesa sobre essa situação, enxergar-lhe o opróbrio, a essência da visão falsa — tudo isso se reúne no relato de Speer para compor uma impressão indestrutível.

(1971)

CONFÚCIO EM SEUS DIÁLOGOS

A aversão de Confúcio à eloquência: o peso das palavras escolhidas. Ele teme o enfraquecimento delas pelo uso fácil e lisonjeiro. A hesitação, a reflexão, o tempo que *precede* a palavra são tudo; mas também o que a sucede. Há algo no ritmo de perguntas e respostas isoladas que aumenta o valor das palavras. A palavra rápida dos sofistas, o empenho no jogo com a palavra lhe é odiosa. O importante não é o impacto provocado pela resposta rápida, mas a imersão da palavra em busca de sua responsabilidade.

Confúcio gosta de se deter diante de algo existente, a fim de elucidá-lo. Não nos foram legados diálogos mais longos dele: seriam recebidos como antinaturais.

Ao contrário dele, seus discípulos tornam-se úteis aos governantes, muito mais pela eloquência do que pelo saber. Assim, aqueles que dentre eles progrediram na vida pela oratória não são realmente seus discípulos, segundo o que desejaria o seu coração.

Particularmente impressionante em Confúcio é o seu insucesso, sobretudo no período da peregrinação de cidade em cidade. Ele dificilmente teria sido levado a sério, tivesse se tornado e permanecido efetivamente ministro em algum lugar. Rejeita o poder como ele é de fato; interessam-lhe apenas suas possibilidades. O poder jamais é para ele um fim em si, mas antes uma tarefa, a responsabilidade perante o coletivo. É assim que ele se torna o mestre do dizer *não*, e sabe muito bem preservar a si próprio. Mas não é um asceta: participa de todos os aspectos da vida e jamais se subtrai dela realmente. Só nos períodos de luto é que ele conhece uma espécie de ascese, cuja função é preservar mais viva a memória do morto.

Sua felicidade, que jamais tem fim, é o aprendizado. Seu interesse por tudo que é antigo está sempre relacionado com o humano, e voltado para a ordem da vida. Nele, a propensão para a ordem vai muito longe. O caráter ritual dessa propensão chega mesmo a incorporar-se nele. "Não se sentaria numa esteira que não estivesse posta corretamente." Ele tem um faro para disparidades e empresta-lhes consciência.

Confúcio não permite a nenhum ser humano que seja uma ferramenta. Isso está diretamente ligado à sua aversão pela especialização, um traço particularmente importante, pois seu efeito se faz presente até hoje na China. Não se trata de podermos isto ou aquilo, mas de sermos seres humanos em tudo o que podemos.

Grande ênfase é dada também ao fato de que não se deve agir por cálculo, o que, visto com exatidão, significa não tratar seres humanos como se fossem ferramentas. Como quer que se encare a origem social desse modo de pensar — que contém em si, aliás, um desprezo pela atividade comercial — é, todavia, de grande importância para aquilo que poderia ser caracterizado como o resíduo da cultura chinesa como um todo, que tal modo de pensar tenha sido expresso de forma clara e de alguma maneira, por meio do estudo dos diálogos de Confúcio, tenha permanecido atuante, ainda que certamente não decisivo.

O homem exemplar continua sendo aquele que não age por cálculo.

Confúcio é paciente em suas tentativas de ser ouvido por aqueles que detêm o poder, os príncipes reinantes. Não se pode dizer que ele os adule; e, se lhes reconhece a autoridade, é apenas porque exige deles muito no exercício dessa autoridade.

Confúcio não revela o menor conhecimento da natureza do

poder, daquilo que este é em seu cerne. Tal conhecimento supre seus inimigos posteriores, os legalistas. É deveras notável que todos os pensadores da história da humanidade que entendem algo do poder, tal como é de fato, *tenham dito sim* a ele. Os pensadores que são *contra* o poder mal penetram-lhe a essência. Sua repulsa é tão grande que não gostam de se ocupar do poder: temem ser maculados por ele, uma postura que tem algo de religioso.

Uma ciência do poder só foi desenvolvida por aqueles pensadores que o aprovam e se comprazem em servi-lo como conselheiros. Qual a melhor forma de ganhar e manter o poder? Para que se deve estar alerta, se se pretende conservá-lo? Que escrúpulos devem ser deixados de lado por serem impeditivos ao seu exercício?

O mais interessante dentre esses conhecedores do poder que têm uma opinião positiva a seu respeito é Han Fei-tsé (que viveu 250 anos depois de Confúcio). Estudá-lo é imprescindível justamente para o mais visceral adversário do poder.

Os *Diálogos* de Confúcio são o mais antigo e perfeito retrato espiritual de um homem. Sua leitura revela um livro moderno, importante não só por tudo o que contém, mas também por tudo que nele *falta*.

Nele se conhece um ser humano completo, mas não um homem *qualquer*. Trata-se de um ser humano atento à sua exemplaridade e que, com a ajuda dela, pretende influir sobre os outros. Cada traço particular — e são muitos os registrados ali — tem um sentido próprio. De uma ordenação dispersa, não articulada segundo qualquer princípio reconhecível, resulta, no conjunto, um ser crível, que age, pensa, respira, fala e se cala — um ser que é, acima de tudo, um *modelo*.

Em Confúcio, pode-se aprender com particular clareza como um modelo nasce e se conserva. É parte desse aprendizado, sobretudo, que estejamos nós próprios impregnados por um modelo, ao qual nos apegamos em todas as circunstâncias, do qual não duvidamos, ao qual não renunciamos, que gostaríamos de alcançar e, no entanto, jamais alcançamos totalmente. Mesmo se o tivéssemos alcançado, jamais nos seria permitido admitir que o fizemos, pois com isso o modelo alcançado perde sua força. Ele só nutre àquele que se vê distante dele. A tentativa de superar essa distância, a tentativa de, por assim dizer, acossar o modelo, deve ser efetuada renovadamente, mas jamais obter êxito. E, enquanto não o obtiver, enquanto a tensão da distância se conservar, o salto em direção ao modelo poderá sempre ser tentado de novo. Importantes são essas tentativas aparentemente vãs — aparentemente, pois é no decorrer delas que acumulamos uma experiência, uma capacidade, uma qualidade após a outra.

Confúcio situa seu modelo a uma grande distância: trata-se do duque de Tchou, que viveu quinhentos anos antes dele e a quem se atribuía a maior parte das disposições da então nova dinastia. Para compreendê-lo, Confúcio se ocupa de tudo o que aconteceu à época dele e desde então: dos documentos históricos, das canções e dos ritos. Examina, classifica e ordena esse legado. Mais tarde, admitir-se-ia que tudo o que se conhecia daquela época fora estabelecido por ele. Seu modelo aparece-lhe em sonho; já em idade avançada, Confúcio ficava impaciente se ele deixasse de aparecer por um tempo. Tomava essa ausência como sinal de desaprovação: malograra em muitas coisas nas quais o duque obtivera êxito.

Mas esse não é seu único modelo. Pode-se dizer que agrupa toda a história chinesa — o quanto dela julga conhecer — em modelos: no início de cada uma das três dinastias tradicionais, mas também imediatamente *antes* da primeira delas, situa uma ou duas figuras que, por sua exemplaridade, seguem sendo determinantes ainda muito tempo depois de suas respectivas épocas. Confúcio não só tem consciência da enorme importância dos modelos, mas sabe também que eles se desgastam, e se preocupa com sua renovação. Adquire o conhecimento da ação dos modelos por meio de sua experiência consigo mesmo e com seus discípulos. Por meio dos príncipes — aos quais tenta dar

231

conselhos, mas que não querem ouvi-lo —, conhece os contraexemplos. Não os escamoteia, por mais desagradáveis que estes lhe sejam: inclui-os na história, situando-os, com certa predileção, ao final das dinastias. Mas cuida sempre para que sejam vencidos e depostos.

Ocupando-se com seus modelos, Confúcio tornou-se ele mesmo um deles, e é notável que o seja muito mais que eles, e a uma distância temporal bem maior.

"Um jovem", diz Confúcio, "deveria ser tratado com o maior respeito. Como você pode saber se um dia ele não será tão valoroso quanto você o é agora? Quem tem quarenta ou cinquenta anos e não se distinguiu por o que quer que seja, este não merece respeito algum."

Confúcio tornou esse dito verdadeiro em sua longa convivência com seus discípulos. Como os observa! Com que cautela os avalia! Toma cuidado para não corrompê-los com elogios prematuros. Dá tempo ao tempo e fica feliz quando eles fazem por merecer um elogio incondicional. Não censura sem antes arrancar à censura seu ferrão nocivo. Deixa-se criticar por seus discípulos e responde às críticas. Quaisquer que sejam os princípios de que parte, sua avaliação de caráter permanece empírica. Se dois de seus discípulos estão juntos, ele lhes pergunta por seus desejos mais íntimos, revelando em seguida os seus próprios. Mal se percebe aí uma censura, mas antes uma confrontação de naturezas diferentes.

Todavia, também não dissimula seu profundo amor por Yen-Hui, o puro que não teve êxito no mundo: quando este seu discípulo predileto morre, aos 32 anos, Confúcio não esconde o seu desespero.

Não conheço nenhum sábio que tenha levado a morte tão a sério quanto Confúcio. Recusa-se a responder perguntas acerca da morte. "Se ainda não se conhece a vida, como se poderia conhecer a morte?" Nunca se pronunciou uma frase mais apropriada sobre o assunto. Ele sabe muito bem que perguntas assim indagam sobre o tempo *depois* da morte. Qualquer resposta a elas se lança, com um salto, para além da morte, escamoteando--a e à sua inapreensibilidade. Se há algo *depois*, como havia algo *antes*, a morte como tal perde seu peso. Confúcio não se presta a este mais infame de todos os números de prestidigitadores. Não afirma que não há nada depois, pois não pode sabê-lo. Mas tem-se a impressão de que, para ele, pouco importaria descobri--lo, ainda que fosse possível. Assim, todo o valor é dado à própria vida: restituímos-lhe a seriedade e o esplendor que dela subtraímos ao empregar boa parte, talvez a melhor, de nossas forças *atrás* da morte. Assim, a vida fica sendo exatamente o que é, e também a morte permanece intacta: elas não são intercambiáveis, não são comparáveis, não se misturam. Permanecem distintas.

A pureza e o orgulho humano dessa postura são perfeitamente conciliáveis com a enfática intensificação da lembrança dos mortos, que se encontra no *Li-ki*, o livro de ritos dos chineses. A coisa mais crível que já li sobre a aproximação com os mortos, sobre o sentimento de sua presença nos dias destinados à sua memória, encontra-se nesse livro de ritos. Seu conteúdo está em perfeita sintonia com Confúcio: embora só posteriormente tenha assumido essa forma, sente-se ali o mesmo que nos faz sentir a leitura dos *Diálogos*. Numa fusão de delicadeza e perseverança dificilmente encontrável em outros, Confúcio se esforça no sentido de intensificar o sentimento de respeito por certos mortos. Poucas vezes se observou que, com isso, ele procura diminuir o prazer pela sobrevivência — uma das mais espinhosas tarefas, até hoje não resolvida.

Quem guarda luto por seu pai durante três anos, interrompendo inteiramente o curso de suas atividades habituais por tanto tempo, não pode regozijar-se com a sobrevivência: todo contentamento com ela, ainda que tal fosse possível, é radicalmente banido pelo curso dos deveres do luto, pois então é preciso mostrar que se é digno do pai. Assume-se-lhe a vida em todas as suas particularidades — transformando-se nele, mas por meio da veneração contínua. Não só se reprime interiormente o pai, como, ao contrário, anseia-se por seu retorno e, em determinados ritos, alcança-se o sentimento desse retorno. O pai continua existindo como figura e modelo. Cuida-se para que não se aja incorretamente a seus olhos: é preciso afirmar-se perante ele.

Após três dias, pode-se voltar a comer; após três meses, volta a se lavar; após um ano, veste-se de novo seda crua sob o traje de luto. A autoprovação não pode chegar ao aniquilamento do ser, para que a vida não seja lesada pela morte. O luto não ultrapassa três anos.

Os sacrifícios não devem ser muito frequentes, senão tornam-se penosos, prejudicando a celebração. Porém, não devem também ocorrer com muita raridade, do contrário se fica preguiçoso e se esquecem os mortos.

No dia do sacrifício, o filho pensou nos pais. Tinha presente em si sua morada, seu sorriso, o tom de suas vozes, seu modo de pensar; pensou naquilo que os alegrava e naquilo que gostavam de comer. Se assim jejuasse e meditasse durante três dias, veria então aqueles por quem jejuava.

No dia do sacrifício, ao entrar no aposento dos pais, excitava-o a perspectiva de vê-los novamente: ao caminhar por ele, entrar e sair do aposento, estava compenetrado, como que certo de ouvi-los movimentando-se ou conversando; ao sair pela porta, ficou à espreita com a respiração suspensa, como que a ouvi-los suspirar.

De todas as civilizações, essa é a única tentativa séria que me é conhecida de dissipar a concupiscência de sobreviver. E, como tal, ter-se-á, pelos menos nesse aspecto, de contemplar o confucionismo em sua origem sem nenhum preconceito, a despeito de todas as suas degenerações posteriores.

Apesar de todo o respeito que lhe é devido por isso, não se

poderá negar que, para Confúcio, uma outra preocupação era mais importante: tratava-se de empregar a memória dos mortos em prol de uma consolidação da tradição. Ele preferia esse meio às sanções, leis e penas. A transmissão da tradição de pai para filho parecia-lhe mais efetiva, mas só à medida que o pai surgisse aos olhos do filho como uma pessoa íntegra, um modelo jamais declinante. Três anos de luto pareciam-lhe necessários para que o filho se transformasse inteiramente no que fora o pai.

Isso pressupõe grande confiança naquilo que foi o pai. Pretende-se, assim, impedir uma deterioração do filho em relação ao pai. De qualquer modo, permanece matéria para reflexão se justamente dessa maneira não se está também tornando mais difícil um aperfeiçoamento do pai pelo filho.

(1971)

TOLSTÓI, O ÚLTIMO ANTEPASSADO

Por intermédio de Rousseau, Tolstói foi contaminado desde cedo pela mania de acusar-se a si mesmo. Suas acusações, porém, chocam-se contra um "si mesmo" compacto. Ele pode censurar-se pelo que quer que seja; não se destrói. Trata-se de uma autoacusação que lhe confere significação, tornando-o o centro do mundo. É espantoso o quão cedo escreve a história de sua juventude; esse é o início de sua atividade literária.

Tolstói não pode ouvir falar sobre algo novo sem querer imediatamente baixar "regras" a respeito. As leis que constantemente precisa encontrar são a sua soberba; mas busca também com isso uma certa durabilidade. Desta ele precisa por causa da morte, que muito cedo e repetidas vezes vivenciou. Aos dois anos, perde a mãe e, aos nove, o pai; pouco depois, a avó, que, morta no esquife, contempla e beija.

No entanto, não é um precoce. Acumula longamente sua obstinação. Todas as suas experiências mergulham inalteradas em suas narrativas, romances e dramas. São experiências fortes, e o fato de jamais se fragmentarem confere-lhe algo de monumental. Todo ser humano que se preserva assim é uma espécie de monstro. Os outros se enfraquecem, à medida que correm dele.

Tolstói vê a verdade demasiadamente como lei e concede, por isso, uma espécie de onipotência a seus diários. Por meio da leitura de seus primeiros diários — que pululam de verdades dolorosas mas exageradas sobre si mesmo —, quer educar sua mulher de dezoito anos, pretendendo assim conduzi-la para suas próprias, e ainda vacilantes, leis. Os efeitos do choque que, com isso, causa a ela perdurarão por cinquenta anos.

Tolstói é um daqueles que jamais deixa de lado uma observação, um pensamento ou uma experiência. Tudo permanece curiosamente consciente. É espontâneo em suas antipatias, sua repulsa; ingênuo na preservação de costumes e ideias tradicionais. Sua força reside no fato de que ele não se deixa persuadir: precisa de experiências próprias, intensas, para chegar a novas convicções. Suas prestações de conta, segundo o modelo frankliniano (hábito que ele adquiriu muito cedo), teriam algo de risível, se tudo nelas não fosse repetido com uma tenacidade tão assustadora.

Mas, por outro lado, existem palavras arrebatadoras de Tolstói, que oferecem compensação por muito do que há nos diários, como quando, por exemplo, numa carta à mulher, incorpora inteiramente a guerra russo-turca de 1877-8 à sua existência: "Enquanto a guerra durar, não poderei escrever. É como se a cidade fosse incendiar-se. Não se sabe o que fazer. Não se pode pensar em outra coisa".

O desenvolvimento religioso do Tolstói *tardio* se dá sob uma pressão inelutável. O que ele considera uma livre decisão de seu espírito é determinado, na verdade, por sua equiparação grandiosa: com Cristo. Mas sua felicidade, o trabalho rústico, esse predomínio do trabalho manual sobre ele, tem muito pouco em comum com Cristo.

Muito diferente de Cristo, ele é um proprietário de terras que caminha para trás, o senhor que se torna de novo camponês. É para reparar tudo o que os senhores cometeram que se serve do Evangelho. Cristo é a sua muleta. Trata-se, para ele, de reconverter-se inteiramente num camponês. Não lhe importa o direito, mas a existência do camponês, que não poderia ser alcançada por meio da violência. Mas importa-lhe também ser *reconhecido* como camponês.

A família torna-se-lhe incômoda, ao constituir um entrave a essa transformação. Sua mulher casara-se com um conde e um poeta, e não quer saber do camponês. Ela o cerca de oito filhos que são tudo, menos filhos de camponeses.

Sua propriedade é repartida com ele ainda vivo. Tolstói quer ver-se livre dela, e todas as disputas entre a mãe e os filhos, comuns em qualquer partilha de herança, desenrolam-se diante de seus olhos. É como se ele tivesse a intenção de trazer à tona o lado mais torpe de seus familiares.

Sua mulher se faz nomear editora de suas obras. Aconselha-se sobre o novo negócio com a viúva de Dostoiévski, a quem fica conhecendo especialmente para esse fim. Imaginem-se duas viúvas, bastante dedicadas, sentadas lado a lado.

Nos últimos anos de sua vida, Tolstói é como que retalhado vivo por dois empreendimentos — poder-se-ia dizer, por dois ramos de negócios, resultados daquilo que ele fora durante décadas.

Sua mulher representa o ramo editorial e deseja lucrar o máximo possível com a venda das suas obras completas. Tchercov, seu secretário, representa a sua fé — a religião ou seita recém-fundada. Este também é dedicado: zela por cada palavra de Tolstói e corrige-lhe os desvios. A preços módicos, difunde seus panfletos e tratados para todo o mundo. Usurpa toda frase do autor que poderia vir em benefício da fé e exige cópias do diário *in statu nascendi*. Tolstói é afeiçoado ao seu discípulo predileto e permite-lhe tudo. Releva esse ramo de atividade, tendo pouca simpatia para com o outro, o de sua mulher — ao qual frequentemente dedica apenas um ódio amargo. No entanto, ambas as casas de negócio têm sua vida própria e não fazem o menor caso dele, Tolstói.

Se sofria um ataque grave e dava a impressão de que poderia morrer dentro em pouco, sua mulher subitamente gritava "Onde estão as chaves?", referindo-se com isso às chaves de acesso a seus manuscritos.

Passei a noite toda numa espécie de encantamento com a vida de Tolstói. Na velhice, como vítima de seus familiares e adeptos, como objeto de tudo aquilo que mais combate, sua vida possui uma significação que nenhuma de suas obras alcança. Ele lacera o observador, todo observador, pois qualquer pessoa encontra, encarnadas nessa vida, as convicções que lhe são mais importantes lado a lado com aquelas que mais profundamente abomina. Estão todas articuladas, são proferidas sem rodeios; nada se esquece, tudo retorna. Em Tolstói, parece compatível aquilo que em nós mesmos está em violento conflito. São suas contradições que o tornam mais autêntico. Ele é a única figura de nossa época, da modernidade, que se pode levar a sério. Como dá voz a *tudo*, como não se furta a nenhuma censura, juízo ou lei, ele se mostra, sob todos os ângulos, aberto — mesmo ali onde com maior rudeza se impõe limites.

Para mim, é uma dor pungente saber que um homem que desnuda e recusa impiedosamente o poder em todas as suas formas — guerra, justiça, governo, dinheiro —, um homem de uma clareza inaudita e incorruptível, firma com a morte, tanto tempo temida, uma espécie de pacto. Pelos atalhos da religião, Tolstói se aproxima da morte e sobre ela se ilude por um longo tempo, até que se vê em condições de adulá-la. Dessa forma, consegue perder a maior parte de seu medo da morte. Ele a aceita, no plano da razão, como se fosse algo moralmente bom. Exercita-se em suportar calmamente a morte de seus entes mais queridos. Sua filha Mascha, a única tolstoiana adulta da família, morreu aos 35 anos. Suporta ver-lhe a doença e a morte; está presente no enterro. O que escreve a respeito demonstra contentamento: ele avançou em seus exercícios em relação à morte, fez progressos, consente o terrível; o que teve de arrancar à força de si próprio alguns anos antes — quando seu filho preferido, Vanitchka, morreu, aos dezessete anos — não lhe é agora nem mesmo custoso.

O próprio Tolstói novamente *sobrevive* e fica cada vez mais velho. Ele não tem uma percepção mais aprofundada do processo de sobrevivência. Ficaria chocado ao perceber que a morte dos jovens membros de sua família fortalece seu desejo de viver, prolongando de fato sua própria vida. É certo que deseja para si, com seus pensamentos em Cristo, o destino de um mártir, mas os poderes desse mundo, que abominava, tomam cuidado para não atingi-lo. O máximo que lhe acontece é ser excomungado pela Igreja. Seus seguidores mais fiéis são expatriados, mas *ele* é deixado em sua propriedade, podendo, aliás, movimentar-se livremente para qualquer canto. Continua escrevendo o que deseja — em algum lugar será impresso: não se pode fazê-lo calar. Resiste mesmo às mais graves doenças.

O que o Estado não lhe faz é feito por sua família. Sua mulher é quem monta guarda diante de suas posses, não o governo. A luta de vida e morte que teve de travar com a mulher não diz respeito a seus panfletos e manifestos, mas a um acerto de contas mais íntimo, cotidiano, consigo mesmo: seu diário. É ela, sua mulher, em conluio com os filhos, que o acossa contra a morte. Ela se vinga da guerra travada por Tolstói contra sua classe e contra o dinheiro — e, deve-se dizer, o que sobretudo lhe concerne nisso é o dinheiro. A mania de perseguição, que ele na verdade teria de desenvolver por causa de sua luta sem compromissos contra inimigos poderosos, é a mulher quem desenvolve em seu lugar. Ela faz dele — o mais transparente dos seres humanos, e em idade já tão avançada — um conspirador. Ele amou sua doutrina, corporificada grotescamente em seu secretário Tchercov, até o fim. Ama-a tanto que sua relação com Tchercov assume um caráter homossexual aos olhos da mulher maníaca. Os diários, ligados ao período inicial do casamento, representam para ela o verdadeiro Tolstói. Os manuscritos, que a mulher copia com muito trabalho, são por isso apropriados por ela. Sua paranoia lhe diz que nada restará de Tolstói além de seus manuscritos e diários — precisa, pois, tê-los.

Ela odeia a exemplaridade da vida de Tolstói, o incessante confronto consigo mesmo, no qual foi incluída. Com uma força demoníaca, consegue devastar os últimos anos da vida de Tolstói. Não se pode dizer que ela o suplanta, pois afinal, após tormentos inenarráveis, ele foge. Mas, mesmo nos últimos dias, quando crê estar livre, ela está misteriosamente bem ao seu lado: nos derradeiros instantes de sua vida, ela lhe sussurra ao ouvido que esteve o tempo todo ali.

* * *

Ocupei-me com a vida de Tolstói ao longo de dez dias. Ontem, ele morreu em Astapovo e foi sepultado em Iasnaia Poliana. Doente, uma mulher entra em seu quarto. Ele acredita ser sua filha predileta, já falecida, e chama bem alto: "Macha! Macha!". Assim, sentiu a felicidade de reencontrar um de seus mortos, e mesmo que não fosse realmente ela, o momento ilusório dessa felicidade foi um dos últimos de sua vida.

Tolstói teve uma morte difícil e uma vida dura. Não fez as pazes com a Igreja. Contudo, estava cercado por seus discípulos, e estes o protegeram dos últimos emissários da Igreja.

Sua mulher e seus filhos (todos eles sujeitos desprezíveis, à exceção do mais velho, Serguei) moravam num vagão de luxo, na estação de Astapovo, bem próximos dele. Se pressentia o olhar de sua mulher diante da janela, fechava-se a cortina. Havia seis médicos cuidando dele, certamente um número não muito grande. Não era pequeno o seu desprezo por eles, mas preferia o seu cuidado ao da mulher.

Não conheço nada mais cativante do que a vida deste homem. O que há nela que me faz prisioneiro, que há dez dias não me deixa?

É uma vida *completa* até o último momento; até a morte, há nela *tudo* o que faz parte da vida. Esta não foi abreviada, fraudada, falseada um mínimo que seja. Todas as contradições de que um homem é capaz fizeram-se presentes nela. Completa, conhecida em cada detalhe, apresenta-se diante de nós: da juventude aos derradeiros dias, tudo está registrado, de uma forma ou outra.

O que frequentemente me incomoda em suas obras — certa sobriedade e sensatez — vem em proveito do relato que o próprio Tolstói faz de sua vida. Este tem *um* tom, é crível, é visualizável, e sucumbe-se realmente à ilusão de que uma vida se deixa visualizar como um todo.

Talvez não exista ilusão mais importante. Pode-se defender a concepção de que a vida de um homem recompõe-se em inú-

241

meros detalhes, os quais nada têm a ver um com o outro, mas tal ideia, que se expandiu demasiadamente, não traz bons resultados. Subtrai-se ao homem a coragem de resistir, pois é para isso que ele necessita do sentimento de que permanece o mesmo. É necessário que haja algo no homem de que ele não se envergonhe, algo que realize e registre, dentre os atos vergonhosos, aqueles que forem necessários. Esta parte impenetrável da natureza íntima possui algo de relativamente constante, e pode ser pressentida logo cedo, se se procura seriamente por ela. Quanto mais se puder perseguir essa constante, quanto mais longo for o espaço de tempo pelo qual se estende sua atividade, tanto mais peso adquire uma vida. Um homem que a tenha possuído e conhecido por oitenta anos oferece um espetáculo tão assombroso quanto necessário. Ele realiza a criação de um novo modo, como se pudesse justificá-la por meio do entendimento, da resistência e da paciência.

Desta vez, só me ocupei com a *vida* de Tolstói, e não com suas obras.* Assim, não me deixei perturbar por muitas coisas que acho por vezes enfadonhas em suas obras. Sua vida jamais o é: ela é extraordinária e, com o fim que teve, exemplar. Seu desenvolvimento religioso e moral teria sido sem nenhum valor, se não o tivesse levado à terrível situação de seus últimos anos.

O fato de ainda ter fugido, de não ter morrido em casa, fez dessa vida uma lenda. Mas talvez se deva atribuir valor maior ainda à vida *anterior* à fuga. A resistência contra tudo o que não lhe parecia verdadeiro transformou as pessoas mais próximas — a mulher e os filhos — em inimigos. Se tivesse deixado imediatamente a mulher, se não temesse pela vida dela, se lhe tivesse virado as costas (para o que tinha razão suficiente) tão logo

---

* Incentivado grandemente pela biografia de Troyat, que traz abundante material só acessível em língua russa.

a existência ao lado dela se tornara insuportável, ele não poderia ser levado a sério. Mas ficou e, já em idade bastante avançada, expôs-se às ameaças diabólicas da mulher. Sua paciência despertou a admiração dos camponeses ao seu redor, e muitos daqueles com os quais conversava lhe *disseram* isso. Para ele, a opinião dos camponeses não era nada desprezível: de todos os homens, pareciam-lhe ainda os melhores.

Nas lutas que teve de suportar, transformou-se, como ele mesmo escreveu, num *objeto*: isso foi o mais insuportável.

Não estava totalmente sozinho. Tinha discípulos fiéis, um dos quais amava especialmente, pois aplicava o rigor de sua doutrina contra o próprio Tolstói. Tinha também uma filha que lhe era inteiramente devotada. Mas é exatamente isso que torna os acontecimentos que o cercam tanto mais explícitos e concretos: nem tudo se desenrola unicamente nele, mas remete e se dá entre seres humanos.

A vida de Tolstói se desenrola até o seu final como em *Auto de fé*: a luta pelo testamento, o remexer em papéis. Um casamento que começou com veneração e compreensão — com o copiar ininterrupto, repetido de cada página que escrevia — termina na mais terrível guerra de incompreensão absoluta. Nos últimos anos, os dois, Tolstói e sua mulher, estão tão longe um do outro quanto Kien e Therese. Entre eles, o tormento é certamente mais íntimo, porque após anos de convivência *sabem* mais um do outro. Há filhos desse casamento, há seguidores do profeta, e assim o palco dos acontecimentos não é tão terrivelmente vazio quanto o apartamento de Kien. A apresentação do conflito em *Auto de fé* é mais solta e talvez por isso mais clara: porém, como opera com meios que Tolstói repudia, parecerá inverossímil a homens com uma visão da "natureza" igual à sua. Mesmo em meio à pior aflição, ele certamente não se reconheceria em Kien, mas possivelmente teria reconhecido sua mulher em Therese.

Em idade bastante avançada, procura no manual de psiquiatria de Korsakov pelos sintomas da loucura de sua mulher. Possivelmente, conhecia já bastante bem todos esses sintomas.

Mas nunca se pôs efetivamente diante da loucura: esquivou-se dela, deixando-a desdenhosamente para Dostoiévski.

Pouco antes de sua fuga, ele lê os *Karamazov*, mais exatamente sobre o ódio de Mítia a seu pai — sobre ódio, portanto. Tolstói rejeita tal passagem, não a reconhece absolutamente. Será que sua condenação moral do ódio turva-lhe a visão para uma caracterização deste tão arrebatadora como a de Dostoiévski?

Seja como for, pede à filha Sascha o segundo volume dos *Irmãos Karamazov*, para a fuga.

(*1971*)

O DIÁRIO DO DR. HACHIYA,
DE HIROXIMA

Os rostos derretidos de Hiroxima; a sede dos cegos. Dentes brancos salientes num rosto esvaecido. Ruas margeadas de cadáveres. Um morto sobre uma bicicleta. Lagos cheios de mortos. Um médico com quarenta feridos: "O senhor ainda está vivo? O senhor ainda está vivo?". Quantas vezes ele teve de ouvir essa pergunta. Visita importante: a Excelência. Para lhe prestar as devidas honras, o médico se senta no leito e pensa que está se sentindo melhor.

À noite, como única luz, o incêndio da cidade, os cadáveres ardendo. Cheiro como o de sardinhas queimando.

Quando tudo aconteceu, a primeira coisa que ele subitamente notou em si: estava completamente nu.

O silêncio; todas as figuras movem-se sem barulho, como num filme mudo.

As visitas ao doente no hospital: primeiros relatos sobre o ocorrido; o aniquilamento de Hiroxima.

A cidade dos 47 *ronins*:* será por isso que foi escolhida?

O diário do médico Michihiko Hachiya abrange 56 dias em Hiroxima, de 6 de agosto — o dia da bomba atômica — a 30 de setembro de 1945.

É escrito como uma obra de literatura japonesa: precisão, delicadeza e responsabilidade são seus traços essenciais.

* *Ronin*: em japonês, literalmente, samurai que não serve a um senhor. (N. T.)

245

Um médico moderno, que é tão japonês que acredita inabalavelmente no imperador, mesmo quando este anuncia a capitulação.

Nesse diário, quase toda página é motivo para reflexão. Ali, se apreende mais sobre o fato do que em qualquer outra descrição posterior, pois compartilha-se o caráter enigmático do acontecimento desde seu início: tudo é absolutamente inexplicável. Na fadiga de seu próprio estado, em meio aos mortos e feridos, o autor de início procura coletar peça por peça do ocorrido; suas hipóteses vão se modificando à medida que seu conhecimento aumenta, transformando-se em teorias que requerem experimentos comprobatórios.

Não há um único traço em falso nesse diário; também nenhuma vaidade, que não se funde na vergonha.

Se fizesse algum sentido refletir sobre que forma de literatura é imprescindível hoje — imprescindível para um homem que sabe e vê —, esta seria a forma.

Uma vez que tudo se passa num hospital, a observação atém-se quase que exclusivamente a seres humanos — àqueles que procuram o hospital e àqueles que o mantêm funcionando. Arrolam-se nomes de seres humanos que em poucos dias estarão mortos. Outros, vindos de fora, de outras cidades, vêm fazer uma visita. A alegria de encontrar com vida alguém que se julgava morto é avassaladora. O hospital é o melhor da cidade, uma espécie de paraíso comparado com os outros; todos procuram vir para ele, e muitos conseguem. À noite, as únicas luzes são as dos incêndios na cidade; os mortos, incinerados, são os doadores dessa luz. Mais tarde, um grupo de três pessoas se reúne em torno de uma única vela, e começa a falar do *"pikadon"*, do acontecimento.

Cada um deles procura completar o seu relato por meio do relato dos outros: é como se tivessem de juntar fotos dispersas e casuais em filme — aqui e ali há um pedaço. Vai-se até a cidade, abrindo caminho por entre a destruição ou escavando em busca dos bens; volta-se então para junto da companhia dos moribundos, esperançoso.

* * *

Nunca um japonês esteve mais próximo de mim do que nesse diário, por mais que tenha lido anteriormente sobre eles. Só agora tenho a sensação de que os conheço realmente.

Será verdade que só em seu maior infortúnio vemos outros seres humanos como nós mesmos? Será o infortúnio aquilo que os homens mais possuem em comum?

A aversão profunda a toda forma de idílio, o aspecto insuportável de toda literatura idílica, pode estar relacionada a isso.

No caso de Hiroxima, trata-se da catástrofe mais concentrada que já se abateu sobre os homens. Numa passagem de seu diário, o dr. Hachiya pensa em Pompeia. Mas nem mesmo esta oferece termo de comparação. Sobre Hiroxima se abateu uma catástrofe que foi planejada e executada com a maior precisão por seres humanos. A "natureza" está fora do jogo.

A visão da catástrofe é diferente, dependendo de se foi vivenciada dentro da cidade, onde apenas se vê e nada se ouve, "*pika*", ou fora dela, onde também se ouve, "*pikadon*". Bem mais adiante no diário, há a descrição de um homem que *viu* a "nuvem", sem estar diretamente exposto a ela. Sua beleza o arrebata: o brilho colorido, suas bordas bem delineadas, as linhas retas que se propagam pelo céu a partir dela.

Numa catástrofe de tais dimensões, o que significa *sobreviver*? As anotações desse diário provêm, como já disse, de um médico — um médico moderno, particularmente consciencioso — que está habituado a pensar cientificamente e, em face de um fenômeno tão inaudito, não consegue compreender com o que está lidando. Só no sétimo dia ele fica sabendo, por uma visita de fora, que Hiroxima foi assolada por uma bomba atômica. Um capitão do Exército, seu amigo, lhe traz de presente uma cesta de pêssegos: "É um milagre o senhor ter sobrevivido", diz ele ao dr. Hachiya. "Afinal, a explosão de uma bomba atômica é uma coisa horrível."

"'Uma bomba atômica!', exclamei, sentando-me no leito. 'Mas esta é a tal bomba que, ouvi dizer, poderia mandar Formosa pelos ares com não mais que dez gramas de hidrogênio!'"

Desde os primeiros dias chegam visitantes que felicitam o dr. Hachiya pelo fato de ainda estar vivo. Ele é um homem respeitado e amado: dentre as visitas que recebe, há pacientes agradecidos, companheiros da escola, amigos dos tempos de universidade, parentes. A alegria por ele ter sobrevivido não tem limites; estão espantados e felizes: talvez não haja felicidade mais pura. São afeiçoados a ele, mas é também uma espécie de milagre o que lhes causa espanto.

Essa é uma das situações que mais se repetem no diário. Assim como seus amigos e conhecidos se alegram por encontrá-lo com vida, também ele se alegra ao saber que eles sobreviveram. Há diversas variantes dessa experiência: fica sabendo, por exemplo, que ele e sua mulher eram tidos como mortos; ou: um paciente do hospital, o qual escapou de sua casa que queimava sem poder salvar a esposa, julga estar ela morta. Logo retorna à casa destruída e procura pelos restos mortais da mulher. No lugar em que a ouviu pela última vez gritar por socorro, encontra ossos, que leva para o hospital e deposita num altar, num gesto da mais completa devoção. Quando, talvez dez dias depois, leva os ossos para a família de sua mulher, no campo, encontra-a lá, salva e sem ferimentos. De alguma forma, escapara da casa em chamas e fora levada para um lugar seguro por um caminhão militar, que passava por ali naquele momento.

Aqui há algo mais que sobrevivência: é uma espécie de retorno dos mortos, a experiência mais forte e extraordinária que um ser humano pode vivenciar.

Entre os fenômenos mais notáveis nesse hospital — no qual o dr. Hachiya era diretor e agora figura como um híbrido de médico e paciente —, está a irregularidade da morte. De homens que entram no hospital queimados e marcados, espera-se que morram ou que recuperem a saúde. É duro assistir ao agravamento cada vez mais intenso de seu estado; alguns, porém, parecem superar essa fase, sentindo-se, pouco a pouco, melhor. Acredita-se já que estejam salvos, quando inesperadamente adoecem de novo, e, de súbito, existe verdadeiramente risco de vida. Há outros, porém, inclusive enfermeiras e médicos, que de início parecem ilesos. Trabalham dia e noite com todas as suas energias, e, de repente, apresentam sinais de doença: esta se agrava progressivamente e eles morrem.

Jamais se sabe com certeza se alguém escapou do perigo — os efeitos retardados da bomba põem abaixo todos os prognósticos médicos normais. O médico logo percebe que está tateando no escuro. Esforça-se de todas as maneiras, mas, por não saber de que doença se trata, vê a si próprio numa era pré-medicina, e tem de se contentar em oferecer consolo, em vez de cura.

Ao mesmo tempo em que anda às voltas com a decifração dos sintomas da doença nos outros, o dr. Hachiya é, ele próprio, paciente. Cada sintoma que descobre nos outros o inquieta, e ele o procura secretamente em seu próprio corpo. A sobrevivência é *precária* e não estará assegurada tão cedo.

Jamais perde o respeito pelos mortos, e fica horrorizado com o desaparecimento desse respeito nos outros. Quando vai à pequena cabana de madeira onde um colega vindo de fora faz autópsias, não deixa de curvar-se respeitosamente ante o cadáver.

Toda noite, corpos são queimados diante das janelas de seu quarto de hospital. Bem ao lado do local onde isso ocorre, há uma banheira. Na primeira vez em que presencia uma cremação, ouve alguém perguntar dessa banheira: "Quantos você cremou hoje?". A impiedade dessa situação — aqui, um homem que até havia pouco vivia; ali, um outro, nu numa banheira bem ao lado — revolta-o profundamente.

Poucas semanas depois, porém, está jantando com um amigo no seu quarto enquanto ocorre uma cremação. Ele nota o cheiro, "como o de sardinhas queimadas", e continua comendo.

A honradez e honestidade desse diário estão acima de qualquer suspeita. O autor é um homem de cultura moral elevada. Como todos nós, está preso às tradições de sua origem, e não as põe em dúvida. Suas questões e dúvidas se movem no interior da esfera médica, na qual são permitidas e necessárias. Acreditou na guerra, aceitou a política militarista de seu país e, embora tenha observado no comportamento da casta de oficiais muita coisa que não o agradou, considera seu dever patriótico calar sobre isso. Mas é justamente esse estado de coisas que torna seu diário ainda mais interessante. Pois não vivenciamos apenas a destruição de Hiroxima pela bomba atômica — torna-mo-nos testemunhas do efeito que tem sobre o médico a cons-cientização da derrota do Japão.

Nesta cidade totalmente destruída, não é ao inimigo que se sobrevive, mas à família, colegas e concidadãos. Ainda se está em guerra, e os inimigos, de quem se deseja a morte, estão em alguma outra parte. As pessoas sentem-se ameaçadas por esses inimigos, e a queda da própria gente intensifica essa ameaça. No caso da bomba, a morte vem de cima; revidar só é possível à distância, e disso se precisou *tomar conhecimento.**

O desejo nesse sentido é muito forte e, por isso, aparente-mente se realiza. Passados alguns dias, um homem vem de uma outra localidade e relata como fato absolutamente certo, ouvido da fonte mais fidedigna, que os japoneses revidaram com a mesma arma, devastando igualmente não uma, mas diversas grandes cidades da América.

A atmosfera no hospital modifica-se no mesmo instante: um entusiasmo toma conta até dos gravemente feridos. As pes-soas transformam-se novamente em massa e se creem salvas da morte por essa sua mudança de rumo. É provável que, enquan-to esse entusiasmo perdurar, muitos acreditem que agora não mais têm de morrer.

Por isso, a notícia da capitulação, no décimo dia após a bom-ba, teve um impacto tanto mais duro. O imperador jamais falou pelo rádio. Decerto, seu discurso permanece também agora incompreensível, porque proferido na linguagem arcaizante da corte. Mas a voz é reconhecida como sua pelos superiores, que

---

* Neste contexto, o verbo *erfahren*, sublinhado por Canetti, tem dois sen-tidos: pode tanto indicar que se precisou *conhecer* a bomba como, literalmente, *experimentá-la*. (N. T.)

deviam sabê-lo, e o conteúdo de sua proclamação é traduzido. Ao anúncio do nome do imperador, todos os que se encontram reunidos no hospital curvam-se respeitosamente. Nunca antes se ouviu a voz do imperador — não fora ela que ordenara a guerra. Mas é ela que agora a repudia. Anunciada por essa voz a derrota é crível — de outro modo, ter-se-ia duvidado.

Tal anúncio atinge mais duramente os pacientes do hospital do que a destruição da cidade, a própria doença e a morte dolorosa que muitos deles têm diante dos olhos. Nenhuma mudança de rumo é concebível: há que se suportar ferimento e morte em todo o seu peso, que não se deixa mitigar. Tudo é incerto, mas não há esperança. Muitos se defendem contra essa desesperança, que é passiva, e preferem continuar a lutar. Surgem dois partidos: um a favor, outro contra o fim da luta. Antes de se dissolver completamente, a massa dos derrotados se desdobra em duas. Mas a parte que é pela continuação da guerra defronta-se com uma grande dificuldade: ela está contra a ordem do imperador.

É curioso acompanhar, no decorrer dos dias que seguem, a cisão do poder, extremamente centralizado durante a guerra, na consciência do Dr. Hachiya: um poder mau, o dos militares, que conduziu o país ao infortúnio; e um poder bom, o do imperador, que quer o bem do país. Dessa forma, subsiste uma instância de poder para Hachiya, e a verdadeira estrutura de sua existência permanece, assim, inabalada. A partir de agora, seus pensamentos giram incessantemente em torno do imperador. Este, como todo o país, fora vítima dos militares. Deve-se sentir uma profunda pena dele; sua vida tornou-se ainda mais preciosa. Foi humilhado por algo que não queria de forma alguma: a guerra. Isso permite que todo súdito leal também procure em si algo que não queria a guerra. Tudo aquilo que desde sempre se observara nos militares, sem que se ousasse expressá-lo — a arrogância, a estupidez, o desprezo por todo aquele que não pertencesse à sua casta — torna-se, subitamente, uma força poderosa. Os *militares* se tornam os inimigos, em lugar do inimigo contra o qual não se deve mais lutar.

Mas o imperador esteve presente o tempo todo; a continuidade da vida dependia dele: mesmo em meio à catástrofe que acometeu a cidade, a sua imagem foi salva.

Quase no fim do diário — anotado no 39º dia, pois só então o dr. Hachiya toma conhecimento disso —, encontra-se a história do salvamento da imagem do imperador. A história é pintada em todos os seus detalhes. Poucas horas depois da explosão da bomba atômica, em meio aos mortos e feridos graves da cidade, leva-se a imagem do imperador até o rio. Os moribundos lhe dão passagem: "A imagem do imperador! A imagem do imperador!". Milhares de pessoas ardem ainda *depois* que a imagem é salva, levada num barco.

Mas o dr. Hachiya não se dá por satisfeito com essa primeira narração do salvamento da imagem. A história não lhe dá sossego, e ele busca outras testemunhas, principalmente aquelas que tivessem participado desse nobre ato: inclui um outro relato em seu diário. Durante esses dias, aconteceram em Hiroxima muitas coisas dignas de louvor. Hachiya é justo e não deixa passar nada que tenha mérito. Com cuidado e ponderação, distribui sua louvação. Mas é com exagerado entusiasmo que fala do salvamento da imagem do imperador. Percebe-se que, para ele, isso é o que traz mais esperança, dentre tudo o que acontece: soa como se se tratasse da *sobrevivência* do próprio imperador.

Continuam chegando pessoas que, espantadas em encontrá-lo com vida, felicitam-no por isso. Sua alegria é ainda perceptível em suas anotações, e se transmite ao leitor. Por muito tempo ainda, os pacientes que sucumbiram seguem sendo cremados em frente às janelas do hospital: a mortandade continua. É como uma nova epidemia, desconhecida. Sua causa exata e sua evolução ainda não foram investigadas. Só pelas autópsias se começa, aos poucos, a compreender com o que se está lidando. O desejo de investigar essa nova doença não abandona Hachiya por um instante sequer. Tal como a estrutura tradicional de seu país, cujo cume é o imperador, permanece intacta, assim ele também, enquanto médico moderno, permanece inabalável. Nesse diário, compreendi pela primeira vez com que naturalidade as duas coisas podem andar juntas, e quão pouco uma se deixa perturbar pela outra.

O mais intangível nesse homem é, porém, o seu respeito pelos mortos. Já se falou aqui no quão difícil lhe é suportar que as pessoas se acostumem à morte: para ele, esta permanece sendo sempre algo muito sério. Não se tem a sensação de que, para ele, os mortos se amalgamam numa massa, na qual o indivíduo não mais conta. Ele pensa nos mortos como *pessoas*. Não se deve esquecer que é um médico — portanto, profissionalmente exposto à indiferença diante da morte. Porém, com tudo o que aconteceu, tem-se a impressão de que, para ele, importa cada indivíduo que viveu — cada indivíduo, tal como era efetivamente, ou tal como o carrega na lembrança.

O 44º dia após a desgraça é dedicado à memória dos mortos. Com sua bicicleta, ele vai à cidade e visita cada lugar consagrado pelos mortos — pelos seus próprios, e também por aqueles de cuja morte soube.

Cerra os olhos para visualizar uma vizinha que morrera, e ela lhe aparece. Tão logo abre os olhos, a imagem se desvanece; fecha-os novamente, e ela torna a aparecer. Hachiya procura seu caminho por entre os escombros da cidade, e não se pode dizer que vagueia perdido — sabe exatamente o que procura, e o acha: os lugares dos mortos. De nada se poupa: traz tudo de novo à mente. Diz que ora por cada um deles. Eu me pergunto se nas cidades europeias existiram pessoas que percorreram os lugares onde os mortos tombaram e oraram por eles dessa forma, com a imagem clara dos falecidos em suas mentes — não apenas pelo círculo familiar, mas pelos vizinhos, amigos, conhecidos, inclusive por aqueles que jamais viram e cuja morte foi-lhes apenas relatada. Senti-me constrangido ao empregar a palavra "orar" em relação ao que fez Hachiya nesse dia, mas ele próprio a utiliza e, não apenas nessa ocasião, chama a si mesmo um budista.

(1971)

GEORG BÜCHNER
Discurso pela outorga do
Prêmio Georg Büchner

Senhoras e senhores, agradecer uma homenagem feita em nome de Büchner parece-me de uma audácia temerária. Isso porque se agradece com palavras, e quem não teria as de Büchner em mente à simples menção deste nome; quem, em algum país da terra, teria o direito de colocar suas próprias palavras ao lado delas!

Assim, gostaria apenas de dizer algo muito simples, ou seja, que não conheço nenhuma homenagem que me seja mais honrosa do que esta, e estou feliz em poder recebê-la. Agradeço à Academia Alemã de Língua e Literatura, agradeço ao Estado de Hessen e à cidade de Darmstadt, aos quais — como terra natal de dois dos espíritos mais lúcidos e livres da humanidade, Lichtenberg e Büchner — cada ano que passa nos mostra *mais* devedores.

Não sou nenhum conhecedor da literatura científica sobre Büchner, e é bastante questionável se me pode ser concedido o direito de manifestar-me acerca dele diante dos senhores, todos certamente conhecedores dessa literatura. Se de alguma forma há algo que possa falar em meu favor, algo que eu pudesse apresentar como desculpa, é o fato de que Büchner mudou minha vida como nenhum outro poeta.

A verdadeira substância de um poeta, aquilo que nele se mostra inconfundível, forma-se, creio eu, em umas poucas noites, as quais se distinguem de todas as outras por sua intensidade e luminescência. São aquelas noites raras em que o poeta, atormentado mas tão completamente ensimesmado, é capaz de perder-se em sua própria plenitude. O mundo sombrio de que se constitui, e cujo espaço sente sem poder ainda apreender o que contém, interpenetra-se subitamente com um outro mundo, articulado, e o choque é tão violento que toda matéria — que, dispersa e abandonada a si mesma, nele atua — cintila a um mesmo e único tempo. Este é o instante em que suas estrelas interiores percebem, por entre terríveis vazios, a existência uma das outras. Agora que sabem que estão ali, tudo é possível. Desenvolve-se, a partir desse momento, a sua linguagem de sinais.

Vivi uma tal noite em agosto de 1931, quando li pela primeira vez o *Woyzeck*. Todo o ano anterior eu fora ofuscado pelo *Auto de fé*. Fora uma vida de recolhimento, uma espécie de servidão: para além dela, não havia nada, e, quaisquer que tivessem sido os acontecimentos externos daquele ano, eles haviam sido repelidos. Mas agora Kien já queimara a si próprio e a seus livros, e eu sentia, de um modo indistinto, meus próprios livros enredados nesse mesmo destino: era culpa por ter permitido que Kien destruísse os livros? Era justiça que me obrigava agora a sacrificar meus livros pelos dele? O que quer que fosse, o fato é que os livros renunciavam à minha pessoa, e eu me vi devastado pelo fogo e cego em meio ao deserto que eu mesmo criara.

Naquela noite, então, abri meu Büchner ao acaso, e ele me pôs diante do *Woyzeck*, da cena deste com o doutor. Foi como se um raio me tivesse paralisado, e lamento não ter palavras mais fortes para expressar o que senti. Li todas as cenas do assim chamado fragmento que havia naquele volume; e, como não podia admitir que existisse algo assim, como simplesmente não acreditava no que lia, reli-o quatro, cinco vezes. Eu não saberia dizer o que em minha vida, que não era pobre em acontecimentos impressionantes, poderia alguma vez ter-me atingido de tal maneira. Quando amanheceu, eu não podia mais suportar guardá-lo apenas em mim. Fui de manhã cedo para Viena, ao encontro daquela que era mais que minha mulher, que também o foi, e hoje, não mais em vida, gostaria de saber presente aqui. *Ela* era muito mais versada em leituras do que eu: havia lido Büchner aos vinte anos. Insultava-a agora por jamais ter mencionado o *Woyzeck* em minha presença — e pouco havia de que não houvéssemos falado um ao outro. "Fique feliz por não tê-lo conhecido antes", disse-me ela. "Do contrário, como poderia você mesmo escrever algo? Mas, agora que aconteceu, você poderia finalmente ler também o *Lenz*!"

Li-o naquela mesma manhã em sua casa, e diante deste *Lenz* senti meu *Auto de fé* (do qual eu tinha tanto orgulho) encolher-se terrivelmente. Compreendi, então, que ela agira bem para comigo.

Essa é, pois, a única credencial de que disponho para ousar falar de Büchner perante os senhores.

Lembro-me das estações da vida de Büchner — Darmstadt, Estrasburgo, Giessen, Darmstadt, Estrasburgo, Zurique — e chama-me a atenção quão próximas elas estão umas das outras. Mesmo para a época, essa vizinhança é bem próxima. O quanto essa proximidade era sentida em Darmstadt, pelo menos em relação a Estrasburgo, nota-se na última carta da mãe a Büchner. Apesar do alívio pela chegada de Büchner a Zurique, ela escreve: "Desde que se foi de Estrasburgo, penso que você está num país estranho; em Estrasburgo, eu o sentia sempre próximo de mim". Só Zurique, que na realidade não fica longe, parece a ela um país distante. É certamente característico do *élan* da obra de Büchner que nunca se pense nessas proximidades. Outros poetas podem não ter ido muito além — a distância se nos apresenta como a que lhes é apropriada —; em Büchner, causa espanto.

De qualquer forma, deve-se levar em consideração o *quanto* Estrasburgo representava: fora o nascedouro da nova literatura alemã, de Herder e Goethe jovens; e também, como nos exige a justiça, ainda que tardia, do não menos importante Lenz. Lembranças de um passado que para Büchner não estava há mais de sessenta anos de distância, tão próximas quanto as que hoje, por exemplo, guardamos da época que antecedeu a Primeira Guerra. Mas, naquele meio-tempo, ocorrera o acontecimento de maiores consequências da história moderna — a Revolução Francesa —, só destronado por outros, de ainda maiores consequências, em nossa geração. Em Estrasburgo, os efeitos dessa Revolução não são sufocados, como anteriormente na Alemanha. Büchner chega à França na época do *Bürgerkönigtum*,* quando ali começava a se desenvolver em diversas direções uma vida espiritual impregnada da política e fecunda em opiniões sobre as questões públicas — uma vida tão intensa e moderna que, sob muitos aspectos, ainda hoje nos alimentamos dela.

Em Estrasburgo, Büchner teve sua primeira experiência de massa: algumas semanas depois de sua chegada à cidade, Ramorino, o libertário polonês, é recebido por estudantes e pela população. De trezentos a quatrocentos estudantes, com uma bandeira negra à frente da passeata, marcham em direção à cidade, acompanhados por uma enorme multidão, entoando a "Marselhesa" e a "Carmagnole"; por toda a parte, ecoa o grito: *"Vive la liberté! Vive Ramorino! À bas les ministres! À bas le juste milieu!"*.

Na catedral de Estrasburgo, Büchner encontra um jovem sansimonista de barba e cabelos longos, que não o impressiona pouco, apesar do traje colorido. Em Estrasburgo, presencia como a polícia ataca aos golpes uma multidão que marcha e protesta. Büchner esteve por dois anos em meio a esse mundo aberto. O que trouxera consigo de casa era algo inestimável. Não vinha para Estrasburgo como um jovem tristonho, mas sim com olhar certeiro para o corpóreo, para o individual, para o concreto, olhar que devia a gerações de antepassados médicos e às impressões colhidas na casa paterna. Há um caráter não insensível, mas certamente mais direto e sólido, em sua juventude: não há nela vestígio de esboços poéticos, de autorreflexão, de petulantes afetações na fraqueza. Büchner é o filho mais velho de um pai forte e circunspecto que alcançaria a idade de 75 anos, e não parece ocioso lembrar que idade seus outros três

---

* Literalmente, "reinado da burguesia". Indica o período de 1830-48 na França, sob Luís Felipe. (N. T.)

irmãos atingiram: 76, 75 e 77. Também a mãe e as irmãs não morreram jovens. Nessa família numerosa, ele foi o único que teve de morrer jovem, em consequência de uma malfadada infecção.

Em Estrasburgo, aprende a se mover com plena desenvoltura na língua francesa — a língua materna e a nova não repelem uma à outra. Conquista amigos, conhece bem a Alsácia, os Vosges. A nova cidade, o novo país não são do tipo no qual as pessoas se afogam. Dois anos em Paris teriam, de certo, transcorrido de maneira diversa. O que chama a atenção na vida de Büchner é que não se desperdiça nada; uma natureza que mantém coesos os seus objetos, mas, por certo, os distingue, como seres humanos individuais, como órgãos humanos; uma natureza para a qual o lúdico não se transforma num fim em si, e mesmo o sonho e a leveza têm o seu rigor; uma natureza livre de embaraços — a despeito de toda a sua riqueza — para a qual nada se torna insolúvel — nisso, e somente nisso, muito diferente da de Lenz, lembrando antes a de Goethe.

Assim como os homens e as coisas, os impulsos, uma vez recebidos, jamais se perdem: tudo produz o seu efeito, e Büchner desconhece períodos prolongados de teimosa estagnação. É espantosa a rapidez e energia com que reage a novas circunstâncias. O retorno de Estrasburgo para os círculos mais estreitos de Darmstadt e Giessen atormenta-o como uma doença grave. No entanto, consegue, da única maneira possível, desvencilhar-se dessa estreiteza sufocante, transmitindo adiante os impulsos revolucionários que recebe — e, aliás, com isenção, sem adulterá-los, respeitando-lhes a essência — àqueles que não estão atrás de uma segregação altiva. Funda a "Sociedade dos Direitos Humanos": tem início, então, o período da conspiração, e, com ele, sua vida dupla.

É possível ver de que forma essa vida dupla tem prosseguimento, após o fracasso de sua ação: como se torna frutífera, como devemos a ela suas obras, como desemboca em *Lenz* e mesmo em *Woyzeck*. Assim como carrega para a terra natal, para sua estreiteza, a amplidão da situação francesa vivida em

Estrasburgo, da mesma forma leva consigo essa mesma estreiteza, essa prisão que o ameaça, na fuga da terra natal para Estrasburgo — um medo que Büchner mantém ainda desperto dentro de si, ao conseguir alcançar o paraíso de Zurique.

O medo de Büchner, que desde então jamais o deixou, possui, assim, um caráter peculiar, pois tratava-se do medo de um homem que lutou ativamente contra o perigo. Sua atitude diante do juiz de instrução criminal; seus esforços para libertar o amigo Minnigerode da prisão; o envio do irmão Wilhelm em seu lugar, quando é chamado a depor; sua carta a Gutzkow; e, finalmente, a fuga bem-sucedida — tudo isso dá mostras de um caráter forte, que conhece perfeitamente a sua situação e não se rende a ela.

Mas simplificam-se demais as coisas ao não se levar em considerações o *Danton*, que escreve exatamente no mês em que prepara a sua fuga. Também Danton está certamente em condições de reconhecer sua situação: em sua conversa com Robespierre, faz até o melhor que pode para piorá-la. Ele a quer irreparável, extrema; porém, quando se trata de tomar a decisão por salvar-se ou fugir, ele se *imobiliza* com uma frase que se repete várias vezes no drama: "Eles não ousarão". Essa é a frase da peça que soa como uma obsessão; já da primeira vez em que surge, desperta mal-estar no leitor e, por fim, depois de algumas repetições, este a recebe como a um *slogan* da Revolução, mas com sinal trocado. Tal frase trai aquela que é a matéria verdadeira da peça, qual seja: um homem deve salvar a si mesmo? Danton quer permanecer: há nele um prazer em perseverar que é mais forte que o perigo. "Na verdade, eu tenho de rir de toda essa história", diz. "Tenho em mim um sentimento de permanência, que me diz que amanhã será como hoje, e depois de amanhã, e assim por diante — tudo será como está. É muito barulho à toa, querem me assustar — eles não ousarão!"

Para salvar a si próprio, Büchner constrói a figura desse homem que não quer se salvar. Trata-se de seu próprio perigo: a Conciergérie de Paris e a casa de detenção em Darmstadt significam a mesma coisa. Escreve febrilmente, não tem escolha nem pode se conceber o menor descanso enquanto não vir Danton sob a guilhotina. Ele o diz a Wilhelm, o irmão mais novo e confidente mais íntimo dessas semanas; diz-lhe também que precisa fugir. Contudo, motivos diversos ainda o detêm: o pensamento na desavença com o pai, a preocupação com os amigos que se encontram na prisão, a crença de que não conseguiriam pegá-lo e a falta de dinheiro.

Na boca de Danton, essa "crença de que não conseguiriam pegá-lo", expressa-se em "eles não ousarão!". Com essa frase de Danton, Büchner procura se libertar de sua própria paralisia: ela o instiga à reação contrária. Parece-me inquestionável que Büchner aceita o destino de Danton e o assume como que sob pressão, para escapar ao seu próprio destino.

Mesmo depois de muito tempo, os atos de Büchner permanecem atrelados a ele: contempla-os retrospectivamente, como se os tivesse, ao mesmo tempo, praticado e não praticado. A fuga — acontecimento central de sua vida — foi exteriormente bem-sucedida, mas o horror à prisão jamais o abandonou. Paga sua dívida para com os amigos que deixou para trás em Darmstadt, à medida que se põe no lugar deles. As cartas que envia à família de Estrasburgo, que falam de seu trabalho e de suas perspectivas e deveriam servir para tranquilizá-la, estão, na verdade, carregadas de uma inquietação cada vez maior. Por meio de refugiados, fica sabendo de novas prisões em sua terra, e comunica todas essas notícias detalhadamente à família. Embora esteja frequentemente melhor informado do que seus familiares, espera deles também que lhe mandem notícias sobre a situação. Nada o toca mais de perto; nada lhe interessa tanto. Büchner, que tem plena consciência do valor da liberdade e faz de tudo para mantê-la (seja pelo trabalho, seja pela vigília, seja pela lúcida avaliação que faz dos perigos), sente-se igualmente na prisão, junto a seus companheiros. O medo destes é o seu próprio medo: isso é perceptível, quando escreve sobre as execuções, que sequer ocorreram. Desde sua segunda chegada a Estrasburgo, pode-se falar de uma nova vida dupla de Büchner, que, de um outro modo, dá prosseguimento àquela anterior, em sua própria terra, à época da conspiração. A vida exterior, factual, é a da emigração, e ele procura penosamente manter-se distante de quaisquer motivos que pudessem provocar a sua extradição. A outra, vive-a, nos sentimentos e no espírito, junto dos desafortunados companheiros em sua terra. A necessidade de fugir paira ainda, constante, diante de seus olhos; o mês dos preparativos para a fuga, em Darmstadt, jamais chegou ao fim.

Querer crer-se a salvo é o destino do emigrante. Não o consegue, porém, pois o que deixou para trás — os outros — não está a salvo.

Dois meses depois da chegada de Büchner a Estrasburgo, Gutzkow envia-lhe uma carta em que alude à "sua novela *Lenz*". Büchner deve ter-lhe escrito, logo que chegou, sobre seu plano para uma tal novela.

Haveria uma infinidade de coisas a dizer acerca do significado dessa narrativa, acerca daquilo que liga Büchner a Lenz. Gostaria de fazer aqui apenas uma observação, decerto insignificante, se comparada a tudo o que haveria por dizer: trata-se do quanto a fuga alimenta e colore essa narrativa. Os Vosges — tão bem conhecidos de Büchner, pelas caminhadas com os companheiros, e descritos ainda numa carta aos pais, dois anos antes — transformam-se, no dia 20, quando Lenz atravessa as montanhas,* numa paisagem de medo. O estado de Lenz, se é que é possível resumi-lo a um *único*, é o da fuga, que, no entanto, se fragmenta em inúmeras pequenas fugas individuais, aparentemente sem sentido. Ele não está sob qualquer ameaça de prisão, mas é expulso, banido de sua terra natal. Essa terra natal, a única região em que podia respirar livremente, era Goethe, e Goethe o baniu de si. Lenz refugia-se, então, em lugares que estejam ligados a Goethe, menos ou mais afastados deste: chega, trava contato e tenta neles se estabelecer. Mas o desterro que traz dentro de si, atuante, constrange-o a destruir tudo

---

* Assim começa a narrativa de Büchner: "Em 20 de janeiro, Lenz atravessou as montanhas". (N. E.)

261

mais uma vez. Em pequenos movimentos, dispersos mas sempre repetidos: Lenz foge para a água, janela afora, para a aldeia mais próxima, para a igreja, para uma casa de camponeses, ou em direção a uma criança morta. Ter-se-ia acreditado salvo, se conseguisse reanimá-la.

Büchner encontrou em Lenz suas próprias inquietações, o medo da fuga que sempre lhe sobrevinha quando ia à prisão visitar os amigos. Trilhou com Lenz um pedaço de seu acidentado caminho; transformou-se nele e, ao mesmo tempo, foi também seu acompanhante, aquele que o observa de fora, impassível, como o *outro*. Para isso não havia fim — nem para o desterro, nem para a fuga. Havia apenas a repetição do mesmo, sempre. "E assim se deixou viver..." Büchner escreveu esta última frase, e o abandonou.

Mas aquele *outro*, o Büchner como era então conhecido pelo meio em que vivia, conquistou para si o respeito dos cientistas naturais de Estrasburgo e Zurique, pelo trabalho científico rigoroso e perseverante sobre o sistema nervoso dos bárbus. Obteve o grau de doutor e viajou para Zurique, para a prova de proficiência didática.

Em sua estada em Zurique, a qual não dura mais que quatro meses, consegue afirmar-se, dando prova de sua capacidade. Torna-se imediatamente docente, tendo homens importantes entre seus ouvintes. Uma longa carta enviada ao pai oferece testemunho do perdão deste. A Suíça lhe apraz: "em toda parte, aldeias amistosas com belas casas!". Ele exalta o "povo forte e sadio" e o "governo simples, bom e puramente republicano".

Logo abaixo, na mesma carta — a última à família que foi conservada, datando de 20 de novembro de 1836 — surge, inesperadamente como um relâmpago, a notícia mais terrível para ele: "Minningerode está morto, foi-me comunicado. Ou seja, foi torturado até a morte durante três anos. Três anos!". Tão próximas uma da outra, a salvação, no paraíso de Zurique, e a tortura fatal do amigo, em sua terra natal.

Acredito ter sido essa notícia que o levou definitivamente a escrever o *Woyzeck*. Mais do que qualquer outra obra sua, esta se volta para as pessoas de sua terra natal. É bem provável que ele jamais tenha chegado a saber que se tratava de uma notícia falsa. De qualquer forma, surtiu o seu efeito nele. Dois anos e quatro meses haviam se passado desde a prisão de Minnigerode. Que estes parecessem três a Büchner, o qual, na verdade, jamais deixara Darmstadt, não é espantoso. E, no entanto, esse enfático três lembra o cativeiro de uma outra pessoa — o do Woyzeck histórico. Mais de três anos se passaram entre o assassinato de sua amada e a sua execução pública. O caso era certamente conhecido de Büchner, através do parecer do conselheiro da corte, Clarus, sobre o assassino Woyzeck.

Além da notícia da morte de seu amigo preso, além da aguda lembrança dos oprimidos e daqueles que triunfavam em sua terra natal, influenciou ainda na concepção do *Woyzeck* algo que não nos ocorreria de imediato: a filosofia.

Contribui para a completude de Büchner o modo como ele se posicionou, rangendo os dentes, em face da filosofia. Já trazia em si uma disposição nesse sentido. Lüning, que o conheceu no tempo de estudante em Zurique, nota nele "uma certa determinação extremamente decidida ao fazer afirmações". Büchner, contudo, sente-se repelido pela *linguagem* filosófica. Já bem cedo, numa carta ao amigo alsaciano August Stöber, escreve: "Lanço-me com todas as forças à filosofia. A linguagem artificial é repugnante; penso que para coisas humanas seria preciso encontrar expressões também humanas". E a Gutzkow, quando já dominava a linguagem filosófica, dois anos mais tarde: "Ficarei completamente estúpido estudando filosofia; estou novamente conhecendo a pobreza do espírito humano, agora por um lado novo". Lida com a filosofia sem sucumbir a ela, sem lhe sacrificar um único grão da realidade. Büchner toma-a a sério onde ela opera de modo mais íntimo — na personagem Woyzeck — e escarnece dela na figura daqueles que se sentem superiores a Woyzeck.

Woyzeck: soldado, "o mais baixo degrau da espécie humana", como o macaco do pregoeiro; acossado por vozes e ordens; um prisioneiro que circula livremente, predestinado a ser prisioneiro, submetido à dieta dos prisioneiros (sempre a mesma: ervilhas); degradado a animal pelo Doutor, que ousa lhe dizer: "Woyzeck, o homem é livre. No homem, a individualidade se transfigura em liberdade". Querendo dizer com isso apenas que Woyzeck deveria ser capaz de reter a urina por mais tempo, ou seja, trata-se da liberdade de abnegação em face de toda espécie de abuso contra sua natureza humana, liberdade de tornar-se escravo por três vinténs, que recebe para sua ração de ervilhas. E, mesmo quando ouvimos, perplexos, da boca do Doutor: "Woyzeck está filosofando de novo" — também esta deferência, tal como a do dono da tenda ao cavalo adestrado, se reduz, já na frase seguinte, a uma *aberratio*, e, na outra, com precisão científica a uma *aberratio mentalis partialis*, com direito a aumento.

De sua parte, o capitão — o bom homem, que se julga bom porque as coisas estão indo bem para ele, e que teme ser barbeado velozmente, como teme tudo que é veloz, por causa da enormidade do tempo, da eternidade, repreende Woyzeck: "Você pensa demais. Isso consome as forças. Você parece sempre tão excitado".

O contato de Büchner com as teorias particulares dos filósofos atua também, de uma maneira menos evidente, na composição do *Woyzeck*. Refiro-me à apresentação frontal de personagens importantes, o que se poderia chamar sua "autodenunciação".

A segurança com que essas personagens excluem tudo o que não seja elas próprias; a insistência agressiva em ser o que são, até na escolha das palavras; a recusa indiferente do mundo tal como é, mundo no qual, contudo, se debatem com vigor e ódio — tudo isso tem algo da autoafirmação afrontosa dos filósofos. Tais personagens apresentam-se já, por inteiro, logo em suas primeiras frases. O doutor, tanto quanto o capitão e, principalmente, o tamboreiro-mor, mostra-se o arauto de si próprio. Com sarcasmo, fanfarronice ou inveja, traçam suas próprias fronteiras, e o fazem em relação a uma única e mesma criatura desprezada, que consideram abaixo de si mesmas, e cuja presença ali serve ao propósito único de ser-lhes inferior.

Woyzeck é a vítima dos três. Tem pensamentos próprios para contrapor à filosofia escolar do médico e do capitão. A filosofia *dele* é concreta, atrelada ao medo, à dor e à contemplação. Sente medo ao pensar, e as vozes que o instigam são mais reais que a comoção do capitão ao ver o próprio casaco pendurado e os infindáveis experimentos com ervilhas do doutor. Ao contrário destes, Woyzeck não é apresentado de forma frontal: do princípio ao fim, compõe-se de reações vívidas e frequentemente inusitadas. Como está sempre exposto, está também sempre alerta, e as palavras que encontra nessa sua vigília são ainda palavras em estado de inocência: não estão pulverizadas ou desgastadas, não são medalhas, armas, provisões — são palavras como que acabadas de nascer. Mesmo quando se apropria delas sem tê-las compreendido, elas perfazem nele caminhos próprios. Assim, para ele, os pedreiros-livres estão escavando a terra: "Oco, está ouvindo? Está tudo oco lá embaixo! Os pedreiros-livres!".*

Em quantos seres humanos cinde-se o mundo em *Woyzeck*! Em *A morte de Danton*, as personagens têm ainda coisas demais em comum: todas elas são de uma eloquência irresistível, e Danton não é de forma alguma o único a ter espírito. Pode-se tentar explicá-lo pelo fato de que a própria época é eloquente, e, afinal, os porta-vozes da Revolução, em cujo meio se desenrola a peça, atingiram sua reputação graças ao uso das palavras. Mas aí nos lembramos da história de Marion — também ela um *"plaidoyer"*, e seria impossível conceber um mais perfeito no gênero — e deparamos, não sem relutância, com o seguinte: *A morte de Danton* é uma peça da escola da retórica, e, na verdade, da mais incomensurável dentre essas escolas — a de Shakespeare.

A morte de Danton distingue-se das peças de outras escolas por sua premência e rapidez, e por uma substância peculiar, ja-

---

* Ilustra-se aqui o uso que Woyzeck faz da palavra *Freimaurer*: pedreiro-
-livre (maçom). (N. T.)

mais encontrada novamente na literatura alemã, substância essa que combina fogo e gelo, em igual proporção. Trata-se de um fogo que obriga a correr, e de um gelo no qual tudo parece diáfano. Corre-se, pois, para manter o passo com o fogo, e permanece-se firme no lugar, para poder olhar através do gelo.

Menos de dois anos mais tarde, Büchner consegue, com o *Woyzeck*, realizar a mais completa revolução na literatura: a descoberta do trivial.* Essa descoberta pressupõe comiseração; mas, só quando essa comiseração permanece oculta — quando é muda, quando não se manifesta — o trivial se conserva *intacto*. O poeta que se ufana de seus sentimentos, que infla publicamente o trivial com sua comiseração, o conspurca e destrói. Woyzeck é acossado pelas vozes e palavras das outras personagens, mas permanece intocado pelo poeta. Nessa sua castidade em relação ao trivial, ninguém até hoje pode ser comparado a Büchner.

Nos últimos dias de sua vida, Büchner é agitado por alucinações provocadas pela febre. Muito pouca coisa se conhece, e apenas por aproximação, do caráter e do conteúdo dessas alucinações. Esse pouco se encontra nas anotações de Caroline Schulz, em suas palavras. Ela escreve:

14 [de fevereiro] [...] Por volta de oito horas, os delírios retornaram, e o estranho é que ele mesmo falava e até julgava suas fantasias, quando se tentava dissuadi-lo delas. Uma fantasia que sempre retornava era aquela em que ele se imaginava sendo extraditado. [...]

15 [...] Quando estava consciente; falou com certa dificuldade; no entanto, tão logo começou a delirar, passou a falar com grande fluência. Contou-me uma história longa e articulada: que ontem já o haviam levado à cidade, que anteriormente fizera um discurso no mercado etc. [...]

---

* Em alemão, *gering*, adjetivo que também tem a significação de baixo, pequeno, insignificante, inferior etc. (N. T.)

16 [...] O doente quis ir embora várias vezes, pois se imaginava sendo preso, ou, acreditando-se já preso, queria fugir da prisão.

Creio que se dispuséssemos do teor completo dessas alucinações, como elas verdadeiramente se deram, estaríamos muito próximos de Woyzeck. Mesmo nesse relato resumido e amenizado pelo amor e pela tristeza — de que está ausente o arrebatamento —, pode-se pressentir algo de Woyzeck. Büchner ainda tinha Woyzeck em si quando, no dia 19, morreu.

Não é ocioso meditar sobre uma vida mais longa de Büchner apenas porque nos impeça de procurar um sentido em sua morte. Esta foi tão sem sentido quanto qualquer outra. Contudo, a morte de Büchner torna particularmente visível essa falta de sentido. Ele não havia ainda atingido a sua plenitude, apesar do peso e do amadurecimento da literatura que deixou. É de sua natureza que esta jamais atingiria a plenitude, mesmo muito tempo depois. Büchner permanece como o exemplo puro do homem inacabado. A multiplicidade de seus talentos, que alternadamente se sucediam, dá mostras de uma natureza que, em sua inesgotabilidade, requer uma vida infinita.

(1972)

O PRIMEIRO LIVRO: *AUTO DE FÉ*

Este título é enganoso, pois aquele que deveria ser o meu primeiro livro era, na verdade, um de um conjunto de oito livros planejados, todos eles esboçados simultaneamente ao longo de um ano, do outono de 1929 ao outono de 1930. O manuscrito do primeiro desses romances, sobre o qual me concentrei a partir de então, e que ficaria pronto alguns anos depois, trazia o título *Kant pega fogo*. Sob esse título, e como manuscrito, ele permaneceu comigo, intocado, por quatro anos, e só quando estava para ser publicado, em 1935, é que lhe dei o título que traz desde então: Auto de fé.*

A figura central desse livro, hoje conhecida como Kien, era designada, nos primeiros esboços, com um B., abreviatura para "Homem de Livros".** Pois era assim, enquanto "homem de livros", que eu o tinha diante dos olhos, e de tal forma que sua relação com os livros era muito mais importante que ele próprio. O fato de ser constituído de livros era, então, a sua única qualidade; provisoriamente, não possuía nenhuma outra. Quando enfim me pus a escrever ordenadamente a sua história, dei-lhe o nome de Brand. O seu fim estava contido nesse nome: ele deveria terminar numa fogueira.*** Ainda que eu não soubesse como o romance se desenrolaria em seus detalhes, uma coisa já era certa desde o início: ele queimaria a si próprio, juntamente com seus livros, e arderia com sua biblioteca nesse fogo que

---

* O título em português, *Auto de fé*, assim como o das traduções inglesa, francesa, italiana e espanhola, é uma escolha posterior de Canetti. O título do original alemão é *Die Blendung*: literalmente, *O ofuscamento*. (N. T.)

** Em alemão, *Büchermensch*. (N. T.)

*** Sobrenome comum em língua alemã, *Brand* significa também incêndio, fogueira. (N. T.)

ele mesmo ateara. Por isso se chamava Brand, e, assim, eram essas suas denominações iniciais, "Homem dos Livros" e "Brand", a única coisa certa a seu respeito, desde o princípio.

Mas havia ainda uma outra coisa já certa, algo que, provavelmente, se deve qualificar como decisivo para o livro: a limitada governanta Therese, sua antagonista. O modelo para ela era tão real quanto irreal o do "Homem de Livros". Em abril de 1927, eu alugara um quarto na Hagenberggasse, numa colina sobre Hacking, nos arredores de Viena. Eu já havia morado em alguns quartos de estudante na cidade, e queria, então, morar um pouco fora dela, para mudar de ares. O zoológico de Lainz, com suas velhas árvores, me atraía e o anúncio de um quarto nas proximidades de seus muros me chamou a atenção. Fui ver o quarto; a dona da casa me recebeu e conduziu ao piso superior, onde nada mais havia além desse quarto. Ela mesma morava com sua família no rés do chão. Fiquei entusiasmado com a vista: para além de uma quadra de esportes, viam-se as árvores do grande jardim do arcebispado e, do lado oposto do vale, no alto da encosta, a cidade dos loucos, Steinhof, cercada por um muro. Minha decisão já estava tomada desde o primeiro instante: eu tinha de ficar com o quarto. Diante da janela aberta, tratei dos detalhes com a dona da casa. Seu vestido descia até o chão; ela mantinha a cabeça inclinada e a jogava às vezes para o lado oposto. O primeiro discurso que me endereçou encontra-se reproduzido literalmente no terceiro capítulo do *Auto de fé*: era sobre a juventude de hoje e as batatas, que já estavam custando o dobro. Foi um discurso bastante longo e me irritou tanto que o guardei imediatamente na cabeça. É verdade que no decorrer dos anos seguintes voltaria a ouvi-lo várias vezes, com as mesmas palavras. Mas já a primeira vez bastara para que nunca mais pudesse esquecê-lo.

Durante essa primeira visita, impus a condição de que minha companheira pudesse vir me visitar. A dona da casa insistiu em que só poderia ser sempre a mesma *"Fräulein Braut"*.* A

---

* *"Fräulein Braut"*: literalmente, a "senhorita noiva". (N. T.)

indignação com que lhe respondi que havia apenas uma única acalmou-a. Eu também possuía muitos livros. "Ora, por favor", disse ela, "na casa de um senhor estudante só pode ser assim." Tive mais dificuldades com minha última exigência: deveria poder pendurar na parede os quadros que sempre me acompanhavam. Ela disse: "Sim, as belas tapeçarias. Mas tem de ser com pregos?". Respondi, sem piedade, que sim. Tinha comigo, havia muitos anos, grandes reproduções dos afrescos da Capela Sistina, e sucumbira de tal maneira aos profetas e sibilas de Michelangelo que não os teria sacrificado nem mesmo por esse quarto. Ela viu minha determinação, e cedeu a contragosto.

A esse quarto, onde vivi seis anos, não devo apenas a figura de Therese. A visão diária de Steinhof, onde viviam 6 mil loucos, era o espinho que penetrava a carne. Tenho plena certeza de que sem esse quarto jamais teria escrito o *Auto de fé*.

Mas levou um certo tempo para que as coisas chegassem a esse ponto: eu ainda era o estudante de química, que ia todos os dias ao laboratório e só à noite se ocupava de escrever. Também não gostaria de dar a falsa impressão de que a figura de Therese — que só surgiu três anos e meio mais tarde — tenha mais em comum com a dona da casa do que o modo de falar e uma certa semelhança na aparência. Esta era uma funcionária aposentada do correio, seu marido também trabalhara lá, e com eles viviam dois filhos já adultos. Só o primeiro discurso de Therese foi tirado da realidade: todo o resto é pura invenção.

Alguns meses depois de me mudar para esse novo quarto, aconteceu algo que exerceu a mais profunda influência tanto na minha vida posterior, como na composição do *Auto de fé*. Foi um daqueles acontecimentos públicos que não ocorrem com frequência, e que abalam tanto a uma cidade inteira que ela jamais volta a ser a mesma.

Na manhã do dia 15 de julho de 1927 eu não estava, como de costume, no Instituto de Química da Währingerstrasse, mas me encontrava em casa. Lia os jornais matutinos no café em Ober-St. Veit. Ainda posso sentir a indignação que me sobreveio quando peguei o *Reichpost* em minhas mãos. Lia-se ali a chamada enorme: "Uma sentença justa". Houvera disparos de Burgenland, e trabalhadores haviam sido mortos. O tribunal tinha absolvido os assassinos. Essa absolvição era caracterizada, ou melhor, alardeada, pelo órgão do partido do governo como "sentença justa". Mais que a própria absolvição, esse escárnio para com o mínimo sentimento de justiça desencadeou uma enorme revolta no operariado de Viena. Trabalhadores de todos os bairros da cidade marcharam em passeata até a frente do Palácio de Justiça, que só por seu nome já personificava para eles a injustiça. Foi uma reação totalmente espontânea; senti a medida dessa espontaneidade em mim mesmo: com minha bicicleta, fui correndo para o centro da cidade, e juntei-me a uma daquelas "passeatas".

Nesse dia, os trabalhadores — que, de resto, eram bem disciplinados, confiavam em seus líderes social-democratas e estavam satisfeitos com a maneira modelar com que a comunidade de Viena era por eles administrada — agiram *sem* os seus líderes. Enquanto ateavam fogo ao Palácio de Justiça, o prefeito Seitz, sobre um caminhão do corpo de bombeiros, mão direita estendida para o alto, procurava detê-los. Seus gestos foram em vão: o Palácio de Justiça *incendiava-se*. A polícia recebeu ordem de fogo: houve noventa mortes.

Já se passaram 46 anos, e ainda trago em mim a excitação daquele dia. Foi a coisa mais próxima de uma revolução que já vivenciei de corpo presente. Centenas de páginas não seriam suficientes para descrever o que vi com meus próprios olhos. Desde então, sei perfeitamente como ocorreu a queda da Bastilha, não precisaria ler uma palavra a respeito. Eu me transformara numa parte da massa, fora inteiramente absorvido por ela: não sentia em mim a menor resistência àquilo a que ela se propunha. Espanta-me que eu, em tal estado, tenha sido capaz de apreender todas essas cenas concretas que se desenrolavam, uma a uma, ante meus olhos. Gostaria de mencionar uma delas.

Numa rua lateral, não muito distante do Palácio em chamas, mas de qualquer forma afastada, havia um homem que, destacando-se nitidamente da massa, braços lançados para o alto, batia desesperadamente as mãos por sobre a cabeça e, repetidamente, soltava um grito de lamento: "Os autos estão queimando! Todos os autos!". "Melhor do que se fossem homens!", eu lhe disse, mas isso não o interessou: ele só tinha os autos na cabeça. Ocorreu-me então que ele talvez tivesse algo a ver com aqueles autos, talvez fosse um funcionário do arquivo. Estava inconsolável; para mim, contudo, ainda que diante de uma tal situação, a cena era cômica. Ele me irritava, também: "Eles fuzilaram gente lá", disse encolerizado, "e o senhor fala de autos!". Ele me olhou, como se eu não estivesse ali, e repetiu o seu lamento: "Os autos estão queimando! Todos os autos!". Havia se posicionado a uma certa distância dos acontecimentos, mas ainda assim não deixava de ser perigoso: era impossível não ouvir-lhe os lamentos, eu mesmo os ouvira.

Poucos anos mais tarde, quando esboçava já a *Comédia humana para loucos*, dei a B., o "verme dos livros", o nome de Brand. Naquela época, ainda não tinha consciência de que seu nome e destino haviam nascido naquele 15 de julho: ter-me-ia sido certamente penoso se houvesse percebido a relação, talvez tivesse até repudiado a ideia do romance como um todo. De qualquer forma, o nome Brand começou a me incomodar, à medida que o escrevia. Muita coisa se passava ali, e o final — que não deveria de modo algum deixar-se entrever — parecia estar já mais que evidente naquele nome. Rebatizei-o, então, com o nome Kant, e este ele carregou por muito tempo, sem ser incomodado. Em agosto de 1931, quatro anos depois do 15 de julho, Kant pôs fogo em sua biblioteca e sucumbiu com ela no incêndio.

Mas essa foi uma consequência tardia, imprevista, do 15 de julho. Tivesse alguém, naquela época, me advertido para essa sua consequência literária, eu o teria feito em pedaços. Isso porque imediatamente após o dia 15 — naqueles dias do mais profundo abatimento, em que não se podia pensar em mais nada, com os fatos de que se fora testemunha sempre voltando à mente, invadindo até o sono, noite após noite — um vínculo legítimo se estabeleceu entre aqueles acontecimentos e a literatura, e esse vínculo era Karl Kraus. Minha veneração idólatra por ele alcançou então seu grau mais elevado. A razão era a gratidão por um gesto público bem definido — não saberia dizer se alguma vez já fora tão grato a alguém por alguma coisa. Sob o impacto causado pelo massacre daquele dia, Karl Kraus fez pregar cartazes por todos os cantos de Viena, nos quais exigia que o chefe de polícia, Johann Schober — responsável pela ordem de abrir fogo e pelas noventa mortes — "se demitisse". Kraus fez isso sozinho, foi a única figura pública a fazê-lo: enquanto as outras celebridades — que, aliás, nunca faltaram a Viena — não queriam se expor ou, talvez, ser alvo de riso, ele sozinho reuniu coragem para manifestar sua revolta. Seus cartazes eram a única coisa que nos dava forças naqueles dias. Eu ia de um cartaz a outro, detinha-me diante de cada um deles, e, para mim, era como se toda a justiça deste mundo tivesse se alojado nas letras de seu nome.

O ano seguinte foi totalmente dominado por esse acontecimento. Até o verão de 1928, meus pensamentos não se voltaram para outra coisa. Mais do que nunca, eu estava decidido a descobrir o que seria, na verdade, a massa, a qual me dominara por dentro e por fora. Aparentemente, eu levava adiante meu estudo de química, e até comecei a trabalhar em minha dissertação, mas a tarefa que se me apresentava era tão desinteressante que sequer arranhava-me o espírito. Eu empregava todo tempo livre no estudo dos assuntos que eram realmente importantes. Pelos caminhos mais diversos, e aparentemente mais distantes, procurava aproximar-me daquilo que vivenciara como massa. Eu a procurava na história, mas na história de *todas* as culturas. Cada vez mais, fascinavam-me a história e a antiga filosofia chinesas. Com os gregos, eu já me iniciara bem antes, na época de Frankfurt; agora, me aprofundava nos antigos historiadores, sobretudo Tucídides, e na filosofia dos pré-socráticos. Era natural que estudasse as Revoluções — a Inglesa, a Francesa e a Russa —, mas comecei também a compreender o significado das massas nas religiões, e vem dessa época o desejo de conhecer todas as religiões, desejo que nunca mais me deixou. Li Darwin, na esperança de nele encontrar algo sobre a formação das massas entre os animais, e, exaustivamente, livros sobre a vida dos insetos em comunidades. Eu devia dormir pouco, pois passava noites inteiras lendo. Anotava algumas coisas, e fiz algumas tentativas de ensaios. Tudo isso constituiu um trabalho preliminar, tateante, para o livro sobre a massa, mas vejo agora, contemplando-o da perspectiva do romance, que esses estudos apaixonados e multifacetados deixaram muitas marcas no *Auto de fé*, o qual surgiria poucos anos mais tarde.

No verão de 1928, fui pela primeira vez a Berlim, e esse foi o próximo acontecimento decisivo. Wieland Herzfelde, o fundador da Editora Malik, estava procurando um jovem que pudesse ajudá-lo no seu trabalho em um livro, e, por intermédio de uma amiga, soube de mim. Convidou-me a ir a Berlim durante as férias, para morar e trabalhar na sua casa. Recebeu-me com grande amabilidade, não permitindo que eu me desse conta de minha inexperiência e desconhecimento. Assim, vi-me, de súbito, num dos cruzamentos da vida intelectual de Berlim. Ele me levava para todos os lugares, conheci seus amigos e inúmeras outras pessoas — às vezes, na casa de Schlichter ou Schwanecke, por exemplo, uma dúzia delas de uma só vez. Cito apenas os três dos quais mais me ocupei: Georg Grosz era um deles, cujos desenhos eu admirava desde os tempos de escola em Frankfurt; Isaak Babel, de quem lera havia pouco os dois livros, os quais, de todas as obras da moderna literatura russa, eram os que mais profundamente me haviam impressionado; e Brecht, de quem então só conhecia uns poucos poemas, mas se falava tanto dele que sua figura despertava curiosidade, tanto mais que ele era um dos pouquíssimos poetas jovens que tinham a aprovação de Karl Kraus. Grosz deu-me de presente sua *Ecce-Homo-Mappe*, que estava proibida; Babel me levava a toda parte, particularmente quando ia até Aschinger, que era onde ele se sentia melhor. Ambos me impressionaram profundamente com sua franqueza, pois falavam comigo sobre tudo. Brecht, que logo descobriu minha ingenuidade, e a quem minhas "nobres posturas" compreensivelmente enervavam, procurava melindrar-me com observações cínicas sobre sua pessoa. Eu jamais o encontrava sem que ele me dissesse sobre si algo que me perturbasse. Eu sentia que Babel, a quem eu dificilmente teria algo para oferecer, gostava de mim justamente por essa inocência, que provocava em Brecht o cinismo. Grosz, que havia lido pouco, preferia interrogar-me sobre livros e, sem a menor cerimônia, deixava-se recomendar a leitura do que quer que fosse.

Haveria uma infinidade de coisas a dizer sobre esse período berlinense, mas na verdade não é disso que falarei agora. A única coisa que gostaria de mencionar hoje diz respeito ao contraste entre Berlim e Viena. Em Viena, eu não conhecia poeta algum, vivia sozinho: tendo já Karl Kraus tudo desaprovado, eu mesmo não teria querido conhecer qualquer um deles. Naquela época, nada sabia ainda sobre Musil e Broch. Muito ou mesmo a maior parte daquilo que gozava de prestígio em Viena era de pouco valor, e só hoje se sabe quantos trabalhos importantes surgiram ali nesse período, quase à margem do público, e até repelidos e desprezados por ele, como as obras de Berg e Webern.

Então, subitamente, vi-me em Berlim, onde tudo era feito em público, onde o novo e interessante era também o que gozava de fama. Eu me movia exclusivamente em meio a esses homens, que se conheciam todos uns aos outros. Levavam uma vida atribulada, intensa; frequentavam os mesmos lugares, falavam uns sobre os outros sem a menor timidez, amavam-se e odiavam-se publicamente — sua singularidade manifestava-se logo nas primeiras frases: era como se se lançassem aos golpes sobre alguém. Jamais vira tanta gente articulada junta, gente tão diferenciada e singular. Era uma brincadeira de criança reconhecer de imediato quem tinha algo de importante a mostrar e, ao contrário de Viena, ali não havia escassez de tais pessoas. Eu estava no ápice do entusiasmo, mas ao mesmo tempo assustado. Absorvia tanta coisa que acabava por me confundir. Porém, decidira-me a não me deixar confundir, e essa recusa em ceder a uma confusão inevitável teve consequências penosas.

O mais difícil para um jovem puritano — e eu permanecera

assim devido às circunstâncias especiais de minha infância — era a sexualidade mais crua. Eu via coisas que sempre repugnara. Tudo era exibido ininterruptamente; isso fazia parte do caráter da vida berlinense de então. Tudo era possível, tudo *acontecia*: comparada a isso, a Viena de Freud, na qual sobre tanta coisa se falou, parecia ter apenas uma ofensividade loquaz. Jamais tivera antes a sensação de estar tão próximo de todo o mundo, simultaneamente em todas as suas partes, e esse mundo, que eu não pude dominar em três meses, parecia-me um mundo de loucos.

Ele me fascinava tanto que me senti infeliz quando tive de voltar a Viena, em outubro. Tudo permanecia indistinto e indomado: um enorme novelo. No inverno, concluí meus estudos e, na primavera, passei nas provas. Era um pouco como se eu não soubesse o que fazia, pois sublinhando tudo havia o novo caos, que não se deixava adormecer. Prometera a meus amigos que no verão de 1929 voltaria a Berlim. A segunda estada, que durou novamente cerca de três meses, foi um pouco menos febril. Morei sozinho e me obriguei a levar uma vida mais calma. Voltei a ver muitas pessoas, mas não todas. Fui a outros bairros de Berlim, ia sozinho aos bares e ali conheci uma outra espécie de homens, principalmente trabalhadores, mas também burgueses e pequeno-burgueses, que não eram intelectuais nem artistas. Dei tempo ao tempo, e fiz muitas anotações.

Quando retornei a Viena, desta vez no outono, o novelo amorfo começou a se desenrolar. A química estava definitivamente descartada: escrever era só o que eu queria. Assegurara minha subsistência com alguns livros de Upton Sinclair, que deveria traduzir para a editora Malik. Era um homem livre e levava adiante os múltiplos estudos que tanto me apaixonavam, com os quais já havia começado antes de ir a Berlim — precisamente aqueles estudos preliminares para o livro sobre a massa. Mas o que mais me ocupou depois de meu regresso de Berlim, e que não mais me abandonou, foram aqueles homens extremados e obcecados que lá conhecera. Em Viena, continuava vivendo sozinho naquele quarto de que já falei. Quase não

276

via ninguém, e diante de mim, no topo da colina à minha frente, tinha sempre a cidade dos loucos, Steinhof.

Um dia, ocorreu-me que o mundo não podia mais ser representado como nos romances antigos, do ponto de vista de *um* escritor, por assim dizer: o mundo estava *fragmentado*, e só a coragem de mostrá-lo em sua fragmentação tornaria ainda possível uma verdadeira representação dele. Isso não significava, todavia, que seria necessário lançar-se a escrever um livro caótico, no qual nada mais pudesse ser entendido; pelo contrário, era preciso inventar, de maneira consequente e com o máximo rigor, indivíduos extremos, tais como aqueles de que já era mesmo constituído o mundo, e colocar tais indivíduos — levados às últimas consequências — lado a lado, em toda a sua diversidade. Assim, concebi aquele plano de uma *Comédia humana para loucos* e esbocei oito romances, cada um deles com uma personagem à beira da loucura — e cada uma diferente de todas as outras até em sua linguagem e em seus pensamentos mais secretos. O que cada uma vivenciou era algo que nenhuma outra poderia ter vivenciado. Nada poderia ser permutável, nada se mesclaria. Eu dizia a mim mesmo que estava construindo oito holofotes cujos focos procurariam o mundo a partir de fora. Durante um ano, trabalhei nessas oito personagens, todas ao mesmo tempo, conforme a que mais me estimulasse num determinado momento. Havia entre elas um fanático religioso; um visionário com conhecimentos técnicos que só vivia no mundo de seus planos universais; um colecionador; um homem obcecado pela verdade; um perdulário; um inimigo da morte; e, finalmente, um puro homem de livros.

Ainda possuo parte desses esboços extravagantes, infelizmente apenas uma pequena parte. Lê-los, há pouco tempo, despertou em mim o *élan* daquela época, e compreendi porque mantive aquele ano em minha memória como o mais rico de minha vida. Pois no início do outono de 1930 ocorreu uma mudança. O "homem de livros" tornou-se subitamente tão importante para mim que pus de lado todos os outros esboços e me concentrei inteiramente nele. Ao ano em que eu me permitira tudo seguiu-se um outro da disciplina mais ascética. Todas as manhãs, sem deixar passar um único dia, eu prosseguia no trabalho com meu "Brand", que era como se chamava agora. Não havia plano algum, mas eu me precavia contra o ímpeto do ano anterior. Para não me deixar arrastar para demasiado longe, lia repetidas vezes *O vermelho e o negro*, de Stendhal. Queria avançar passo a passo, e me dizia que deveria ser um livro severo, impiedoso tanto para comigo mesmo como para com o leitor. Estava, sobretudo, imune ao que poderia ser considerado agradável ou atraente, graças a uma profunda repugnância pela literatura dominante na Viena de então. O que havia de mais conceituado era de uma sentimentalidade operística, sem contar os deploráveis folhetinistas e contadores de casos. Não posso dizer que qualquer uma dessas pessoas significasse algo para mim: sua prosa me enchia de nojo.

Hoje, quando me pergunto de onde tirei o rigor de minha maneira de trabalhar, tenho de recorrer a influências as mais heterogêneas para respondê-lo. Já citei Stendhal: foi indubitavelmente quem me exortou à clareza. Eu já concluíra o oitavo capítulo do *Auto de fé*, que hoje se intitula "A morte", quando a *Metamorfose* de Kafka caiu-me nas mãos. Nada mais afortunado poderia ter acontecido comigo naquele momento. Ali encontrei, na mais elevada perfeição, a contrapartida para a leviandade literária que tanto odiava: ali estava o rigor pelo qual eu tanto ansiava. Ali já se atingira algo que eu, solitariamente, estava querendo encontrar para mim mesmo. Curvei-me ante este mais puro dos modelos, e, mesmo sabendo muito bem que era inatingível, ele me deu forças.

Creio que também a intimidade com a química — com seus processos e fórmulas — contribuiu para esse rigor. Nesse sentido, quando olho para trás, não posso de modo algum lamentar os quatro anos e meio que passei no laboratório, uma ocupação que naquela época considerava limitadora e desinteressante ao espírito. Esse tempo não foi perdido: mostrou ser uma disciplina apropriada para o escrever.

O ano dos esboços também não foi perdido. Como eu trabalhava em todos eles ao mesmo tempo, fui me acostumando a me ver mover simultaneamente em mundos diversos, a saltar de um mundo para um outro que não tinha nada em comum com o primeiro, que dele se diferenciava até mesmo nos menores detalhes de linguagem. Isso veio beneficiar a consequente separação das personagens do *Auto de fé*. O que antes era separação de romance para romance transformou-se em separações no interior de um mesmo livro. Assim, embora a maior parte do material daqueles esboços não tenha sido utilizada, o método do *Auto de fé* se formou a partir deles. Mesmo aquilo que ficou por escrever nos oito romances — os humores secretos da *Comédia humana para loucos* — penetrou no *Auto de fé*.

Apesar da satisfação com o fato de que a escrita avançava diariamente — de que não me abandonava e de que não pararia de escrever — sentia-me atormentado pela realidade concreta das frases que passava para o papel. A crueldade daquele que se obriga à verdade atormenta sobretudo ele próprio: o que o escritor inflige a si próprio é cem vezes mais do que o faz ao leitor. Houve momentos em que minha suscetibilidade pretendeu persuadir-me — opondo-se a uma visão mais racional da situação — a pôr logo um fim no romance. Que eu jamais tenha sucumbido a essa tentação, devo-o às heliogravuras do *Altar de Isenheim*, as quais haviam substituído os afrescos da Capela Sistina no meu quarto. Eu me envergonhava diante de Grünewald, que se lançara a algo terrivelmente difícil e se mantivera firme durante quatro anos. Hoje, isso me parece bombástico. Mas, quando se torna demasiadamente íntima, toda adoração de coisas realmente grandes tem um quê de petulância. Naquela época, esses detalhes de Grünewald, sempre ao meu redor, foram um estímulo imprescindível.

Em outubro de 1931, um ano depois, o romance estava terminado. Como é sabido, Brand mudou seu nome no decorrer do trabalho: agora se chamava Kant. Mas eu tinha dúvidas, por causa da homonímia com o filósofo, e sabia que não ficaria com esse nome. Assim, o próprio título do manuscrito era provisório: *Kant pega fogo*.

O romance conservou, em todos os detalhes, a mesma forma que tinha então. Afora o título e o nome do sinólogo, nada nele foi modificado. Mandei encadernar separadamente, em tela preta, as três partes de que se compunha a obra, enviando então três pesados volumes, num pacote enorme, para Thomas Mann. Logo ao abri-lo, ele deve ter tido a impressão de que se tratava de uma trilogia. Dei à carta que os acompanhava um tom altivo-solene. É quase inacreditável, mas eu era da opinião de que o honrava com essa encomenda. Tinha certeza de que Mann só precisava abrir um dos volumes para não mais conseguir parar de ler. Poucos dias depois, os três volumes estavam de volta, não lidos: ele se desculpava, alegando insuficiência de forças. Eu estava firmemente convencido de que havia escrito um livro singular, e para mim até hoje constitui um enigma saber de onde tirava essa certeza. Como reação à ignominiosa rejeição, decidi-me a esquecer o manuscrito e não tentar mais nada com ele.

Mantive-me firme durante um bom tempo. Aos poucos, então, comecei a fraquejar. Por meio de leituras públicas do manuscrito, ia deixando mais e mais o isolamento da minha vida em Viena. Li Musil e Broch, fiquei profundamente impressionado com suas obras; conheci-os pessoalmente. Sucederam-se outros encontros, que significaram muito para mim: Alban Berg, Georg Merkel e Fritz Wotruba. Para eles, e muitos outros, meu livro já existia, antes de passar a existir para o público. Eu também só desejava realizar-me diante deles, dessas verdadeiras personagens de Viena, algumas das quais se tornaram grandes amigos. Eu não senti absolutamente como uma humilhação o fato de, durante quatro anos, não haver um editor sequer que ousasse publicar o romance. Vez por outra, com muita raridade, cedia à pressão de um amigo e apresentava-o a uma editora. Recebia cartas que me explicavam o risco de uma publicação, mas eram quase sempre cartas respeitosas. Só Peter Suhrkamp fez-me sentir claramente a sua profunda repulsa pelo romance. Cada recusa reforçava em mim a certeza de que este livro ganharia vida mais tarde. Quando, em 1935, o livro estava a ponto de ser publicado, Broch insistiu, com uma tenacidade incomum nele, em que eu deveria abandonar o nome Kant. Sempre pretendera fazê-lo, mas agora isso finalmente acontecia. Ele passou a se chamar Kien: algo de sua combustibilidade ia-lhe de novo pelo nome.* Com Kant desapareceu também *Kant pega fogo*, e me decidi pelo título novo, definitivo: *Die Blendung.*

Talvez eu não devesse deixar de mencionar que, então, Thomas Mann leu imediatamente o livro. Escreveu-me que, ao lado do *Henri Quatre*, de seu irmão Heinrich, fora o livro que mais o ocupara durante o ano. Sua carta, na qual havia algumas observações sagazes e muitas outras lisonjeiras, tocou-me de modo contraditório: só ao lê-la compreendi quão sem sentido fora a ferida que sua recusa abrira em mim, quatro anos antes.

(1973)

---

* Em alemão, *Kien* significa, literalmente, "linha resinosa". (N. T.)

O NOVO KARL KRAUS
Conferência proferida na
Academia de Artes de Berlim

"O *censo demográfico* constatou que Viena tem 2 030 834 habitantes. Ou seja, 2 030 833 almas e eu." Não há nenhuma declaração de Karl Kraus que caracterize melhor seu posicionamento e seu ser do que a solitária e sucinta frase dessa glosa. Trata-se aqui de determinada população, a população de Viena, caracterizada como tantas e tantas almas; com isso, esta palavra passa a significar o oposto daquilo que originalmente, e ainda hoje, constitui o conteúdo de "alma". O plural a impele para próximo das almas mortas de Gogol: são almas que já não o são mais. Em sua multiplicidade, são privadas da vida. Ao conjunto de todas elas contrapõe-se um indivíduo, o "Eu", e este as contrabalança: o peso e valor deste Eu é maior que o de todos os outros habitantes juntos.

Uma tal pretensão jamais foi enunciada de forma tão crua, e se poderia caracterizar sua existência, nessa mais concisa de todas as formas, como um golpe de sorte. Ela se acha por trás das 30 mil páginas da *Fackel*, às quais não falta vida, apesar de sua linguagem blindada. Ela significa que este "um" pode enfrentar aqueles milhões, contém a intenção homicida deste um que se põe diante de toda a população de uma metrópole — diante de todos e de cada um em particular —, e é importante que a cidade seja citada nominalmente: Viena.

O exemplar da *Fackel* no qual se encontra essa glosa quase imperceptível data de 26 de janeiro de 1911. Vista retrospectivamente, trata-se de uma época relativamente inofensiva, e pode parecer inapropriado que eu atribua uma intenção homicida ao autor dessa frase simples. À primeira vista, ela não expressa mais do que uma inclinação à *diferenciação*. É insuportável ser incluído como uma cifra num censo demográfico. Quanto maior a cifra, tanto mais incomparável se sente aquele que toma conhecimento dela — e respira, vive, lê, julga, odeia — em relação àqueles que são meramente contados como cifra no censo. Aqui, a contraposição não parece expressar nada além disso, e é preciso ter sido contaminado pelo próprio Karl Kraus, por meio de uma familiaridade de anos com sua obra, para farejar algo mais por trás disso. Quando começou a escrever a *Fackel*, ele via na desconfiança a virtude suprema: perseguia o desnudamento impiedoso, e durante os 36 anos de existência da revista conseguiu, como nenhum outro, exercitar essa virtude. Muitos foram contaminados por ele, e alguns chegaram, com seu auxílio, a desenvolver uma forma própria de desnudamento, agarrando-se a ela por tanto tempo quanto Kraus à sua.

Assim, também Kraus não pode furtar-se a ser desnudado, e tem de aceitar ser objeto da mesma prática que exerceu com maestria inigualável ao longo da sua vida. Insisto, pois, em suspeitar, naquela franzina glosa, uma intenção homicida voltada contra toda a população de Viena abarcada pela estatística, e comprovo esta afirmação com algumas das muitas frases que escreveu no ano de 1911, ou mesmo antes.

Em seu primeiro número, a *Fackel* escolheu como lema não um retumbante *O que nós trazemos*, mas um honrado *O que nós assassinamos*.* Tal escolha poderia ser creditada simplesmente ao gosto pelo jogo de palavras, sem necessariamente atribuir-lhe grande significado. Mas, folheando números posteriores da *Fackel*, deparamos com frases como estas:

"Se ele rebenta diante de meus olhos, escarnece de mim em virtude da pequenez de meus troféus." Na página seguinte: "Que me importam os acontecimentos? Qualquer que seja o formato da pedra que caia, o único espetáculo em razão do qual ainda pago impostos a esse Estado é ver como jorra o estrume do cérebro dos austríacos". Isso se encontra na revista do verão de 1907.

---

* Jogo de palavras em alemão, com verbos de mesma raiz — *bringen*: trazer (no caso, informar, trazer algo ao leitor); e *umbringen*: matar, assassinar. (N. T.)

Nos átaques a Kerr, de 1911, encontram-se, numa sequência de quatro números da *Fackel*, os seguintes títulos: "O pequeno Pã está morto"; "O pequeno Pã ainda agoniza"; "O pequeno Pã já fede"; "O pequeno Pã fede ainda". Ali estão frases como: "Enquanto outros polemistas se fazem apreciar por perderem o fôlego, a sobrevivência dos objetos de minha crítica me instiga cada vez mais. Podem pensar que persigo os grandes até suas sombras, e mesmo ali não os deixo em paz". "Está em meu destino que as pessoas que quero matar morram na minha mão." "Agora ele se foi, e não me deixou mais nada a fazer senão colocá-lo no esquife."

Não é absolutamente uma falsificação de sua índole colocar o prazer pela morte no topo destas considerações sobre Karl Kraus. Um tratado moral não é o meu propósito aqui. Quero, sim, tentar compreendê-lo como ele era. Mas, para evitar qualquer mal-entendido, para não despertar nenhuma ideia falsa naqueles seus diminuidores (os quais nunca faltaram), quero desde logo confessar que o considero o maior satirista alemão — o único na literatura dessa língua a quem podemos nos conceder o direito de mencionar ao lado de Aristófanes, Juvenal, Quevedo, Swift e Gogol. Os nomes são poucos. Poderiam ser acrescentados ainda Ben Jonson e Nestroy. Permanece, todavia, uma lista bem pequena, e obviamente não abarca os escritores de um gênero literário em sentido estrito. O que eles têm em comum é uma espécie bem determinada de substância, que eu caracterizaria justamente como homicida. Eles se voltam contra grupos inteiros de seres humanos, mas também atacam indivíduos, e com um ódio que, em outras circunstâncias — ou seja, se não fossem capazes de escrever —, os levaria provavelmente ao homicídio. Suas vítimas nem sempre são conhecidas pelo nome, mas os espíritos daquelas dentre elas que ainda hoje significam alguma coisa para nós, como Sócrates ou Eurípides, poderiam dar testemunho da fúria do ataque contra elas perpetrado.

O caso de Karl Kraus é tanto mais notável na medida em que a totalidade de sua enorme obra está ao nosso alcance. Onde quer que a abramos, está repleta do prazer e da insaciedade do ataque. Por mais pobres que se nos apresentem muitos de seus objetos e pretextos, eles se deixam ainda averiguar, não estão assim tão afastados no tempo, a ponto de existirem apenas nas páginas da *Fackel*. A salvo, muitas das vítimas estavam vivas até há pouco tempo, e algumas ainda vivem. Conheci não poucas dentre elas, e sempre as comparava com as figuras nas quais haviam sido transformadas por Kraus. Um fascínio inesgotável advinha dessas confrontações: dessa maneira, era infindável o que se podia aprender acerca do processo da sátira.

Hoje, o que frequentemente aborrece o leitor da *Fackel*, o que a torna, por longos trechos, insuportável, é a uniformidade do ataque. Tudo se dá com a mesma força, tudo é revestido com igual importância numa única e mesma linguagem; percebe-se que o importante é sempre o ataque em si — uma força superior é demonstrada ali onde absolutamente nenhuma força seria necessária. Sob os golpes ininterruptos, a vítima desaparece: há tempos já não está mais presente, mas a luta continua.

Também as vitórias se nos tornaram suspeitas. Tanto se venceu em nosso século, a um custo tão alto, tão sem sentido, tão estéril, que a maioria, e não só aqueles que podem refletir sobre isso, foi tomada de um fastio em relação à vitória, como talvez nunca se viu antes. Mesmo o gesto da vitória causa nojo: há algo no automatismo desse gesto, sempre visando à vitória ao longo de toda a história por nós conhecida, que está para se modificar radicalmente no ser humano.

Não menos suspeitos são os vencedores alojados no domínio do espiritual, que atacam incessantemente, lutam e têm de ganhar, que não são capazes de agir de outra forma, que precisam sempre demonstrar superioridade: estes são vistos como importunos, dá-se-lhes as costas. Há muitos que, por essa mesma razão, não querem saber de Karl Kraus, e eu diria que estes são os melhores dentre aqueles que o desdenham. Contudo, deixam de ver algo que, certamente, é decisivo: ninguém, literalmente ninguém, fez tanto justamente pela disseminação desse sentimento quanto Karl Kraus.

Ele foi o único que lutou contra a Primeira Guerra do começo ao fim, e em todos os seus aspectos, enquanto os vitoriosos eram, em toda parte, alçados ao pódio. Ele não a combateu teoricamente — não havia carência de repúdios à guerra no plano das ideias —; também não defendeu o ponto de vista de um partido. Apesar da importância dos partidos, das consequências inestimáveis que acarretaria um posicionamento da parte deles que fosse ao menos consistente, Kraus efetivamente conduziu sua luta no plano individual. Ainda que muitas dentre aquelas mais de 2 milhões de almas do censo populacional vienense logo pudessem compartilhar seus sentimentos, foi ele quem se colocou diante de cada manifestação particular da guerra. Não há *uma única* voz à qual tivesse fechado os ouvidos: estava possuído por cada um dos falares específicos da guerra, e os reproduzia com premência. Assim, o que quer que ele reduzisse satiricamente era mesmo reduzido; o que quer que exagerasse era exagerado de forma tão precisa que só existia por meio desse exagero, tornando-se inesquecível. A guerra mundial em sua totalidade invadiu *Os últimos dias da humanidade*:* sem indulgência nem resguardo, sem embelezamento nem mitigação e, sobretudo, o que é mais importante, sem que se tivesse tornado algo corriqueiro. O que ali se repetiu permaneceu igualmente terrível em cada uma de suas repetições. Espanta que tenha havido algum dia um ódio de tais proporções, um ódio à altura da própria guerra, que se agarrou a ela com furor e não cedeu durante quatro anos.

Comparado a esse, é débil o ódio dos próprios combatentes, que se haviam aferrado a um inimigo posto diante deles e pintado diariamente com cores falsas. Eles se apoiavam mutua-

---

* *Os últimos dias da humanidade*: *tragédia em cinco atos com prólogo e epílogo*, escrita por Kraus em 1915, foi concebida, por causa de sua extensão, para ser encenada em dez noites consecutivas. Consiste em cenas do cotidiano de Viena, durante a guerra. (N. T.)

mente, compartilhavam o mesmo sentimento: estavam sob uma dupla ameaça de morte — a do inimigo, lesado tal como eles haviam sido, e a de seus próprios superiores. Karl Kraus carregava sozinho dentro de si um Etna de ódio: durante catorze anos exercitara esse ódio na *Fackel*; em grandes, pequenos e até mínimos atos, aprendera tudo o que agora revertia em seu favor. Montara um arsenal das mais diversas armas, sem poder suspeitar com que fim as utilizaria. Todos os seus treinamentos com armas se encontram na *Fackel*: não é necessário considerar cada um deles algo sacrossanto; alguns, como o aniquilamento de Maximilian Harden ou o extraordinário ensaio "Nestroy e a posteridade", são certamente dignos de admiração; outros, malogrados ou enfadonhos. Mas, no conjunto, contribuíram para aquele que sempre será considerado seu verdadeiro feito, em função do qual Karl Kraus é contado entre os poucos grandes, os mortíferos satiristas da humanidade.

Hoje, não me proponho convencer os senhores da grandeza dessa obra. Haveria certamente uma infinidade de coisas a dizer sobre ela, mas custa-me crer que haja mesmo um único dentre os senhores que, tendo-se colocado diante da obra de Kraus, não tenha sido arrebatado por ela. Dificilmente alguém se atreveria a querer fazer uma introdução a *Os últimos dias da humanidade*. Seria tão petulante quanto supérflua. Cada um dos que nasceram neste século e foram condenados a nele viver carrega dentro de si tal introdução. O monstruoso pós-parto da Primeira Guerra — justamente aquele movimento que levou à Segunda e a seu desenlace — paira ainda diante de nossos olhos, e da ameaça com que se encerrou temos todos plena consciência: ela penetrou na concepção do futuro, no qual, pela primeira vez, nos vemos todos envolvidos. Já não é mais possível a cegueira ante esse fato. Não quero fatigá-los com a repetição daquilo que já disse sobre o "futuro cindido". Quem tem a esperança — e eu não saberia dizer se há alguém que não deveria tê-la — de que poderíamos conseguir escapar à metade negra deste futuro, que ameaça com o extermínio, para a outra metade, a da boa vida — metade esta cuja possibilidade não é menor e, além disso,

287

conta com todo o nosso desejo de realização —, quem tem esta esperança sabe também que tudo depende primordialmente do conhecimento de nossa constituição, do conhecimento daquilo de que seres humanos, em nada diferentes de nós mesmos, são capazes. Esse conhecimento não pode ser suficientemente completo, nem suficientemente extremo.

Há duas formas de se ler *Os últimos dias da humanidade*: uma delas, como a penosa introdução aos verdadeiros últimos dias que temos diante de nós; a outra, porém, como um quadro completo daquilo que precisamos eliminar de nós mesmos para que não se chegue de fato a esses últimos dias. O melhor seria que se encontrassem forças para experimentar essa obra de maneiras distintas em oportunidades distintas — ou seja, de ambas essas formas.

Contudo, qualquer que seja a maneira pela qual tenha sido lida, até o momento permanece um mistério como se pôde chegar a uma tal obra. É tão fácil dizer que alguém carrega dentro de si um Etna de ódio, especialmente se foi o próprio autor a dizê-lo de si mesmo. Mas o que o pôs em condições de nutrir esse ódio por quatro anos, esse ódio extraordinariamente complexo, que não se dirige, como nas antigas sátiras da *Fackel*, contra um único inimigo por vez ou contra um pretenso monstro qualquer? Como pode um homem, ao longo de quatro anos inteiros, constituir-se de centenas e centenas de vozes, que contêm já em si próprias, igualmente agudas, a baixeza e a danação? Como pode o horror infindo suportar a si mesmo? Ouvi Karl Kraus em centenas de conferências; durante nove anos, deixei-me influenciar por cada palavra pronunciada ou escrita por ele (por cinco anos, sem oferecer resistência; por quatro, com um posicionamento crítico cada vez maior), mas jamais cheguei a saber quem era ele: permanecia para mim o mais incompreensível de todos os homens. Tanto na época em que estive à sua mercê, quanto na época em que a dúvida se instalou, eu podia compreender sua ação sobre os outros e sobre mim; mas como ele era em si e como subsistia permanecia para mim um enigma insolúvel.

Então, há pouco tempo, encontrou-se a chave para o enigma Karl Kraus. Desde a publicação das cartas a Sidonie von Nádhérny* há um *novo* Karl Kraus, e é sobre este que gostaria de falar hoje aos senhores. Antes de mais nada, gostaria de registrar o quanto sou grato aos verdadeiros editores dessas cartas, ou seja, àqueles que de fato executaram esse difícil trabalho: Walter Methlagl e Friedrich Pfäfflin. As notas de Friedrich Pfäfflin, que preenchem quase todo o segundo volume da publicação, primam pela conscienciosidade e tato; a compreensão não seria possível sem essas notas, e é preciso ter estado em contato com as cartas por um bom tempo para poder avaliar o alto valor desse trabalho.

No dia 8 de setembro de 1913, Karl Kraus foi apresentado a Sidonie, no Café Imperial, pelo primo desta, o barão Max Thun. Do próprio Kraus, quase nada há sobre esse primeiro encontro. Tanto mais grato fica-se pela passagem no diário de Sidonie, datada de alguns dias mais tarde e citada por Pfäfflin. São apenas algumas palavras isoladas, mas há nelas muito que ilumina a força do primeiro encontro. Falou-se sobre os poetas mais comentados à época. Com alguma surpresa, lê-se sobre uma influência de Sidonie nos poemas de Rilke. Talvez se tratasse de uma lisonja algo exaltada da parte de Kraus. Logo a seguir, lê-se a frase: "Ele não serve para a senhora. Agora vou trabalhar".

Ainda nessa primeira noite, foram juntos ao Prater.** Fiacre, alameda do Prater, estrelas errantes: assim vão eles. Kraus

---

* Karl Kraus: *Cartas a Sidonie Nádhérny von Borutin*. Editadas por Heinrich Fischer e Michael Lazarus. Redação: Walter Methlagl e Friedrich Pfäfflin. Volume 1: cartas, com um posfácio de Michael Lazarus, 695 páginas. Volume 2: nota editorial, ilustrações e notas de Friedrich Pfäfflin, 440 páginas, Munique, Kösel, 1974.
** Parque de Viena. (N. T.)

fala da voz dela — voz de lamento, límpida e, no entanto, quase inaudível, ausente — e de seu olhar fito em algo distante. Pudesse estar lá, o lugar que é alvo desses olhos! Já antes, durante o jantar no bar de um hotel, ela falara do deserto em que vivia agora. Desde a morte de seu irmão mais querido, Johannes, haviam se passado apenas três meses. Ele se suicidara durante uma viagem a Munique. Sidonie não conseguia se conformar: seus pais já estavam mortos e esse seu irmão, um ano mais velho que ela, era-lhe o mais importante dos seres humanos. Johannes tinha 29 anos quando pôs fim à sua vida. Agora, restava-lhe apenas o irmão gêmeo Karl, com quem vivia em Janowitz. Conhecendo-a assim, como era nos últimos tempos, pode-se supor nesse seu desgosto uma espécie de estupor: exaurida de todo o sentimento, a ausência de sentido em tudo, o que poderia ainda mover uma pessoa, após uma morte tão súbita e horrível? Assim, ela via agora sua própria vida como um deserto. Dotado de uma sensibilidade toda própria para a morte — após a perda inconsolável da mãe, aos dezessete anos, e, mais tarde, de Annie Kalmar, quando esta contava 22 anos, a quem adorava tanto quanto Sidonie a seu irmão Johannes —, dominado pelo pesar, que se espraiara ao redor dela como um deserto, e por sua beleza, tomado de piedade e admiração, Kraus decide — com a rapidez de um raio que era própria de suas reações categóricas — tirá-la desse deserto. A força com que a via e compreendia; o modo como contemplou o irmão falecido (com delicadeza e respeito, como se ele próprio o tivesse conhecido e soubesse o quanto merecia um tal luto); a determinação com que assim procedeu; a impetuosidade e circunspecção de uma admiração à qual nada escapava que a compreendia em sua totalidade — tudo isso acabou por conquistá-la, e ela sentia, diante da segurança *dele*, haver encontrado o homem de que mais precisava.

Durante o rápido passeio noturno pelo Prater, disse dela coisas que têm algo de sonhador: que ela precisava de liberdade, viagens, movimento. Sobre isso, Sidonie escreve: "Ele conhece meu ser". Nessas primeiras horas, Kraus lhe confidencia tudo aquilo que, no futuro, seria causa de grandes tormentos para ele. Durante esse passeio, Sidonie diz a frase, que ela mesma não anotou em seu diário, mas que ele nos dá a conhecer numa de suas cartas, oito anos depois: "Acompanhe-me!", tendo em mente que ele poderia acompanhá-la em sua liberdade. Ao longo dos anos todos, esse foi o seu único desafio, tudo o que de ativo proveio dela.

Em fins de novembro, Kraus a visitou pela primeira vez em Janowitz: um castelo situado num parque maravilhoso, com árvores antiquíssimas, dentre as quais um álamo de quinhentos anos o impressionou particularmente. Ali vivia Sidonie, como senhora dos animais, em meio a cavalos e cães, gansos e rouxinóis. Quem quiser ter uma ideia da impressão que Sidonie causava ao dar boas-vindas a um convidado em Janowitz, leia a carta de Rilke a respeito:* ele havia visitado Janowitz sete anos antes. A descrição de Rilke em nada perde seu valor pelo fato de Kraus ter vivenciado tudo de outro modo, mais surpreso e excitado, como se fosse a antítese paradisíaca do amaldiçoado mundo que ele desmantelava e açoitava dia e noite. Também Rilke dá testemunho de que não se tratava de um castelo qualquer, de um parque qualquer e de um morador qualquer daquela localidade. Rilke também sentiu a unidade entre a moradora e o parque, e foi afetado por ela de forma seguramente mais profunda do que possa ter admitido diante de algumas de suas influentes protetoras, em outros castelos. A correspondência que manteve durante vinte anos com Sidonie não tinha o castelo em menor conta do que sua moradora: Rilke adorava pensar nele como um último refúgio possível, do qual, todavia, possivelmente não poderia mais fazer uso, uma vez sabedor da presença ali de Karl Kraus.

Karl Kraus passou a virada do ano de 1913 para 1914 novamente em Janowitz. Sentia-se tomado — com a ênfase que lhe

---

* Rainer Maria Rilke: *Cartas a Sidonie Nádhérny von Borutin*. Editadas por Bernhard Blume. Frankfurt, Insel, 1974, 383 páginas.

era peculiar — tanto pela senhora como pelo lugar e seus habitantes. Eles convergem para o seu centro, e a partir de agora são o seu ponto de referência: Janowitz transforma-se num sólido lado crente de sua existência. Tudo ali é perfeito e bom, nada é corrompido; não há nada para se desnudar, tudo é como se apresenta — mas elevado e transfigurado. Não existe no mundo de Karl Kraus nada que lhe fosse indiferente. Há o desprezível e o elevado: nada existe entre um e outro. O opaco e mediano de que é feito o mundo da maioria lhe é desconhecido; a matéria da vida de que ele se apropria à força não comporta nenhuma indiferença. "Você ainda sabe de que forma *vejo*?", escreve numa carta, referindo-se ao olhar ao qual é dado apreender *para sempre*. Nada escapa a esse olhar, mas ele é, ao mesmo tempo, *sentença*: contém em si veneração ou danação; e, como a maior parte é danação, torna-se o destino de Kraus ansiar pela veneração.

No entanto, danação significa movimento, um incessante precipitar ao inferno que ele efetua — então, tanto mais necessita Kraus do repouso, da intangibilidade e inamovibilidade daquilo que resiste ao seu olhar.

Sidonie não mora sozinha em Janowitz, mas com seu irmão gêmeo Karl, que aparece nas cartas como Charley. Ela é bastante dependente dele, o único que restou de seus familiares mais próximos. Contudo, vive também sob uma espécie de tutela: é tarefa do irmão zelar pela jovem mulher. Desde sempre está estabelecido que seu casamento deverá estar em acordo com o que determina sua posição social: ela própria vê um tal futuro como natural, e disso se fala com frequência em seu diário. O irmão personifica esse lado convencional de sua natureza; e, por mais que Sidonie precise de liberdade, não contesta o direito do irmão, submetendo-se à sua vigilância. A verdadeira natureza de seu relacionamento com Karl Kraus tem de permanecer em segredo.

Um segredo difícil de guardar. Quando em visita ao castelo, entra furtivamente à noite no quarto de Sidonie, enquanto os criados e o irmão dormem. Passeios noturnos no parque se seguem; Kraus aprecia particularmente um prado, que se transforma em palavra-chave nas cartas, aparecendo também em seus poemas. Durante esse inverno, Sidi está tomada pelo amor, e menciona Karl Kraus com frequência em suas cartas a Rilke. Parece-lhe natural buscar em um poeta compreensão para com um outro, como se, por meio de uma aliança dos espíritos, pudesse fortalecer-se contra os preconceitos de sua classe. Por essa época, talvez tenha até brincado com a ideia de uma ligação pública com Kraus; Rilke (que goza de sua confiança, pois apesar de todas as manifestações de apreço por ela soube sempre guardar distância) percebe o perigo, e revela-se o mais atuante adversário de Karl Kraus. Numa já muito discutida carta de fevereiro de 1914, ele a adverte quanto a uma aproximação muito grande com Kraus. De uma forma extremamente cuidadosa (é uma das cartas mais longas), ele lhe insinua, sem utilizar a palavra judeu, a índole naturalmente diversa de Karl Kraus. É uma carta desagradável, tanto mais pela cautela que se oculta por detrás de alusões bem arquitetadas. Mas percebe-se também que a preocupação que ostenta com relação a Sidi esconde uma outra, a qual diz respeito precisamente a Janowitz — o refúgio que Rilke desejaria conservar para si, mantendo-o livre de qualquer outra influência mais forte.

Mesmo assim, a justiça recomenda lembrar que Kraus, ainda que com seu modo mais franco, já na noite do primeiro encontro com Sidi dera início às manobras de guerra contra o rival. Naquela noite, quando se falou de Rilke, ele disse: "Ele não serve para a senhora. Agora vou trabalhar". Essas palavras, já mencionadas, encontram-se no diário de Sidi; pode-se duvidar da exatidão com que ela as reproduziu, mas, pelo sentido, é certo que foram ditas. Há sinais de que a advertência de Rilke surtiu efeito: no tom das cartas a Karl Kraus, algo mudou. Kraus percebe isso, sem nada pressentir do ataque de Rilke. A partir daí, Sidi seguramente nunca mais pensou em um casamento com Kraus. Assim, torna-se mais importante para ambos proteger o segredo de seu amor. A vigilância de Kraus é estupenda. Sua desconfiança — que deixa de fora a própria Sidi —

endereça-se a todos que com ela venham a ter contato. Vinga manifestações acerca de Sidi feitas em sua presença, e mesmo aquelas denunciadas por intermediários, com o mesmo ódio aniquilador que emprega nas questões públicas.

Os dois passam a maior parte do tempo separados, e, assim, é preciso salientar antes de tudo a excitação com que ele espera por suas cartas: "Passei o dia de ontem esperando. À espreita, para ver se um telegrama caía na caixa. [...] Mais de vinte vezes corri à antessala, acreditando ter ouvido a portinhola da caixa bater". Kraus recebe as cartas dela de maneira acústica: ouve-as cair na caixa do correio.

Essa dependência em relação às cartas intensificada ao extremo é um dos poucos traços coincidentes a lembrar o relacionamento de Kafka com Felice. Como a de Kafka, a expectativa de Kraus é frequentemente frustrada, e, então, ele exige novamente que Sidi lhe mande cartas, pressionando-a com os meios mais fortes e tirânicos para arrancar dela o que deseja. É notável o contraste entre essas exigências e o tom de adoração que geralmente emprega em suas cartas.

A manutenção do segredo desse amor perante todos, mas particularmente, perante o irmão gêmeo de Sidi, Charley, coloca-o com frequência diante de situações humilhantes, que, no entanto, aceita por causa de Sidi. Mesmo para suas visitas a Viena, ela precisa encontrar motivos plausíveis para apresentar ao irmão. Muitas vezes, tais condições tornam o amor dela impossível, intensificando a paixão de Kraus. Uma vez que Sidi dita as condições — pois só a ela é dado conhecer precisamente as circunstâncias em Janowitz —, *ela* é senhora da situação. No plano espiritual, Kraus é senhor incontestado; assim, tanto mais oprime a escravização a circunstâncias externas.

Desde o início, ele a convida para suas conferências, atraindo-a dessa forma para Viena. Nelas, Sidi dispõe de um assento determinado na segundo fila, para o qual Kraus se dirige, mesmo quando, impossibilitada, ela não vem. Com muita antecedência, ele lhe comunica o que porventura tenha planejado dizer, distinguindo-a como a personagem principal das conferências, como se ela própria fosse mais importante do que Kraus, que as profere. Sidi desfruta os triunfos dele, pois a ela são dedicados. Tendo sido impedida de comparecer, ou estando distante, em viagem, ele lhe faz um relato de como tudo se passou. Assim, fica-se sabendo muito acerca do significado que essas conferências têm para o próprio Kraus. A seriedade com que ele as prepara, o cuidado e a ponderação de cada programa, o êxtase causado por sua ação — disso tudo, e muito mais, encontram-se inestimáveis testemunhos nas cartas, e valeria a pena lê-las só com esse intuito. Acontece — o que ninguém que o ouviu alguma vez acreditaria — de Kraus sentir algo como receio ante a ideia de que ela não possa vir. Algumas vezes ele insiste em pelo menos *vê-la* antes. "Sábado, domingo e segunda à noite, devo me apresentar em público. Naturalmente, isso está fora de questão, se eu não vir você antes."

Kraus jamais faz troça de si mesmo em público. Em lugar algum de sua obra há uma única frase dele contra si mesmo. Ataca, prevê ataques contra si próprio e se protege. Percebe a menor rachadura em sua armadura, e a veda. Nada pode lhe acontecer, e nada acontece. Por esse mesmo motivo, é fascinante vê-lo ali onde ele é fraco, e onde assim se comporta: precisamente nessas cartas.

Sidi não o convida com tanta frequência quanto ele desejaria para ir a Janowitz, plantando nele a suspeita de que ela por vezes preferia ficar sozinha, mesmo quando o irmão estava viajando. Logo, porém, Kraus experimentaria algo ainda mais ameaçador, quando o antigo prazer de Sidi pelas viagens desperta. Um amigo dela, o conde Guicciardini, de Florença, que ela conhecera um ano antes de Kraus, quer encontrá-la em Veneza, por ocasião do Pentecostes. Sidi concorda sem hesitar, embora houvesse prometido a Kraus que passaria esses dias com ele nos arredores de Viena. "Por que você faz isso?", escreve-lhe magoado. "Talvez seja eu algum dia a viajar para algum lugar desconhecido, sem que apelo algum possa deter-me." Todavia, Kraus se resigna, pois fora ele mesmo quem, no primeiro encontro, reconhecera e exaltara nela o afã de liberdade. Durante a estada dela em Veneza, Kraus entretém a ideia de comprar um automóvel, esperando dessa forma atrelar a si próprio o desejo dela de movimentar-se. Com um motorista, vai apanhá-la em Graz, e passa com ela alguns dias, no caminho de volta. A partir de então, o automóvel tornou-se importante no relacionamento dos dois: pouco depois, Kraus já estava em Janowitz para uma estadia mais longa. No dia 28 de junho, chega de volta a Viena, tarde da noite, e, na rua Nussdorfer, fica sabendo, por uma edição extra, do assassinato do herdeiro do trono austríaco, Francisco Ferdinando.

Naquela época, Kraus já era censurado por uma certa predileção por aristocratas. Isso se relacionava, naturalmente, com suas visitas a Janowitz, cujo motivo real não podia ser do conhecimento de ninguém. Não posso crer, porém, que em sua verdadeira obra, *Os últimos dias da humanidade*, os aristocratas se saiam melhor do que os outros. Por um único dentre eles demonstrava simpatia, e este foi a vítima do assassinato: Francisco Ferdinando. O escárnio em relação ao morto, o ultrajante funeral para o casal assassinado despertaram sua cólera, e essa indignação retroagiu sobre sua opinião acerca dos vivos; ele falava com respeito das qualidades do herdeiro do trono. Mas, de resto, era ainda mais impiedoso com os aristocratas do que com os outros: sendo mais poderosos, recaía sobre eles maior responsabilidade pela desgraça do que sobre os outros, apenas impotentes comparsas na guerra. Em julho, Kraus empreende com Sidi e seu irmão Charley uma viagem de algumas semanas pelos Dolomiti.* No lago de Misurina, ficam sabendo da eclosão da guerra. Charley volta imediatamente para casa, a fim de verificar se tudo estava em ordem em Janowitz. Kraus e Sidi permaneceram uma semana sozinhos nos Dolomiti. Parece-me muito importante o fato de terem vivenciado juntos essa época

---

* Parte dos Alpes ao norte da Itália. (N. T.)

agitada, apartados do resto do mundo. Sidi abominava a guerra não menos que ele. Estava inquieta quanto ao destino de Rilke, que acreditava estar ainda em Paris, e escreve-lhe de imediato. Nessa carta, exprime-se com frases que poderiam ser de Kraus: não apenas abominava a guerra, como o fazia nas palavras *dele*. Então, retornaram — Kraus para Viena, mas alguns dias depois já estava de novo em Janowitz. A postura que partilhava com Sidi, a rejeição comum da histeria da guerra, manifesta-se também nas cartas enviadas de Viena: "Aqui, a situação é desconsoladora". "Desde ontem, todos os nomes em francês e inglês foram riscados dos cardápios dos restaurantes de Viena. A situação é cada vez mais estúpida." "Em Janowitz, não se pode ter ideia da infâmia que aqui se evidencia sob a forma de entusiasmo." "Saudações aos cisnes neutros!" "Se ao menos se pudesse passar este ano inteiro dormindo! Ou ser *digno* da paz tão cara de Janowitz."

Kraus não se dava conta da frequência muito grande com que aparecia em Janowitz. Talvez fosse mesmo imprudente. Charley tinha suas próprias preocupações, relacionadas também, aliás, à eclosão da guerra, mas de natureza mais prática. Queria que sua irmã lhe desse ouvidos: enervava-o que Kraus a reivindicasse cada vez mais para si. Farejava a crescente intimidade entre os dois. Um dia, quando Kraus inesperadamente chegou de carro a Janowitz, a fim de apanhar Sidi para uma viagem mais longa, deu-se, assim parece, uma cena desagradável. Sidi procura reconciliar os dois por meio de cartas. Em vão: seu irmão não desejava mais ver Karl Kraus em Janowitz.

Nesse primeiro mês de guerra, Karl Kraus sentiu-se como que paralisado pelos acontecimentos: eles o abalaram tão profundamente que perdeu a fala. A escrita se lhe torna odiosa; ele até escrevia menos cartas. Apegava-se tão somente à imagem de Janowitz, a "ilha", como a chamava. O que atacara anteriormente não tinha nenhuma relação com a infelicidade que agora se abatia sobre todos; uma reviravolta de tamanhas proporções ninguém jamais experimentara. A maior parte dos intelectuais safava-se nadando a favor da corrente e colaborando com seu quinhão, para o incitamento geral da massa à guerra. Mesmo poetas que eram objeto do seu respeito, como Gerhart Hauptmann, sucumbiam, sem oferecer resistência, à histeria de guerra. Kraus sentia essa cegueira como um tormento físico. A primeira coisa a aprender era o silêncio: o silêncio, que contrapunha às vozes equivocadas, era a verdadeira ilha. Mas ele também reconhecia o perigo de que esse silêncio pudesse ser mal-interpretado. Em novembro, chegou ao ponto de fundamentá-lo publicamente. Pronunciou então um discurso que se inicia com as palavras: "Nesta grande época...". Ali, encontram-se as frases seguintes:

> Não esperem de mim uma única palavra, que me seja própria. Sequer conseguiria também dizer algo de novo, pois, no quarto onde se escreve, o barulho é tão grande que não se sabe no momento definir se provém de animais, de crianças ou simplesmente de morteiros. Quem promete atos desonra palavras e ato, e é duplamente desprezível. A vocação para tanto ainda não se extinguiu por completo. Aqueles que agora não têm nada a dizer, porque o ato tem a palavra, seguem falando. Quem tem algo a dizer, que se apresente e cale!

Essa exortação foi compreendida corretamente, mesmo quando publicada, em dezembro, sob a forma de uma parca edição da *Fackel*. O silêncio, de que ali se falou com tamanha eloquência, foi recebido como uma advertência. Em dezembro, houve nova conferência — cujo objeto não era a própria obra —, e uma outra em fevereiro de 1915, com uma nova fundamentação do silêncio. Isso foi tudo. Por um longo tempo, não se ouviu nada mais. Perdurou o silêncio. O primeiro número de fato da *Fackel* só apareceria mais de um ano depois da eclosão da guerra, em outubro de 1915.

Agora é possível compreender o que acontecera. Nesse primeiro inverno da guerra, Sidi lhe havia tomado a voz, e só a devolveu no verão de 1915. O esclarecimento desse dado é de alguma importância. A perda de Janowitz, consequência da recusa do irmão em continuar a recebê-lo, atingira Kraus pesadamente. Sidi escrevera-lhe que sua tentativa de reconciliação fracassara. Charley permanecia impassível. Ela mesma já havia estado novamente na Itália, dessa vez em Roma e Florença, onde se encontrara com Guicciardini. A Kraus, ela comunicara a viagem com as palavras: "Estou sendo esperada ansiosamente na Itália". Mais uma vez, ele se resigna, mas sua inquietação aumenta: fareja o quanto Guicciardini representava para Sidi. Pouco a pouco, não sem consideração para com a sensibilidade de Kraus, ela lhe possibilita o acesso a seus planos: pretendia casar-se com Guicciardini.

Estava farta da tutela do irmão, e procurava uma saída. Sidi viu sua liberdade no único lugar onde uma mulher de sua estirpe poderia supô-la: num casamento. Tinha de ser um casamento digno de sua posição, pois era necessário o consentimento do irmão. Já por esse motivo, Kraus estava fora de cogitação; mas ela também não desejava se casar com ele, pois dificilmente teria encontrado liberdade justamente nesse casamento. Da mesma idade de Kraus, o conde Guicciardini parecia-lhe a pessoa certa. Ele já lhe pedira a mão havia algum tempo, era-lhe agradável e estava disposto a conceder-lhe a liberdade, sem a qual Sidi não se casaria. Seu relacionamento com Kraus não se alteraria: em vez de em Janowitz, passariam a se encontrar na Itália.

Kraus encarou esse plano com desconfiança: pensar em ter de dividi-la oficialmente com um outro homem era-lhe insuportável. Abalou-o ainda mais a ideia de tê-la separada de Janowitz, pois só lá ela era a sua senhora dos animais e, mesmo não lhe sendo permitido ir até lá, era ali que ele a *via*. "Eu sou muito impertinente", escreve, ainda comedido, "quero salvar meu mundo." Envia-lhe o poema "Viver sem vaidade", que se chamava originalmente "Tudo ou nada". Ela anota a respeito: "Enviado como protesto, porque, por outras considerações e deveres, não pude vê-lo tanto quanto ele desejaria". Assim tem início a longa série de poemas dedicados a ela. Sidi procura encorajá-lo ao trabalho, mas ele responde, logo após aquela conferência de novembro: "Não me fale mais de trabalho. As poucas páginas libertaram-me a contento. Durante um longo tempo, não haverá mais nada a fazer, nada a dizer a esse mundo sangrento. Tudo o que sou pertence a você. Você não o quer?".

Kraus padece de uma angústia mortal, quando ela não escreve.

Então não se sabe que em Viena vive um louco, duplamente miserável, pois está sempre consciente de seu estado? [...] Eu sei que peço demais. [...] Por favor, não me acalme. A vida não pode satisfazer meu descomedimento e, por isso, o amor também não, se ele deve conformar-se à vida. [...] Teria sido mesmo supraterreno. Eu poderia, por uma vez, ser o "positivo", o mais "positivo", e, da forma mais amorosa, dizer sim diante de uma criatura que honra o Criador — e então algo gritou: "'tarde demais!'".

Cito apenas frases isoladas de longas cartas que atestam seu desespero. Por volta do ano-novo, Kraus passa alguns dias com ela em Veneza. Depois, Sidi segue para Roma, para onde ele escreve: "Seus últimos dois dias em Veneza — que fatigante epílogo! Com os olhos magoados por entre os monumentos — como se fosse um mandamento da natureza!".

Como qualquer turista que não quer perder nada, ela preenche seus dias com passagens rápidas por lugares e obras de visitação obrigatória. Quaisquer que sejam eles, Kraus os vê como falsas grandezas comparados a Sidi, pois ela é a grandeza suprema. Não suporta vê-la adorando algo. Ser-lhe-ia menos irritante, se ela passeasse calma, altivamente, sem jamais delongar-se excessivamente na companhia de outros, permitindo assim às mais famosas pinturas e esculturas curvarem-se diante dela. Escreve-lhe, dizendo ser ela a obra digna de contemplação — a única, a verdadeira. Como poderiam então as outras, tão menores, significar algo para ela?

No decorrer de fevereiro, ele lhe escreve uma série de longas cartas. Temeroso de que pudessem cair em mãos erradas, fala de si na terceira pessoa e nomeia-se B. Nessas cartas, procura tornar-se senhor da própria situação, e descreve seu estado de espírito de forma mais sutil. Surpresos, deparamos com o Kraus romancista. Uma tal combinação de paixão e embasamento psicológico não é encontrável em nenhuma outra parte de sua obra. Aqui, ele não ataca, mas expõe: a exatidão de sua visão introspectiva lembra os grandes romancistas franceses.

Só que não se trata de romance algum, mas de um relato — dia a dia, e frequentemente mais de uma vez ao dia — de sua verdadeira situação. Sidi deve ter respondido de uma forma não desmerecedora do estilo de Kraus, e é lamentável a perda dessas suas cartas. Não raro, irrompe nele o mais puro desespero. Padece de alucinações, conforme escreve, e cada uma delas torna-se verdade a cada palavra que lhe chega de Sidonie. Contestando o que o atormenta, ela confirma com suas palavras as alucinações. Kraus se mostra exaltado ao máximo nos longos telegramas, por meio dos quais procura arrancar um encontro com ela.

Súbita e inesperadamente, ele se encontra em Roma. "Cheguei ontem à noite de Florença para despedir-me de você [...] Não sei o que estou escrevendo. Desde ontem vago pelas ruas e estou semimorto." Ele lhe pede cinco minutos, ainda nessa mesma noite, pois vai partir novamente, de imediato. Um motorista leva a carta. Kraus espera nas imediações, dentro do carro.

Esse foi o ápice da crise, e também o primeiro passo para sua superação. Sidi foi vê-lo imediatamente. Ele permaneceu em Roma; no dia seguinte, escreve num tom exaltado: "Você passou por sobre o meu coração, quis pisotear meu cérebro [...] Ontem, você me salvou, e nisso há mais misericórdia do que houve de dor nas últimas semanas". Sidi o convence a testar a *própria* força e conformar-se com o plano do casamento. Pediu-lhe, então, um poema celebrando seu casamento; ele escreve e faz-lhe entregar na manhã seguinte um poema intitulado "Para o casamento de Sidi". Chamado posteriormente "Metamorfose", esse poema figura no início das *Palavras em verso*. Ela também pedira um poema para a ocasião a Rilke, que o escreveu imediatamente.

Karl Kraus permaneceu ainda algum tempo em Roma, muito próximo a ela, mas profundamente aterrorizado pelos compromissos e pelo esgotamento de Sidi. Além disso, ele se mostrava demasiado instável: ela se queixava de que Kraus era outro a cada dia, e ele se sentia corresponsável pelo esgotamento dela, para o qual contribuía. Mas, quando se separou dela dessa vez, foi apenas por pouco tempo. Alguns dias depois, ela foi visitá-lo em Viena e viajaram — milagre dos milagres! — juntos para Janowitz. Ali deve ter ocorrido a reconciliação entre o irmão dela e Kraus. O casamento em Roma estava marcado para dali a um mês, e os preparativos, sobre os quais muito se conversava, aproximaram um do outro. Em Janowitz, Kraus reencontra-se consigo mesmo. Ali, Sidonie despiu-se de sua agitação e volta a ser como antes. Nesses dois dias, eles recobraram sua segurança, um em relação ao outro. Mais tarde, Kraus evocaria esse "espírito de 1º de abril", assinando "Karl von Janowitz" a primeira carta que lhe envia a Roma depois disso.

A mudança foi completa. Encontra-se nessa carta uma frase que nos faz duvidar de nossos próprios olhos: "escrever pouco não aflige de forma alguma". Ele *não* tem "a sensação de estar sendo aviltado", e alegra-se mesmo com meros cartões. Conversa com Charley sobre o presente de casamento que pretende dar a ela: um espelho. Certa vez, chega até a mencionar o trabalho: "Tudo se tornou muito mais fácil". Mas, logo depois, escreve: "Trabalho interrompido para ampla arrumação de coisas antigas. Biblioteca, escritos. Gostaria de ter tudo de tal modo que me possibilite deixar o apartamento repentinamente". Kraus parece ter-se acostumado à ideia de uma mudança para a Itália — que lhe era, até havia bem pouco tempo, inconcebível.

Vai, então, para Roma, a fim de estar perto dela na época do casamento, marcado para 6 de maio. Todos os convidados haviam-se reunido em Roma. Mas a guerra — cujo efeito sobre seu relacionamento com Sidonie tanto temera — tornava-se agora um aliado seu. A entrada da Itália na guerra contra a Áustria era iminente, e a porção austríaca dos convidados, para quem a guerra teria certamente significado prisão, fugiu de Roma em pânico. O casamento não se realizou. Como que para recompensar sua autossuperação e resignação definitiva com o tão odiado intento, Karl Kraus viu-se, de um só golpe, liberto de seus medos.

Sidi deveria, agora, recuperar-se de tanta agitação na Suíça. Em Viena, Kraus sentia que fazia por *merecer* uma visita de reencontro, mas é ele que, apenas duas semanas mais tarde, vai ao encontro dela em Zurique. Um automóvel novo, comprado na Suíça, estava à disposição; com Sidi ao volante, e na companhia da velha ama irlandesa (que morava com ela desde a infância), viajaram mais de cinco semanas por toda a Suíça, pelos mais belos lugares, descobrindo um que, já pelo nome, encantou Kraus, e que viria a se tornar de grande significado para ele: Thierfehd am Tödi.

Ao voltar a Viena dessa vez, atira-se ao trabalho como um louco: "Lá fora", escreve, "há o ar de Sodoma, ali está o execrável chamado 'extra, extra', sob o qual agora as crianças nascem e os homens morrem — mas isso não pode mais me fazer mal algum". Não se tratava ainda de um novo trabalho: ele compilava o volume *Declínio do mundo pela magia negra*, que consistia em ensaios publicados na *Fackel* antes da guerra. Como é de seu feitio, reescrevia cada frase. "O atual prazer pelo trabalho recompensa a pesada espera dos últimos anos, que, no entanto, foi certamente necessária." "Trabalho agora no mais hostil dos mundos, fortaleço-me pelo e para o trabalho e, *por isso*, preciso do último coração humano que me ouve, ainda mais do que nos tempos vazios." "O que penso é pensado para você; o que escrevo, endereçado a você, e você sabe que estas quinhentas páginas compiladas pertencem a você..."

Desde que se desprendeu de Sidonie, sua capacidade para o tormento voltou-se para os objetos que constituem sua verdadeira vocação. "Ontem o dia foi [...] um tormento. A guerra também bateu à minha porta, não só à sua. Recebi a notícia de que uma das poucas pessoas que se portaram decentemente para comigo e minha obra está numa situação horrível, esperando a convocação para o *front* como uma 'salvação'. O incidente é tão pavoroso que nem quero descrevê-lo para você por escrito." Trata-se de Ludwig von Ficker, o editor de *Brenner*: Kraus move céus e terra para tirá-lo dessa situação.

Nessa mesma carta, relata uma outra aventura, que seria risível, não se tratasse para ele de uma fonte de energia de grande significado. O vidente e grafólogo Raphael Schermann, que por essa época fazia grande estardalhaço em Viena, havia feito uma análise da escrita de Kraus sem conhecê-lo pessoalmente e sem dispor de qualquer ponto de referência para saber de quem se tratava. Kraus acha esse parecer fenomenal, copiando-o de próprio punho para Sidi. Uma vez que isso mostra como ele queria ser visto — pois é para influenciá-la que o envia para Sidi —, gostaria de citar as passagens mais importantes desse parecer:

Uma cabeça rara; um escritor que escreve de uma forma assustadoramente empolgante [...].

Quando ele se empenha por uma coisa, persegue-a até a morte. Seu idioma e sua língua são como um morteiro de 42 centímetros [...].

Se ele está diante de um inimigo, não descansará até vê-lo no chão. Não se intimida com nada e *mesmo diante de milhares de pessoas* defenderá seu ponto de vista com tal vigor e empolgação que todos cairão de suas cadeiras, como que hipnotizados. [nota marginal de Kraus: "visão de um auditório"] [...] Ele deve ter travado batalhas gigantescas ao longo de sua vida. Está sempre pronto para o ataque, tem na mão a arma engatilhada, de forma a que um ataque não possa pegá-lo desprevenido.

A impressão é tão forte que não consigo me desvencilhar dela. Observador terrivelmente perspicaz, porém mais perspicaz ainda nas críticas. Um mortal comum não pode absolutamente lhe fazer frente [...].

O trabalho lhe causou muitas mágoas e perseguições, mas saiu-se sempre vitorioso.

Não tem qualquer vaidade, nem mesmo vaidade "pessoal" [...].

Os nervos, superexcitados. Não se permite qualquer descanso [...].

Ele entende mais da guerra do que muitos que a comandam, *mas não lhe é permitido falar nada.*

O tom dessa análise (da qual citei cerca de metade) é certamente charlatanesco e tosco. Está escrita numa linguagem que Karl Kraus ironizaria até a morte, se a tivesse lido num jornal. Mas o que importa aqui é como esse parecer agiu sobre ele, nesse momento particular. Ele próprio sublinhou uma frase: *"e mesmo diante de milhares de pessoas..."*, pois para a luta pela qual, totalmente sozinho, logo se decidirá tem de contar com a presença de milhares de adversários. O parecer sobre sua escrita promete-lhe vitória mesmo numa tal luta. A direção de seu ataque é pressagiada pela última frase: "Ele entende mais da guerra do que muitos que a comandam, *mas não lhe é permitido falar nada*". Aqui, a parte final "mas não lhe é permitido falar nada" foi sublinhada por ele. A carta termina com essas palavras instigantes, e o leitor pressente que, para ficar no jargão do parecer como também no da época, uma *explosão* é iminente.

Mas na próxima carta, dois dias mais tarde, "depois de um dia dos mais pavorosos, [...] cartas de prisioneiros e de um pobre soldado doente", copia para ela 26 frases das Epístolas de Paulo aos Coríntios. São frases que podem ser relacionadas com seu intento. Gostaria de citar três delas:

O homem espiritual [pode] [tudo] julgar; julgá-lo, porém, ninguém pode.

Se, por uma vez, tiver de me vangloriar, quero então vangloriar-me de meus sofrimentos.

Quem padece de um sofrimento que eu não compartilhe? Quem é injuriado, e eu não sinta a mais candente dor?

E então, uma semana depois, chega a carta em razão da qual obriguei os senhores a este longo caminho. Ela é o que há de mais importante em toda essa correspondência, e dela os senhores ouvirão a maior parte:

Nos últimos dias, vi acontecimentos muito tristes, dos quais, no entanto, resultou também trabalho — um trabalho sempre concluído apenas quando, às seis horas da manhã, as vítimas passam marchando bem em frente à minha janela. Que espécie de trabalho é este, cuja primeira parte foi agora concluída, em três dias e três noites é o que quero dizer [...].

Então, cita uma página do diário, escrita poucos dias antes e também endereçada a ela:

Agora, no momento em que diante de minha escrivaninha, e como que dirigido para ela, ressoa o chamado "Edição Extra!" — diário, inevitável, horrível, impingido para todo o sempre ao ouvido humano —, estou já há uma hora em Thierfehd. E nada, nada mudou! Nenhum pensamento — pensado, dito, gritado — seria suficientemente forte e nenhuma prece suficientemente fervorosa para perfurar esta matéria. Para *expor* tal impotência, demonstrar tudo aquilo de que agora *não* sou capaz, não tenho eu, pois, de pelo menos fazer algo: render-me? O que mais resta?

O caminho tem de ser trilhado. [...] O que precisa ser gritado deverá estrangular-me, para que de outro modo não me sufoque. Não estou mais seguro em meio à trama de meus próprios nervos. Seria melhor, no entanto, que tudo acontecesse sob a forma de um plano e de modo a que também isso aconteça em função daquele único ser para o qual eu vivo — e não quero mais viver se ele acredita que permanecer calado põe em perigo a *própria* dignidade humana; que não é mais suportável esse testemunho silencioso de ações, não, de palavras que extinguiram, por todas as eras cósmicas, a lembrança da humanidade. Alguém há, sem o qual nada deve acontecer, pois tudo tem de acontecer em função deste alguém...

Desse esgotamento desprendeu-se, então, mais uma centelha, e nasceu o plano para uma obra que decerto, se pudesse um dia aflorar, seria equivalente a uma rendição. Não obstante, ou justamente por isso, precisa ser escrita até o fim. O primeiro ato, o prólogo para o todo, está pronto e poderia subsistir por si só. Contudo, a quem atingirá? A Suíça [...] está fora de questão, talvez ajude mais tarde; senão, a América.

No entanto, o que quer que possa ou não acontecer, eu sou mais livre agora [...].

Portanto, o prólogo de *Os últimos dias da humanidade* está escrito, nascido em três dias e três noites. Kraus tem consciência da periculosidade dessa obra e a considera uma rendição. Encontra-se na capital do país beligerante e ataca *nomeadamente* a todos os que participam da condução dessa guerra. Não poupa ninguém, especialmente os que têm poder e responsabilidade, aos quais, portanto, seria fácil fazê-lo calar. Pode ser preso, talvez assassinado. Que isso afinal não tenha acontecido nada significa em relação ao momento de sua decisão. Ele vê o perigo e caminha em sua direção: tem todo o direito de falar em uma rendição de sua pessoa. O que vai gritar o estrangulará, querendo com isso dizer que poderia ser enforcado como traidor da pátria. Nessa guerra, como escreveu muito tempo depois, houve 10 mil enforcamentos. Se ele não gritar, sufocará. Mas Kraus não quer gritar sem ter um plano, seu grito precisa tornar-se uma obra. E ele só se sente em condições de realizá-la se o fizer também em função do ser humano para quem vive: Sidi.

Fora ela, pois, quem vira o mutismo dele como um perigo para a sua própria dignidade humana, quem exigira dele que *falasse*. Em meio aos desencontros do inverno, falara a ele sobre o trabalho, e fora repelida. O esclarecimento público para o seu silêncio, em novembro, coerente com a situação de então, havia se transformado numa casca vazia, à qual ele, como era de seu feitio, se apegara teimosamente, até que, afinal, rompeu-a, sob a influência de Sidi e por amor a ela.

Muitos fatores contribuíram para essa decisão de escrever uma obra que ele anteriormente não teria ousado, pois não teria então encontrado forças para tanto. Dentre eles, a guerra particular do inverno anterior, que o dilacerara, quase o destruíra — a ameaça e o desespero excluindo tudo o que não fosse Sidi. Houvera a viagem à Suíça, selando a paz entre ambos num ambiente pacífico — Thierfehd tornara-se o símbolo disso —, e, então, a repentina mudança da volta para Viena, para as vozes estridentes da guerra. Desde seu retorno, cada carta ressoava com essas vozes: Kraus estava possuído por elas, como pela marcha dos recrutas — das vítimas — todas as manhãs às seis horas diante de sua janela. Então, vieram os relatos pessoais da guerra, cartas de desconhecidos e de amigos, para os quais tinha o coração aberto. Também o parecer daquele grafólogo desempenhou o seu papel, não admitindo por isso que sobre ele se cale: encorajara-o ao combate mortal contra um inimigo em número incomparavelmente superior, conferindo-lhe tudo de que necessitava para um tal combate. Por fim, influenciaram-no ainda as palavras de Paulo, lembrando-o de que deveria oferecer-se em sacrifício.

Contudo, o elemento isolado de maior importância era Sidi: como destinatária, ela lhe deu a unidade sem a qual uma tal obra sequer poderia ter início. O tempo de duração do amor que dela esperava converteu-se também no tempo de geração da obra. Sidi o deixou, quando a guerra estava no fim e a obra, pronta.

Mas com isso nos adiantamos demais nos empreendimentos de Kraus. Naquela mesma carta, época em que dava início à obra, anunciava sua ida a Janowitz, em 1º de agosto, "carregado de trabalho". Lá escreveu, durante todo o mês de agosto, seu drama e uma longa edição de guerra da *Fackel*. A partir de então, não mais parou de trabalhar.

De minha parte, os senhores não ouvirão mais nada acerca das demais circunstâncias de sua grande paixão. As cartas dos três anos seguintes, até o final da guerra, exigiriam um outro tipo de abordagem. Talvez elas também não sejam assim tão importantes. O mais importante se encontra, agora, no próprio trabalho: em *Os últimos dias da humanidade* e nas grandes edições de guerra da *Fackel*, a primeira delas publicada em outubro de 1915. Minha intenção foi trazer os senhores até o ponto a partir do qual essa obra não poderia mais ser contida. Trata-se, para usar uma imagem de Stendhal, do momento da cristalização. *Esta* cristalização contém simultaneamente paixão e obra, mas Kraus consegue manter a obra propriamente dita, *Os últimos dias da humanidade*, inteiramente livre da mulher sem a qual ela não teria surgido.

Para tanto, ele precisa de uma tensão especial. Precisa de Janowitz, uma ilha, sem dúvida, mas em território inimigo, pois para ele todo solo onde se conduz a guerra é território inimigo. Precisa também da passagem para o lado da Suíça, o verdadeiro paraíso da paz, passagem, aliás, de que precisa constantemente. Teria mesmo podido decidir-se ficar por lá, como tantos outros que abominavam a guerra (Roman Rolland, por exemplo). Mas para ele importava publicar a *Fackel* em Viena, travar ali o combate contra a censura, onde podia enfrentá-la, arrancando-lhe obstinadamente frase por frase. Mais ainda, importava-lhe sentir a guerra ali, onde era dono de seu nariz, em sua capital austríaca. Assim, ele vai até Sidi, na Suíça, e de lá volta a Viena. Cada novo confronto com a guerra afiava-lhe as garras do ódio. Não precisava também censurar-se por escapar com tanta frequência da guerra, pois mesmo nas regiões pacíficas — em Janowitz e, principalmente, na Suíça — escrevia com energia crescente e paixão *Os últimos dias da humanidade*.

As cartas a Sidi abrangem 23 anos de sua vida. Tentei fazer com que os senhores travassem conhecimento com apenas dois deles, os mais importantes. Vejo o fato de que Karl Kraus tenha ele próprio desejado a publicação das cartas a Sidi como algo que lhe confere o mais alto grau de veracidade. Tem-se para com ele o dever de dedicar séria atenção a essas cartas e, assim, satisfazer seu verdadeiro último desejo.

(1974)

O OFÍCIO DO POETA*
Discurso proferido em Munique, em 1976

"Poeta" pertence àquela categoria de palavras que, durante um certo tempo, caíram enfermas, em desamparada exaustão: eram evitadas e dissimuladas — seu uso expunha-nos ao ridículo — e foram tão exauridas que, enrugadas e feias, transformaram-se em sinal de perigo. Aquele que, não obstante, se punha a exercer a atividade — que, como sempre, prosseguiu existindo — chamava a si próprio "alguém que escreve".

Ter-se-ia podido pensar, então, que se tratava de renunciar a uma falsa pretensão, de descobrir novos critérios, de se tornar mais rigoroso consigo e, particularmente, de evitar tudo o que pudesse levar a êxitos indignos. Na realidade, aconteceu o contrário: os métodos para causar sensação foram conscientemente desenvolvidos e intensificados justamente por aqueles que, aos golpes, rechaçavam sem piedade a palavra "poeta". A opinião mesquinha de que toda literatura estava morta era formulada em palavras patéticas, como uma proclamação, impressa em papel valioso e discutida tão séria e solenemente como se se tratasse de uma construção intelectual complexa e difícil. É certo que esse caso particular afogou-se logo em seu próprio ridículo. Outros, porém, que não eram suficientemente estéreis para se esgotarem em uma proclamação, que conceberam livros amargos e talentosos, muito em breve passaram a gozar de grande prestígio e, como "alguém que escreve", faziam justamente aquilo que antes os poetas costumavam fazer: em vez de se calarem, continuavam escrevendo sempre o mesmo livro. Por mais que a humanidade lhes parecesse incorrigível e digna

---

* O autor emprega sistematicamente a palavra "poeta" (*Dichter*) em lugar do termo mais amplo "escritor" (*Schriftsteller*). (N. T.)

de morte, restava-lhe ainda uma função: aplaudi-los. Quem não sentisse vontade alguma de fazê-lo, quem estivesse enfastiado de tais efusões sempre idênticas, era duplamente amaldiçoado: como homem (o que já nada significava) e como alguém que se recusava a reconhecer no infinito desejo de morte daquele que escrevia a única coisa ainda com valor.

Os senhores compreenderão que, em face de tais fenômenos, não manifesto menor desconfiança com relação àqueles que só escrevem do que àqueles que, além disso, presunçosamente se autodenominam poetas. Não vejo diferença alguma entre eles; igualam-se como um ovo a outro: o prestígio que porventura alcançaram parece-lhes um direito.

O que ocorre, na realidade, é que ninguém será hoje um poeta se não duvidar seriamente de seu direito de sê-lo. Quem não vê o estado do mundo em que vivemos dificilmente terá algo a dizer sobre ele. O perigo de que é alvo, antes preocupação central das religiões, deslocou-se para o aquém. O ocaso do mundo, experimentado mais de uma vez, é visto com frieza por aqueles que não são poetas; alguns há que calculam suas chances de fazer disso o seu negócio e engordar cada vez mais com ele. Desde que as confiamos a máquinas, as profecias perderam todo o valor. Quanto mais nos cindimos de nós, quanto mais confiamos a instâncias sem vida, tanto menos somos senhores daquilo que acontece. Nosso poder crescente sobre tudo — sobre o animado, o inanimado, e, principalmente, sobre nossos semelhantes — transformou-se em um contrapoder, que só aparentemente controlamos. Haveria centenas e milhares de coisas a dizer a esse respeito, mas tudo já é conhecido, e nisso reside o fato mais estranho: tornou-se, em cada detalhe, notícia diária de jornal, perversa banalidade. Os senhores não esperem que eu repita tudo isso aqui; hoje, propus-me uma outra coisa, algo mais modesto.

Talvez valha o esforço refletir se nesta situação do mundo existe algo por meio do qual os poetas, ou aquilo que até o momento se considera como tal, possam fazer-se úteis. De qualquer modo, apesar de todos os reveses que a palavra "poeta"

311

sofreu, algo restou de sua pretensão. A literatura pode ser o que for, mas uma coisa não é — assim como não o é a humanidade que a ela ainda se agarra: a literatura não é algo morto. No que consistiria então a vida daquele que hoje a representa? O que teria para oferecer?

Há pouco tempo, deparei por acaso com um escrito de um autor anônimo, cujo nome não posso dizer justamente pelo fato de que ninguém o conhece. Esse escrito data de 23 de agosto de 1939, ou seja, uma semana antes da eclosão da Segunda Guerra Mundial, e diz: "Tudo, porém, já passou. Fosse eu realmente um poeta, teria necessariamente podido impedir a guerra".

Que disparate!, dir-se-ia hoje, quando se sabe o que aconteceu desde então. Que pretensão! O que teria um indivíduo podido impedir, e por que justamente um poeta? Pode-se conceder uma reivindicação mais distante da realidade? E o que diferencia essa frase do estilo bombástico daqueles que com suas frases conscientemente deram origem à guerra?

Li a frase com irritação e, com irritação crescente, anotei-a. Encontrei aqui, pensei comigo, o que mais me repugna nesta palavra "poeta" — uma pretensão que está em crassa tradição com aquilo que um poeta poderia alcançar, um exemplo da jactância que desacreditou essa palavra e nos enche de desconfiança, tão logo um membro da corporação bata no peito e comece a desfiar seu rosário de objetivos magnânimos.

Então, ao longo dos dias que se seguiram, percebi, para meu espanto, que a frase não me deixava, que sempre voltava-me à mente, que eu a retomava, dissecava, repelia e voltava a retomá-la, como se coubesse apenas a mim encontrar nela um sentido. Era já estranha pelo modo como se iniciava — "Tudo, porém, já passou" —, expressão de uma derrota completa e desesperadora numa época em que as vitórias deveriam começar. Porquanto tudo estivesse voltado para essas vitórias, a frase exprime já o desconsolo do fim, e de modo como se este fosse inevitável. Porém, examinada mais de perto, a frase propriamente dita — "Fosse eu realmente um poeta, teria necessariamente podido impedir a Guerra" — contém o oposto da jactância, vale dizer, a confissão do completo fracasso. Mais ainda, exprime a confissão de uma *responsabilidade*, e, aliás, ali onde — e isso é o mais admirável nela — menos se poderia falar de responsabilidade, no sentido usual do termo.

Neste ponto, ele — que manifestamente pensa o que disse, pois o fez em sua intimidade — se volta contra si mesmo. Não afirma sua pretensão, mas desiste dela.

Em seu desespero em relação àquilo que *necessariamente* está por vir, acusa *a si próprio*, não aos verdadeiros responsáveis, os quais certamente conhece muito bem — pois, se não os conhecesse, pensaria de modo diferente sobre os dias vindouros. Assim, resta uma única coisa como fonte da irritação sentida a princípio: a ideia que ele faz do que deveria ser um poeta, e o fato de que se considere como tal até o instante no qual, com a eclosão da guerra, tudo desmorona para ele.

É justamente essa pretensão irracional à responsabilidade que me seduz e me põe a pensar. Dever-se-ia ainda acrescentar que foi por meio de palavras — consciente e continuamente empregadas, pervertidas — que se chegou a uma tal situação que a guerra tornou-se inevitável. Ora, se as palavras tanto podem, por que não se haveria de poder impedir com elas a guerra? Não é absolutamente de se espantar que alguém que mais do que os outros lida com elas esperasse também mais de sua eficácia do que os outros.

Portanto — e talvez tenhamos chegado a isso um tanto apressadamente —, um poeta seria alguém que tem as palavras em alta consideração; alguém que aprecia particularmente cercar-se delas, talvez até mais do que de seres humanos; que se entrega *a ambos*, mas com maior confiança às palavras; que as arranca de seus postos para, então, tornar a assentá-las com desenvoltura ainda maior; que as interroga, apalpa, acaricia, arranha, aplaina, pinta; que é mesmo capaz, depois de todas essas intimidades impertinentes, de diante delas, temente, rastejar em busca de refúgio.

Mesmo quando se apresenta, o que é frequente, como um

313

criminoso para com as palavras, o poeta é, ainda aí, um criminoso passional.

Por trás de toda essa movimentação, oculta-se algo de que ele mesmo nem sempre tem consciência, algo que é débil, em geral, mas que, por vezes, é de uma violência arrebatadora — isto é, a vontade de responsabilizar-se por tudo o que é apreensível em palavras, expiando ele próprio o fracasso dessa empreitada.

Que valor pode ter para os outros seres humanos esse ato de assumir uma responsabilidade fictícia? Não perderá todo efeito por seu caráter irreal? Creio que aquilo que o próprio homem se impõe é tomado mais a sério por todos, mesmo pelos mais limitados, do que o que lhe é imposto por constrangimento. Inexiste também uma proximidade maior com os acontecimentos, um relacionamento com eles que nos toque mais profundamente, do que quando nos sentimos culpados por eles.

Se para muitos a palavra "poeta" estava corroída, isso se dava porque associavam a ela uma ideia de aparência e ausência de seriedade — algo que se recolhia visando furtar-se às dificuldades. A associação do comportamento afetado com o estético, em todos os seus matizes, precedendo imediatamente o início de um dos períodos mais sombrios da história da humanidade (que não foram capazes de reconhecer quando já desabava sobre eles), não era apropriada para inspirar respeito pelos poetas. Sua falsa confiança, seu desconhecimento da realidade (que procuravam dominar unicamente com o desprezo), sua recusa em ter com ela qualquer vínculo, sua distância interior em relação a tudo o que de fato acontecia (uma vez que, na linguagem de que se serviam, não era possível intuir tais acontecimentos) — tudo isso torna perfeitamente compreensível que os olhos que enxergavam com maior rigor e precisão se afastassem horrorizados diante de tamanha cegueira.

Contraponha-se a isso o fato de que existam frases como aquela da qual parti nestas considerações. Enquanto existirem tais frases — e, naturalmente, há mais do que uma —, que tomam para si responsabilidade pelas palavras e recebem o reconhecimento do total fracasso com o maior dos pesares, teremos o direito de nos apegarmos a uma palavra que sempre foi usada para designar os autores das obras mais essenciais da humanidade, obras sem as quais jamais chegaríamos à consciência daquilo que constitui essa mesma humanidade. Confrontados com essas obras — das quais precisamos, de uma outra maneira certamente, mas não menos que de nosso pão de cada dia, pois seríamos nutridos e sustentados por elas mesmo se nada mais nos restasse, mesmo se nem ao menos soubéssemos o quanto elas nos sustentam, ao mesmo tempo que, em vão, procuram em nossa época por algo que as possa igualar —, resta-nos uma única postura: se formos bastante rigorosos em relação ao nosso tempo e principalmente em relação a nós mesmos, poderemos chegar à conclusão de que hoje não existe poeta algum, embora tenhamos de desejar apaixonadamente a existência de alguns.

Isso soa bastante sumário, e é de pouco valor se não tentarmos tornar claro para nós o que um poeta hoje teria de trazer em si para satisfazer o que dele se exige.

Antes de mais nada, diria que o mais importante é que ele seja o guardião das metamorfoses — e guardião em dois sentidos. Em primeiro lugar, ele se apropriará da herança literária da humanidade, que é rica em metamorfoses — o quão rica, só hoje o sabemos, quando os escritos de quase todas as culturas antigas foram já decifrados. Até o século XIX, quem se ocupasse desse aspecto mais próprio e enigmático do ser humano — o dom da metamorfose — teria ainda de se ater a dois livros fundamentais da Antiguidade: um tardio, *As metamorfoses*, de Ovídio, coletânea quase sistemática de todas as metamorfoses míticas e "elevadas" então conhecidas; e um anterior, a *Odisseia*, que trata particularmente das metamorfoses aventureiras de um homem, Ulisses. Suas metamorfoses culminam com o retorno como mendigo (o mais reles que se podia imaginar), e a perfeição do disfarce ali atingida é tão grande que jamais foi alcançada ou superada por qualquer poeta posterior. Seria ridículo estender-me acerca da ação desses dois livros — já antes do Renascimento, mas sobretudo depois dele — sobre as modernas

315

culturas europeias. *As metamorfoses* de Ovídio reaparecem em Ariosto, em Shakespeare e em incontáveis outros, e seria um grande erro supor que sua ação sobre os modernos se esgotou. Deparamos com Ulisses até nos dias de hoje: tendo sido a primeira personagem a entrar para o panteão da literatura universal, seria difícil citar mais que cinco ou seis figuras de igual poder de irradiação.

Se Ulisses foi certamente a primeira personagem a estar sempre presente entre nós, não é, contudo, a mais antiga, pois encontrou-se uma mais velha. Sequer cem anos se passaram desde a descoberta do herói mesopotâmico Gilgamesh e do reconhecimento de seu significado. Essa epopeia inicia-se com a metamorfose de Enkidu — um ser da natureza, vivendo em meio aos animais e ao selvagem — em um ser da cidade e da cultura, um tema que só hoje nos toca mais de perto, uma vez que nos é dado saber, por meio de dados concretos e precisos, de crianças que viveram entre lobos. Com Gilgamesh perdendo o amigo Enkidu, morto, a epopeia culmina num monstruoso confronto com a morte — o único, aliás, que não deixa no homem moderno um ressaibo amargo de ilusão. Gostaria, aqui, de me oferecer como testemunha de um fenômeno quase inverossímil: nenhuma obra da literatura, literalmente nenhuma, determinou tão decisivamente a minha vida quanto essa epopeia de mil anos de idade que, um século atrás, ninguém conhecia. Encontrei-a quando contava dezessete anos, e, desde então, nunca mais me deixou: retornei a ela como a uma Bíblia, e, abstraindo de sua ação específica sobre mim, ela me encheu de expectativa quanto ao que ainda desconhecemos. É-me impossível contemplar como um todo acabado o *corpus* daquilo que nos foi legado, e que nos serve de alimento. Mesmo que se viesse a comprovar que mais nenhuma obra registrada por meio da escrita, e de tamanha significação, advirá, restaria ainda o enorme reservatório daquilo que é transmitido oralmente pelos povos primitivos.

Isso porque ali não há fim para as metamorfoses, que são o que nos importa aqui. Poder-se-ia passar a vida a interpretá-las e compreendê-las; não se teria vivido mal. Tribos, que muitas vezes não contavam mais de uma centena de seres humanos, legaram-nos enorme riqueza, a qual certamente não merecemos, pois por nossa culpa foram extintas, ou ainda o estão sendo, diante de nossos olhos que sequer as contemplam. Elas conservaram até o fim suas experiências míticas, e o mais notável é não haver quase nada que nos venha tão a propósito, que nos inspire tanta esperança, quanto essas incomparáveis obras antigas de homens que, caçados, logrados e roubados por nós, sucumbiram em miséria e amargura. Eles que — por nós desprezados em virtude de sua modesta cultura material — foram cega e impiedosamente dizimados legaram-nos uma herança espiritual inesgotável. Jamais poderemos ser suficientemente gratos à ciência por tê-la salvo, sua verdadeira preservação, sua ressurreição para a nossa vida, cabe aos poetas.

Caracterizei os poetas como os guardiães das metamorfoses, mas eles o são também num outro sentido. Num mundo onde importam a especialização e a produtividade; que nada vê senão ápices, almejados pelos homens em uma espécie de limitação linear; que emprega todas as suas energias na solidão gélida desses ápices, desprezando e embaciando tudo o que está no plano mais próximo — o múltiplo, o autêntico —, que não se presta a servir ao ápice; num mundo que proíbe mais e mais a metamorfose, porque esta atua em sentido contrário à meta suprema de produção; que multiplica irrefletidamente os meios para sua própria destruição, ao mesmo tempo que procura sufocar o que ainda poderia haver de qualidades anteriormente adquiridas pelo homem que poderiam agir em sentido contrário ao seu — num tal mundo, que se poderia caracterizar como o mais cego de todos os mundos, parece de fundamental importância a existência de alguns que, apesar dele, continuem a exercitar o dom da metamorfose.

Esta seria, creio, a verdadeira tarefa dos poetas. Graças a um dom que foi universal e hoje está condenado à atrofia, e que precisariam por todos os meios preservar para si, os poetas deveriam manter abertas as vias de acesso *entre* os homens. Deveriam ser capazes de se transformar em *qualquer um*, mesmo no mais ínfimo, no mais ingênuo, no mais impotente. Seu desejo íntimo pela experiência de outros não poderia jamais se permitir ser determinado por aqueles objetivos que regem nossa vida normal, oficial, por assim dizer: teria de ser absolutamente livre de toda pretensão de sucesso ou prestígio, ser uma paixão por si, a paixão justamente pela metamorfose. Para tanto, ouvidos sempre atentos seriam necessários, mas só isso não seria suficiente, pois hoje um número enorme de seres humanos já não domina a fala: exprimem-se por meio das frases dos jornais e das mídias, dizendo sempre a mesma coisa, sem contudo *serem* os mesmos. Só pela metamorfose (no sentido extremo em que essa palavra é usada aqui) seria possível sentir o que um homem é por trás de suas palavras: não haveria outra forma de apreender a verdadeira consistência daquilo que nele vive. Há em sua natureza um processo misterioso e ainda muito pouco investigado, que constitui a única e verdadeira via de acesso ao outro ser humano. Tentou-se de diversas formas dar um nome a esse processo; fala-se ora, em intuição, ora em empatia; de minha parte prefiro, por razões que não me é possível apresentar aqui, a palavra mais exigente: "metamorfose". Contudo, qualquer que seja o nome que se lhe empreste, dificilmente alguém ousará duvidar de que se trata de algo real e muito precioso. Vejo, assim, no seu exercício constante, em sua necessidade premente de vivenciar seres humanos de toda espécie, mas especialmente aqueles que são menos considerados, na prática desse exercício, irrequieta, não atrofiada ou tolhida por sistema algum, o verdadeiro ofício do poeta. Pode-se pensar, e é até mesmo provável, que apenas uma parte dessa vivência penetre em sua obra. A forma como esta é julgada pertence àquele mundo da produtividade e dos ápices, que hoje não pode interessar-nos, uma vez que nos ocupamos de apreender como seria um poeta, se existisse algum, e não daquilo que ele nos lega.

Se abstraio totalmente daquilo que se entende por sucesso, se dele até desconfio, isso está relacionado a um perigo que todos conhecem por si mesmos. Tanto o propósito de obtê-lo como o sucesso em si possuem uma ação *restritiva*. Aquele que conscientemente se lança a um objetivo vê como um peso morto tudo o que não estiver a serviço de sua obtenção. Afasta-o de si para se tornar mais leve, não pode preocupá-lo o fato de que talvez esteja jogando fora o que possui de melhor — importante para ele são os pontos que vai atingindo; de ponto a ponto, arroja-se a alturas maiores, calculando em metros. A posição é tudo, e é determinada exteriormente: não é ele quem a cria, nem tem a menor participação em seu nascimento. Ele a vê e esforça-se por alcançá-la; e, por mais útil e necessário que seja esse esforço em muitas esferas da vida, para o poeta — tal como pretendemos vê-lo aqui — ele seria destrutivo.

Isso porque tem, sobretudo, de criar mais e mais espaço dentro de si próprio. Espaço para o saber, que ele não adquire em função de quaisquer objetivos reconhecíveis, e espaço para os seres humanos, que vivencia e assume por meio da metamorfose. No que se refere ao saber, só pode adquiri-lo com os processos honrados e puros que determinam a estrutura interna de cada ramo do conhecimento. Porém, na escolha desses domínios do saber, que podem distar muito uns dos outros, o poeta não é guiado por nenhuma regra consciente, e sim por uma fome inexplicável. Uma vez que se abre para seres humanos os mais distintos e os compreende da maneira mais antiga, pré-científica, ou seja, através da metamorfose; uma vez que, com isso encontra-se interiormente em movimento contínuo, que ele não pode enfraquecer e ao qual não pode pôr um fim — pois não *coleciona* seres humanos, não os coloca ordenadamente de lado, mas depara com eles e, vivos, os acolhe —; e uma vez que experimenta por meio deles choques intensos, é bem possível que a súbita mudança em direção a um novo ramo do saber seja também determinada por tais encontros.

Tenho plena consciência da estranheza dessa exigência, a qual não pode inspirar senão resistência. Soa como se o poeta visasse ter em si um caos de conteúdos opostos e conflitantes. Em princípio, eu teria muito pouco o que opor a essa séria objeção. O poeta *está* mais próximo do mundo quando carrega em seu íntimo um caos; no entanto, e este foi nosso ponto de partida, sente responsabilidade por esse caos — não o aprova, não se sente bem com ele, não se crê importante por ter em si espaço para tanta coisa contraditória e desconexa, mas odeia o caos, e não perde jamais a esperança de dominá-lo em prol dos outros e de si mesmo.

Para dizer algo sobre este mundo que tenha algum valor, o poeta não pode afastá-lo de si ou evitá-lo. Tem de carregá-lo em si enquanto caos, o que é mais do que nunca, a despeito de todas as metas e planejamentos, pois o mundo se move com velocidade crescente em direção à própria destruição; assim, pois, tem de carregá-lo em si, e não lustrado e empoado *ad usum Delphini*, ou seja, do leitor. Contudo, não se pode permitir sucumbir ao caos, mas, a partir justamente da experiência que dele possui, precisa combatê-lo, contrapondo a ele a impetuosidade de sua esperança.

O que, pois, pode ser essa esperança, e porque ela só tem valor se se alimenta das metamorfoses — antigas, de que se apropriou por meio dos estímulos propiciados por suas leituras, e contemporâneas, em função de sua abertura para o mundo atual?

Há, em primeiro lugar, o poder das personagens que o mantêm sob ocupação, que não abandonam o espaço nele conquistado. Elas reagem a partir dele, como se ele fosse constituído por elas. Elas são a sua "maioria", articulada e consciente, e, à medida que *vivem* nele, são sua resistência contra a morte. É parte das características dos mitos transmitidos oralmente que eles tenham de se repetir. Sua vivacidade equivale ao seu caráter definitivo: é-lhes dado não se modificarem. Apenas em cada caso isolado é possível descobrir o que faz a vitalidade de tais mitos, e talvez se tenha examinado muito pouco o porquê da necessidade de eles se propagarem. Poder-se-ia descrever muito bem o que se passa quando alguém, pela primeira vez, depara com um desses mitos. Não esperem hoje de mim uma tal descrição em toda a sua plenitude, e de outro modo ela não teria valor algum. Quero mencionar um de seus aspectos, qual seja,

320

o sentimento de certeza irrefutável, de irrevogabilidade que eles transmitem: foi assim, e só poderia ter sido exatamente assim. O que quer que seja que experimentamos no mito, e por mais inverossímil que possa parecer em um outro contexto, aqui ele permanece livre de dúvidas, possui uma configuração única e inclassificável.

Esse reservatório repleto do indubitável, do qual tanto chegou até nós, foi alvo dos mais extravagantes abusos. Conhecemos muito bem o abuso político perpetuado a partir daí: deformados, diluídos, desfigurados, mesmo esses empréstimos, já em si de valor inferior, mantêm-se por alguns anos antes de rebentarem. Empréstimos de tipo bem diferente são aqueles que a ciência tomou ao mito. Cito apenas um exemplo gritante: o que quer que pensemos sobre o conteúdo de verdade, por exemplo, da psicanálise, ela extraiu uma boa parte de sua força da palavra "Édipo", e a crítica séria que se faz a ela procura atingi-la justamente nessa palavra.

A partir dos abusos de toda espécie perpetrados contra os mitos, pode-se explicar o afastamento em relação a eles que caracteriza nossa época. São vistos como mentiras porque são conhecidos apenas por meio de seus empréstimos, e, junto destes, são eles próprios postos de lado. As metamorfoses que oferecem parecem ainda meramente inverossímeis. De seus milagres, reconhecem-se apenas aqueles que se tornaram realidade com as invenções, sem se considerar que devemos cada uma destas ao seu arquétipo no mito.

O que, no entanto, constitui a essência dos mitos, para além de todos os seus conteúdos específicos, é a metamorfose que neles se exercita. Foi por meio dela que o homem passou ele próprio a criar. Com ela, apropriou-se do mundo, tem nele a sua parte. Podemos certamente perceber que o homem deve seu poder à metamorfose; mas deve-lhe também algo melhor: sua compaixão.

Não tenho, pois, receio de empregar uma palavra que soa inadequada aos que lidam com o espírito: ela foi banida para o domínio das religiões — o que também é parte do processo e especialização —, no qual se permite que seja pronunciada e cuidada. É mantida afastada das decisões práticas de nosso dia a dia, cada vez mais determinadas pela técnica.

Eu disse que só pode ser poeta quem sente responsabilidade, embora ele talvez faça menos que os outros para comprová-la em ações isoladas. Trata-se de uma responsabilidade para com a vida que se destrói, e não se deve ter vergonha de dizer que essa responsabilidade é alimentada pela compaixão. Não tem valor algum quando proclamada como um sentimento genérico, indeterminado. Ela requer a metamorfose concreta em cada indivíduo que vive, que está entre nós. O poeta aprende e exercita a metamorfose no mito, nas literaturas transmitidas. Ele não é nada, se não a aplica ininterruptamente ao mundo que o cerca. A vida multifacetada que o invade — e que, no plano sensível, permanece separada em todas as suas formas de manifestação — não resulta nele em conceito algum, mas lhe dá forças para opor-se à morte, transformando-se, assim, em algo universal.

Não pode ser próprio do poeta entregar a humanidade à morte. É com consternação que ele, que não se fecha a ninguém, percebe o poder crescente da morte em tantas pessoas. Mesmo que a todos pareça façanha inútil, o poeta vai pôr-se a sacudir esse poder e jamais, em hipótese alguma, capitulará. Seu orgulho consistirá em resistir aos mensageiros do nada, que se tornam cada vez mais numerosos na literatura, e em combatê-los com instrumentos diferentes daqueles que utilizam. Viverá segundo uma lei que é a sua própria, mas não talhada para ele. Ela diz:

Que não se atire ao nada ninguém que lá gostaria de estar. Que se procure o nada apenas para encontrar-lhe a saída, indicando-a para todos. Que se persista na tristeza, bem como no desespero, para se aprender a tirar deles os outros; mas não por desprezo da felicidade que cabe às criaturas, ainda que estas desfigurem e dilacerem umas às outras.

ELIAS CANETTI nasceu em 1905 em Ruschuk, na Bulgária, filho de judeus sefardins. Sua família estabeleceu-se na Inglaterra em 1911 e em Viena em 1913. Aí ele obteve, em 1929, um doutorado em química. Em 1938, fugindo do nazismo, trocou Viena por Londres e Zurique. Recebeu em 1972 o Prêmio Büchner, em 1975 o Prêmio Nelly-Sachs, em 1977 o Prêmio Gottfried-Keller e, em 1981, o Prêmio Nobel de literatura. Morreu em Zurique, em 1994.

Além da trilogia autobiográfica composta por *A língua absolvida*, *Uma luz em meu ouvido* e *O jogo dos olhos*, já foram publicados no Brasil, entre outros, seu romance *Auto de fé*, os relatos *As vozes de Marrakech* e o ensaio *Massa e poder*, este último pela Companhia das Letras.

COMPANHIA DE BOLSO

Jorge AMADO
    Capitães da Areia
Hannah ARENDT
    Homens em tempos sombrios
Philippe ARIÈS, Roger CHARTIER (Orgs.)
    História da vida privada 3 — Da Renascença
      ao Século das Luzes
Karen ARMSTRONG
    Em nome de Deus
    Uma história de Deus
    Jerusalém
Paul AUSTER
    O caderno vermelho
Jurek BECKER
    Jakob, o mentiroso
Marshall BERMAN
    Tudo que é sólido desmancha no ar
Jean-Claude BERNARDET
    Cinema brasileiro: propostas para uma
    história
David Eliot BRODY, Arnold R. BRODY
    As sete maiores descobertas científicas da
    história
Bill BUFORD
    Entre os vândalos
Jacob BURCKHARDT
    A cultura do Renascimento na Itália
Peter BURKE
    Cultura popular na Idade Moderna
Italo CALVINO
    O barão nas árvores
    O cavaleiro inexistente
    Fábulas italianas
    Um general na biblioteca
    Por que ler os clássicos
    O visconde partido ao meio
Elias CANETTI
    A consciência das palavras
    O jogo dos olhos
    A língua absolvida
    Uma luz em meu ouvido
Bernardo CARVALHO
    Nove noites
Jorge G. CASTAÑEDA
    Che Guevara: a vida em vermelho
Ruy CASTRO
    Chega de saudade
    Mau humor
Louis-Ferdinand CÉLINE
    Viagem ao fim da noite

Sidney CHALHOUB
    Visões da liberdade
Jung CHANG
    Cisnes selvagens
John CHEEVER
    A crônica dos Wapshot
Catherine CLÉMENT
    A viagem de Théo
J. M. COETZEE
    Infância
Joseph CONRAD
    Coração das trevas
    Nostromo
Alfred W. CROSBY
    Imperialismo ecológico
Robert DARNTON
    O beijo de Lamourette
Charles DARWIN
    A expressão das emoções no homem e nos
    animais
Jean DELUMEAU
    História do medo no Ocidente
Georges DUBY
    História da vida privada 2 — Da Europa
      feudal à Renascença (Org.)
    Idade Média, idade dos homens
Mário FAUSTINO
    O homem e sua hora
Rubem FONSECA
    Agosto
    A grande arte
Meyer FRIEDMAN,
Gerald W. FRIEDLAND
    As dez maiores descobertas da medicina
Jostein GAARDER
    O dia do Curinga
    Vita brevis
Jostein GAARDER, Victor HELLERN,
Henry NOTAKER
    O livro das religiões
Fernando GABEIRA
    O que é isso, companheiro?
Luiz Alfredo GARCIA-ROZA
    O silêncio da chuva
Eduardo GIANNETTI
    Autoengano
    Vícios privados, benefícios públicos?
Edward GIBBON
    Declínio e queda do Império Romano

Carlo GINZBURG
Os andarilhos do bem
O queijo e os vermes
Marcelo GLEISER
A dança do Universo
Tomás Antônio GONZAGA
Cartas chilenas
Philip GOUREVITCH
Gostaríamos de informá-lo de que amanhã
seremos mortos com nossas famílias
Milton HATOUM
Cinzas do Norte
Dois irmãos
Relato de um certo Oriente
Eric HOBSBAWM
O novo século
Albert HOURANI
Uma história dos povos árabes
Henry JAMES
Os espólios de Poynton
Retrato de uma senhora
Ismail KADARÉ
Abril despedaçado
Franz KAFKA
O castelo
O processo
John KEEGAN
Uma história da guerra
Amyr KLINK
Cem dias entre céu e mar
Jon KRAKAUER
No ar rarefeito
Milan KUNDERA
A arte do romance
A identidade
A insustentável leveza do ser
A lentidão
O livro do riso e do esquecimento
A valsa dos adeuses
Danuza LEÃO
Na sala com Danuza
Primo LEVI
A trégua
Paulo LINS
Cidade de Deus
Gilles LIPOVETSKY
O império do efêmero

Claudio MAGRIS
Danúbio
Naguib MAHFOUZ
Noites das mil e uma noites
Janet MALCOLM (JORNALISMO LITERÁRIO)
O jornalista e o assassino
Javier MARÍAS
Coração tão branco
Ian MCEWAN
O jardim de cimento
Heitor MEGALE (Org.)
A demanda do Santo Graal
Evaldo Cabral de MELLO
O negócio do Brasil
O nome e o sangue
Patrícia MELO
O matador
Luiz Alberto MENDES
Memórias de um sobrevivente
Jack MILES
Deus: uma biografia
Ana MIRANDA
Boca do Inferno
Vinicius de MORAES
Livro de sonetos
Antologia poética
Fernando MORAIS
Olga
Toni MORRISON
Jazz
Vladimir NABOKOV
Lolita
V. S. NAIPAUL
Uma casa para o sr. Biswas
Friedrich NIETZSCHE
Além do bem e do mal
Ecce homo
Genealogia da moral
Humano, demasiado humano
O nascimento da tragédia
Adauto NOVAES (Org.)
Ética
Os sentidos da paixão
Michael ONDAATJE
O paciente inglês
Malika OUFKIR, Michèle FITOUSSI
Eu, Malika Oufkir, prisioneira do rei
Amós OZ
A caixa-preta
José Paulo PAES (Org.)
Poesia erótica em tradução
Georges PEREC
A vida: modo de usar

Michelle PERROT (Org.)
História da vida privada 4 — Da Revolução Francesa à Primeira Guerra

Fernando PESSOA
Livro do desassossego
Poesia completa de Alberto Caeiro
Poesia completa de Álvaro de Campos
Poesia completa de Ricardo Reis

Ricardo PIGLIA
Respiração artificial

Décio PIGNATARI (Org.)
Retrato do amor quando jovem

Edgar Allan POE
Histórias extraordinárias

Antoine PROST, Gérard VINCENT (Orgs.)
História da vida privada 5 — Da Primeira Guerra a nossos dias

David REMNICK (JORNALISMO LITERÁRIO)
O rei do mundo

Darcy RIBEIRO
O povo brasileiro

Edward RICE
Sir Richard Francis Burton

João do RIO
A alma encantadora das ruas

Philip ROTH
Adeus, Columbus
O avesso da vida

Elizabeth ROUDINESCO
Jacques Lacan

Arundhati ROY
O deus das pequenas coisas

Murilo RUBIÃO
Murilo Rubião — Obra completa

Salman RUSHDIE
Haroun e o Mar de Histórias
Oriente, Ocidente
Os versos satânicos

Oliver SACKS
Um antropólogo em Marte
Tio Tungstênio
Vendo vozes

Carl SAGAN
Bilhões e bilhões
Contato
O mundo assombrado pelos demônios

Edward W. SAID
Cultura e imperialismo
Orientalismo

José SARAMAGO
O Evangelho segundo Jesus Cristo
História do cerco de Lisboa
O homem duplicado
A jangada de pedra

Arthur SCHNITZLER
Breve romance de sonho

Moacyr SCLIAR
O centauro no jardim
A majestade do Xingu
A mulher que escreveu a Bíblia

Amartya SEN
Desenvolvimento como liberdade

Dava SOBEL
Longitude

Susan SONTAG
Doença como metáfora / AIDS e suas metáforas

Jean STAROBINSKI
Jean-Jacques Rousseau

I. F. STONE
O julgamento de Sócrates

Keith THOMAS
O homem e o mundo natural

Drauzio VARELLA
Estação Carandiru

John UPDIKE
As bruxas de Eastwick

Caetano VELOSO
Verdade tropical

Erico VERISSIMO
Clarissa
Incidente em Antares

Paul VEYNE (Org.)
História da vida privada 1 — Do Império Romano ao ano mil

XINRAN
As boas mulheres da China

Ian WATT
A ascensão do romance

Raymond WILLIAMS
O campo e a cidade

Edmund WILSON
Os manuscritos do mar Morto
Rumo à estação Finlândia

Simon WINCHESTER
O professor e o louco

1ª edição Companhia das Letras [1990] 1 reimpressão
1ª edição Companhia de Bolso [2011]

Esta obra foi composta pela Verba Editorial em Janson Text
e impressa pela Prol Editora Gráfica em ofsete
sobre papel Pólen Soft da Suzano Papel e Celulose